法藏知津

中國佛教研究集成

初　編

杜潔祥　主編

第26冊

明末曹洞殿軍
——永覺元賢禪師研究（下）

范佳玲　著

花木蘭文化出版社

國家圖書館出版品預行編目資料

明末曹洞殿軍——永覺元賢禪師研究（下）／范佳玲 著 — 初

版 — 台北縣永和市：花木蘭文化出版社，2010〔民99〕

目 4+196 面；19×26 公分

（法藏知津——中國佛教研究集成 初編；第 26 冊）

ISBN：978986-6528-98-9（精裝）

1.（明）釋元賢　2.佛教傳記　3.學術思想　4.曹洞宗

229.36　　　　　　　　　　　　　　　　　　98001820

ISBN - 978-986-6528-98-9

9 789866 528989

法藏知津——中國佛教研究集成

初　編　第二六冊　　　　　　　ISBN：978986-6528-98-9

明末曹洞殿軍——永覺元賢禪師研究（下）

作　　者　范佳玲
主　　編　杜潔祥
總 編 輯　杜潔祥
印　　刷　普羅文化出版廣告事業
出　　版　花木蘭文化出版社
發 行 所　花木蘭文化出版社
發 行 人　高小娟
聯絡地址　台北縣永和市中正路五九五號七樓之三
　　　　　電話：02-2923-1455／傳眞：02-2923-1452
電子信箱　sut81518@ms59.hinet.net
初　　版　2009 年 3 月（一刷）　2010 年 8 月（二刷）
定　　價　初編 36 冊（精裝）新台幣 55,000 元

明末曹洞殿軍
——永覺元賢禪師研究（下）

范佳玲　著

目

次

第五章　永覺元賢的禪學思想

第一節　明末禪學發展的背景

　　明末由於宗門人才的嚴重斷層，導致禪法宗旨喪失、禪門宗派被訛冒。元賢言：「明興以來，斯道亦晦，所在登華王座，稱善知識，則以野干之鳴，混爛獅吼，鹵莽之盛，莫有今日。」〔註1〕失控的叢林秩序，混亂的禪林宗風，使得世人對於宗門充滿了不信任。〔註2〕面對禪風的頹喪與真偽莫辨的宗師，禪學宗旨的確立與傳燈譜系的整理，成為明末禪門的重要工作。

　　然而第一個注意到宗旨問題與燈錄貂續者，並非是宗派中人，而是不具法脈身分的紫柏真可。紫柏真可在修道證悟的過程中，雖然遍訪耆老，但是禪悟的體驗，多得自於自修的工夫。〔註3〕他雖非出於嫡門正宗，但積極以復興曹溪法脈為己任，續燈錄、復祖庭、唱綱宗都是他努力的目標。〔註4〕對於當時宗門的寂寥，真可深感痛心：「達觀自匡盧下江南，二三年往來吳越閒。初心竊謂宗門寥落，法道陵遲。假我門庭，熾然以魔習為傳，以訛繼訛，真偽不辨，天下遂謂宗門光景，不過如此而不求真悟。至於少林奉朝廷欽依，以傳宗為名。而崇尚曹洞、臨濟、溈仰、法眼、雲門，五家綱宗，亦不辨端倪。不知設此胡為？

〔註1〕　《廣錄》卷14，〈古梅禪師語錄跋〉，頁561。
〔註2〕　參見第四章第一節第二目。
〔註3〕　《紫柏尊者全集》卷首，德清〈塔銘〉，頁627；卷14，〈祭法通寺遍融老師文〉，頁888。
〔註4〕　紫柏真可以「傳燈未續，則我慧命一大負」，他並與憨山德清共商興復曹溪祖庭。這兩件事真可都來不及完成，即因「妖書事件」而坐化獄中。（詳見《紫柏尊者全集》，卷首，德清〈達觀大師塔銘〉，頁626～634）。

則宗風掃地可知矣。……達觀以此，未嘗不痛心疾首，撫膺流涕。」〔註5〕法道何以陵遲？宗風何至掃地？真可歸因於「由吾儕綱宗不明，以故祖令不行，而魔外充斥」；〔註6〕相反的，若是「綱宗曉了，魔外防閑，不費金湯，祖庭自固矣」。〔註7〕真可認為綱宗不但具有防止魔外入侵的作用，同時還是禪門應機接用的方便、宗派傳承的密印；〔註8〕宗綱具有確保禪法純正的作用，是宗門命脈所在，〔註9〕也是復興禪門的鑰匙，所以真可積極於綱宗的重振。

　　關於綱宗的思想，真可自言啟示於惠洪覺範，〔註10〕他認為覺範：「搜剔五家綱宗，精深整理。成禪宗標格，防閑魔外於像季之秋。此心何心乎？即仲尼述春秋之心也。」〔註11〕真可將覺範的整理五家綱宗與孔子作《春秋》相比，可謂推崇至極。不僅如此，他還竭盡全力收集覺範的著作，並將之付梓刊印，以廣為流行。〔註12〕由於紫柏真可的弘揚，覺範的思想在明末叢林受到廣泛的注意；禪門高僧漢月法藏、覺浪道盛都深受覺範的影響。〔註13〕晚明叢林對於諸多問題的討論，不論是五家宗旨的爭論、宗派傳承的意見、文字與禪悟關係的論辯，甚至詩論旨要的歸趣等，都與惠洪覺範有密切的關係；就連著名的密漢之爭〔註14〕與濟洞之爭〔註15〕也是。由於知識的普及，晚明僧團人才濟濟，

〔註5〕　《紫柏尊者全集》卷23，〈與沈德輿〉，頁1036。
〔註6〕　《紫柏尊者全集》卷14，〈重刻智證傳序〉，頁873。
〔註7〕　《紫柏尊者全集》卷4，〈法語〉，頁710。
〔註8〕　《紫柏尊者全集》卷4，〈法語〉：「且道如何是綱宗，即臨濟、雲門、溈山、法眼，與洞上密印諸方納子者也。綱宗如大將兵符，兵符在握，則兵多多愈善，兵符釋手，則一兵不受命矣。故綱宗一明即諸佛諸祖，或生或殺，機握在我，況人天魔外耶？……禪家綱宗不明，則不能鉗鎚學人，死其偷心。」（頁710）
〔註9〕　《紫柏尊者全集》卷23，〈與沈德輿〉：「綱宗乃宗門之命脈。」（頁1036）
〔註10〕　《紫柏尊者全集》卷14，〈禮石門圓明禪師文〉：「予因師（惠洪覺範）之書，而始知宗門有綱宗之說，既而寒忘衣，饑忘食。窺索久之，則綱宗肯綮，照用生殺之機，亦稍盡崖略矣。」（頁886）
〔註11〕　《紫柏尊者全集》卷14，頁886。
〔註12〕　真可〈重刻智證傳序〉言：「覺範所著，有僧寶傳、林間錄、與是書相表裏，業已有善刻。金沙于中甫比部，復捐貲刻是書。三集並行於世，亦法門一快事也。」（《紫柏尊者全集》卷14，頁874）德清〈達觀大師塔銘〉亦言：「若寂音尊者，所著諸經論文集。皆世所不聞者，盡搜出刻行於世。」（《紫柏尊者全集》卷首，頁632）
〔註13〕　詳見廖肇亨，〈惠洪覺範在明代——宋代禪學在晚明的書寫、衍異與反響〉，《中央研究院歷史語言研究所集刊》，2004年12月，頁797～837。
〔註14〕　密雲圓悟與漢月法藏最大的爭執，就在於對臨濟宗旨意見的分歧。相關問題可參見日・野口善敬，〈漢月法藏と士大夫たち——雍正帝から魔藏と呼ば

大家各持見解，彼此相互往來，禪學也因熱絡的討論而顯得蓬勃。

　　對於禪門宗旨的喪失、印可意義的失效，元賢也深感憂心。如何純正佛法、重振法脈？如何有效勘驗、防止訛冒？是身爲嫡門宗師的元賢不得不面對、不得不思考的問題。對於禪法的匡正，元賢承接了紫柏眞可續燈錄、正綱宗的理念。光是燈錄之作，元賢就有《繼燈錄》、《補燈錄》二書，而其他史傳寺志之作，亦具有追本溯源、樹立典範的意義。至於在曹洞宗旨的復轍上，則有《洞上古轍》一書，相關文章尚有〈龍潭考〉、〈三玄考〉二篇。對於綱宗思想，元賢認同覺範的觀點，他亦同意綱宗具有純潔宗門的作用。〔註16〕但是他並不像眞可等人，對於覺範全然認同，他有許多禪學見解，甚至是爲訂正覺範之說而提出。以下揭示元賢禪學思想的要旨。

第二節　曹洞宗旨的探論

　　《洞上古轍》是元賢覆轍曹洞宗旨之作，是書對於曹洞宗的重要著作，如〈參同契〉、〈寶鏡三昧〉、〈洞山五位頌〉等的註解，目的在於發揮洞宗要旨。以下分別論述各註的重點，以明元賢對於曹洞禪學思想的承繼與發揮。

一、〈參同契〉的註解

　　曹洞雖然成宗於洞山良价、曹山本寂，但是石頭希遷的〈參同契〉一向被視爲曹洞源頭。因此《洞上古轍》由〈參同契註〉展開。

　　〈參同契〉〔註17〕是希遷思想的重要代表作，以五言韻文構成，共計二百

　　　れた僧侶〉，《東洋古典學研究》1996 年，頁 26～57；連瑞枝，〈漢月法藏與明末三峰宗派的建立〉，頁 181～225；釋見一，《漢月法藏之禪法研究》，頁16～20；廖肇亨，〈惠洪覺範在明代──宋代禪學在晚明的書寫、衍異與反響〉，頁 809～820。

〔註15〕關於明末洞濟之爭，可參見陳垣，《清初僧諍記》，頁 201～222。

〔註16〕元賢〈洞上古轍前序〉言：「（青原行思）後五傳而至洞山价，其時機器漸下，學漸乖宗，主法者憂之。乃立宗趣，設規矩，俾高者不滯於劫外，卑者不落於今時。」（《廣錄》卷 27，頁 703）〈洞上古轍後序〉言：「新豐創立五位，發明正中妙挾之旨。雖僅僅數言，而造道之方、接人之用，靡不畢備。造道則功位互明，而極於功位俱泯。接人則君臣互用，而極於君臣道合。」（《廣錄》卷 28，頁 752）。

〔註17〕《參同契》一書六千餘言，本後漢魏伯陽所著書名，內容主要是參合《周易》卦爻、黃老養性和方土煉丹，以明燎性養生的道理。從義理角度看，其所關

二十個字。根據史傳資料的記載，希遷因看《肇論》至「會萬物爲己者，其唯聖人乎！」有所悟而作。〔註18〕《景德傳燈錄》說〈參同契〉：「辭旨幽濬，頗有注解，大行於世。」〔註19〕〈參同契〉的篇幅雖然不長，但卻不容易瞭解。根據《傳燈錄》記載，有許多相關註解傳世，但是被視爲〈參同契〉共宗的清涼文益註，在明末已經佚失，學人難以一窺堂奧，於是元賢有〈參同契註〉之作。〔註30〕

　　〈參同契〉雖然文字平易，但卻蘊意深奧，各家的註解不一，學人在理解上有一定程度的困難。故關於元賢〈參同契註〉之研究，本文將透過比較的方式，以明元賢註解的特色。元賢之前的古註，文字簡要，晦澀難解，清代的註解則是元賢註的延伸，〔註31〕因此將以近人的研究，作爲主要比較的對象。近人〈參同契〉的註解，當以呂澂之註爲首，呂氏爲佛學大家，註解的時間較早且甚爲詳盡，後人的研究多以此爲基礎。〔註32〕故將以呂澂的註解爲主，旁及其他相關資料，〔註33〕以明元賢對於〈參同契〉的特殊理解，

　　注的問題有二：一是以陰陽「坎」、「離」的變易法則，解釋丹藥形成的原理；二是將漢易中「卦氣說」發展而爲「月體納甲」說，以說明煉丹火候問題。（參見陳大潮，《中國道教簡史》（北京：宗教文化出版社，2001年），頁34～36；王仲堯，〈宗密之援易說佛及其易學圓相圖式述考〉，《中華佛學學報》2003年7月，頁269～270。）希遷取其中「迴互」、「不迴互」之理，寫成禪學思想的〈參同契〉。而後〈寶鏡三昧〉引離坎變易法則，進一步發展曹洞「以易論宗」的宗門特色。

〔註18〕《五燈會元》言：「師因看《肇論》至會萬物爲己者，其唯聖人乎？師乃拊几曰：『聖人無己，靡所不己。法身無象，誰云自他？圓鑑靈照於其間，萬象體玄而自現，境智非一。』」（卷5，頁162）又石頭希遷在《宋高僧傳》（《大正藏》50冊）卷9，頁763c～764a；《景德傳燈錄》卷14，頁309a-c亦有傳。

〔註19〕《景德傳燈錄》卷14，〈石頭希遷條〉，頁309c。

〔註30〕《廣錄》卷27，〈參同契註〉：「宋有法眼大師註，世所共宗。今以湮沒不可考。故余不自揣，輒爲效顰。」（頁704）

〔註31〕根據林義正的研究，〈參同契〉古注今所存者有：宋代雪竇重顯之〈著語〉、瑯瑘慧覺之〈瑯瑘覺禪師科〉、永覺元賢之《洞上古轍》中之註，及清代沙門仁岠增集之《增集人天眼目》雜錄中所載之註，仁岠的註乃是增刪元賢之古註而成。參見〈石頭希遷的禪思想及其教育方法〉，收入《佛教的思想與文化——印順導師八秩晉六壽慶論文集》（臺北：法光出版社，1991年4月），頁78。

〔註32〕如林義正，〈石頭希遷的禪思想及其教育方法〉，頁69～88、吳良俅，〈試論希遷大師《參同契》的融合色彩及其對後世佛學發展的啓迪〉，《內明》1996年7月，頁25～32，都自陳是以呂澂的釋文爲研究基礎。

〔註33〕爲不渙散焦點，和顧及行文簡潔，相關研究如有不同的理解，將以附註的方式標出；相同或相近者，則不加贅述。

並凸顯其思想之特色。

　　竺土大僊心，東西密相付；人根有利鈍，道無南北祖。

　　元賢註：首拈出心字，標宗也。心如何可付，乃是以心印心，不落
　　言詮，故曰密付。南北二宗，雖分頓漸，正由人根性不同，爲利根
　　說頓法，爲鈍根說漸法。方便各異，道本無殊。總之契此妙心而已。
　　〔註34〕

元賢註強調禪門以妙悟自心爲宗旨，以心心相印、不落言詮爲「密付」的註
腳，並標舉「契心」爲南北二宗共同的目標。至於呂澂則是將重點放在「會
萬物爲己者，其爲聖人乎」上，說明聖人因「無我」而能與萬物溝通；〔註35〕
進而強調人有利鈍可言，而法無頓漸之別，以此說南北二宗門戶傾軋的沒有
必要。〔註36〕在宗派的思想上，石頭希遷比洪州宗更帶有超越的色彩。〔註37〕
元賢註解以「契心」爲中心，而呂澂則是以「心物關係」爲開展。

　　靈源明皎潔，枝派暗流注；執事元是迷，契理亦非悟。

　　元賢註：靈源，心也，本不落名言，因明而見其皎潔。枝派，事也，
　　本無有實體，因暗而見其流注。枝派流注，是謂執事，認妄爲眞，
　　固是迷矣。靈源皎潔，是謂契理。有理可契，豈爲眞悟乎？此言明
　　之與暗，總妄明之顯晦。

元賢以「明心見性」詮釋「靈源明皎潔」是全段的重點。枝派是指根塵、妄
境，暗則是指突起的無明。由於心性的迷妄，因此產生種種執著。明暗、契
悟只是方便立說，眞理超越一切的對待，是元賢的強調。靈源明皎潔，是指
心的清澈明淨，這一點呂澂和元賢見解相同。雖然兩人同指枝派是心的產物，
但是對於枝派，元賢以「迷妄」詮釋，呂澂則不然。呂氏從物爲心的流派去
說，因爲一切事物都源於心，所以都是佛性的表現。心物是一體的關係，一
本攝萬殊、萬殊歸一本，不論側重於事，或偏重於理，都是一種執著。空有

〔註34〕關於〈參同契〉的文字，各版本沒有太大的差別。引文與分段，係根據元賢
　　　　〈參同契註〉一文。〈參同契註〉，收入《廣錄》卷27，頁704～706，以下不
　　　　再重複加註。
〔註35〕有關呂澂的註解，均引自《中國佛教源流略講》（臺北：里仁書局，1985年1
　　　　月），頁250～254。以下不再贅註。
〔註36〕印順，《中國禪宗史》，頁407；吳良俅，〈試論希遷大師《參同契》的融合色
　　　　彩及其對後世佛學發展的啓迪〉，頁27。
〔註37〕杜繼文等，《中國禪宗通史》，頁284。

一如才是真道，事理相契才是禪境。〔註38〕參禪人唯有從理事相及的關係上取得認識，才能真正得悟。〔註39〕此乃為南北宗的爭執而發，因為北宗較執著於事，南宗則較偏重於理。〔註40〕可見元賢對於心物關係的闡述是由迷悟觀上說，呂澂則是從理事相契上著眼，兩人各有不同的側重要點。

> 門門一切境，回互不回互；回而更相涉，不爾依位住。

> 元賢註：門，根也；境，塵也。諸根境有回互不回互二義。言回互者，謂諸根境互相涉入，如帝網珠也。不回互者，謂諸根境各住本位，未嘗混雜也。雖互相涉入，而實各住本位；雖各住本位，而實互相涉入。此非意識之境。

元賢的釋文雖然使用了華嚴因陀羅網的概念來解釋回互之說，但是他並沒有就諸法相即相入、重重無盡作發揮，只是說明「回互不回互」是禪悟境界，非一般六根所發的識境。至於呂澂則是依據華嚴的十玄門作解說，以回互為互相融會，以不回互為各住本位。〔註41〕此四句乃是說明理事之間，彼此之間有相涉、又各有位次，是一圓融會通的關係。〔註42〕

〔註38〕 李石岑，《人生哲學》（臺北：地平線出版社，1972年），頁357；《中國哲學史話》（臺北：久久出版社，1982年），頁255。

〔註39〕 杜繼文等，《中國禪宗通史》，頁284；毛忠賢，〈試析石頭之《參同契》及其"泯絕無寄"禪〉，《江西社會科學》2003年3月，頁22。

〔註40〕 關於明暗，吳良俅有進一步發揮：「特別要注意的，是希遷首次用到『明暗』二字。它源於於六祖『三十六對法』中的『明與暗對』，在那裡是用『明』來喻因，『暗』來喻緣的。援用華嚴宗的「理事圓融」觀，主要是說明『理』是體，『事』是用，必須理事雙修頓漸並重，不可偏執一面。這是針對禪門內部，特別是南宗的不重視漸修的弊端來說，它反應了希遷在當時的確是獨具膽識。」（〈試論希遷大師《參同契》的融合色彩及其對後世佛學發展的啓迪〉，頁27～28。）

〔註41〕 毛忠賢對回互與不回互的解釋，剛好與呂澂之說相反。毛氏言：「分一成二是對立，名為回互；合二成一是統一，名為不回互。」他更進一步說到：「回互是指理事間全面性的對立鬥爭，不回互是泯滅正偏的歸宗回道。」（詳見〈試析石頭之《參同契》及其"泯絕無寄"禪〉，頁22～23。）李石岑則以「相關」與「不相關」解釋「回互」與「不回互」：「世界的真相，只有回互、不回互兩種狀態。回互便成一本，不回互便生萬疏。回互便是理，不回互便是事，……回互是同，不回互是參，知道法界有這種真相，纔好談到參同契。」（詳《人生哲學》，頁357～358。）

〔註42〕 李石岑不從華嚴的十玄門上說門，他以六根為六門，他認為由眼耳鼻舌身意六根（門）受取的色聲香味觸法六境，便是和靈源（心）發生關係的總樞紐，由此構成一切客觀主觀之境。他以根為門、塵為境，這個見解和元賢是相同的。（詳《人生哲學》，頁357～358；《中國哲學史話》，頁255。）

色本殊質象，聲元異樂苦；暗合上中言，明明清濁句。四大性自復，
如子得其母。

元賢註：此明色聲諸法，熾然殊異，暗則上中莫辨，明清濁攸分，
此皆滯於跡，而不能反於性也，若反於性，豈有明暗之可言哉！正
如子得其母，天然妙契，知與不知，具不足言矣。

「明」「暗」的指涉，是此段註文的重點。元賢以爲：六根所攝取的識境，因
明而看得清楚，因暗而無法辨別。然而無論是明與暗，都是根塵的分別，還
是不出識境的範圍。若能重返本性、妙契眞如，則所有相對差別與分別妄識，
都會全部消失。元賢依舊是以迷悟觀來詮釋明暗。至於呂澂則是用文字對於
心性的表達來說明暗。心性必須透過語言文字以表達，明白直接的語句是明，
隱晦間接的言說是暗。這些語言雖然有好壞差別，但都必須會歸到理事融通
上。〔註43〕這是呂澂的詮釋。兩人一從迷悟上說，一從語言表達上講，見解
可謂南轅北轍。

火熱風動搖，水濕地堅固。眼色耳音聲，鼻香舌鹹醋；然於一一法，
依根葉分布。本末須歸宗，尊卑用其語。

元賢註：諸法雖殊，總根於心。心，本也；諸法，末也。然必有宗
焉。宗者，諸佛之秘要、列祖之玄旨。不達此宗，則本末俱妄；能
達此宗，則本末俱眞。此宗既得，由是出一言、行一令，無非毗盧
之正印。

元賢在此提到了本末的觀念，以心爲本，諸法爲末。本末體用關係，是呂澂
註解的重點。但是元賢重點不在此，他的「宗」並非指心，而是指宗旨之謂。
由於綱宗不辨，所以祖庭混爛；因爲宗旨不明，所以禪法支離。元賢作《洞
上古轍》的目的，就在於辨明宗旨，重整曹洞。所以他將一切歸之於禪門宗
旨。在宗旨規範下，本末才能俱眞，言行才能符合毗盧正印。〔註44〕至於呂

〔註43〕李石岑以回互爲暗，以不回互釋明。（詳《人生哲學》，頁358；《中國哲學史
話》，頁256～257。）毛忠賢則認爲明暗、四大都是舉例言說，「明暗」雖然
同爲眼的能觀所現，但卻有差異，不僅如此，「明」還有清濁之分，「暗」尚
有上中下之別。以此來說觀性雖一，現象確有差別。（詳見〈試析石頭之《參
同契》及其"泯絕無寄"禪〉，頁22。）

〔註44〕元賢《洞上古轍》前後序言：「學漸乖宗，主法者憂之，乃立宗趣，設規矩。」
（頁703）、「新豐創立五位，發明正中妙挾之旨，雖僅僅數言，而造道之方，
接人之用。」（頁752）由此推論，元賢所謂的「宗」，當是指禪門宗旨而言。

澂的理解則是：把理事統一起來認識，不停留在強為辯解的階段，就可以從語言上匯歸宗旨。元賢強調的是禪門宗旨的復輟，〔註45〕呂澂則是以理事融會為歸宗。〔註46〕

> 當明中有暗，勿以暗相遇。當暗中有明，勿以明相覩；明暗各相對，比如前後步。

> 元賢註：此重破明暗之非實也。……明待暗成，故言明中有暗；暗待明立，故言暗中有明。生滅互顯，非為真實。若是本有妙光，絕無對待，豈有生滅之可言哉？

元賢再次重申了真理的超越性與絕對性，貫徹《壇經》「本來無一物」的禪悟境界論。呂澂註解此處的明暗，則是指言語的使用要分出重點與次要點，並指出兩者是相輔相成的關係——禪家各自使用不同的文字來表達自己的境界，雖然有明有暗，各有所側重，但仍需從理事融會上來會通。對於明暗的解釋，歷來註家的見解最為分歧。〔註47〕

> 萬物自有功，當言用及處。

> 元賢註：前就心上言明暗之非實，此就境上言萬物之非實。世俗執萬物為實者，以其各自有功也。……今觀其用之所及，悉皆藉外緣

〔註45〕 對於「宗」的詮釋，杜繼文等有和元賢相同的見解，他們亦認為本（心）與末（物）必須匯歸自家宗旨。（詳《中國禪宗通史》，頁285。）

〔註46〕 李石岑以為「本末須歸宗，謙卑用其語」是指：所有的文字言說都是多餘而沒有必要的，不僅是言語，乃至所有的動靜思慮，一切萬法都歸結於佛心的顯現。（詳《人生哲學》，頁358；《中國哲學史話》，頁257～258）毛忠賢則認為：本末尊卑是指事物處於量變未至質變的階段，也就是對立面未完成向相反方面轉化前的狀態。本末、尊卑的二元對立，終究必須歸宗到根源上。（詳見〈試析石頭之《參同契》及其"泯絕無寄"禪〉，頁23。）

〔註47〕 杜繼文等亦以語言文字說明暗，但是與呂澂的解釋略有不同：「遣言用語，要輕重得當：應該說得明白的，要含有深意，不要把明白的說得那麼明白；應該將蘊有深意的說得明白，不要把深意說得更加晦暗。」（《中國禪宗通史》，頁285）這是從語言使用的靈活度上說。李石岑則是從「回互、不回互」說明暗。（詳《中國哲學史話》，頁258）王仲堯認為明暗乃是指離卦與坎卦，即「坎離為易」之意，他說：「石頭希遷也是由此而參魏伯陽月象變化之說，以闡述丹道思想，即以月亮盈虧所顯示的明暗關係，來表達曹洞宗坐禪的禪法。」（《易學與佛教》（北京：中國書店，2001年），頁309～310）。毛忠賢的見解也不同，他以為明暗乃是指白晝與夜晚，「明暗在日夜中對立的形成，根源就在明中潛著暗、暗中潛著明，明暗雙方都是由矛盾的主要方面和次要方面構成的。……（明暗各相對二句）是說道一分成二，橫處於回互取代的運動中。」（詳見〈試析石頭之《參同契》及其"泯絕無寄"禪〉，頁23。）

　　而後成。若無外緣，不能及物，是知自本無功也。自既無功，則同
　　爲虛妄而已。

元賢上句是由心上說迷妄，此處則是由境上講緣起。由於一切識境皆待緣而
起，故無有自性，所以說是無功、虛妄。〔註48〕

　　事存函蓋合，理應箭鋒拄。承言須會宗，勿自立規矩。

　　元賢註：事存，言不必遣事，自然與理相合而不差。理應，言發之
　　於用，自然箭鋒相拄而不爽。此無他，以能會其宗也。所以承言必
　　須會宗。若違背宗旨，自立規矩，則事理乖謬，非愚即狂矣。

此處的註解元賢由事理相即相入說，但是理事圓融並非重點，他側重於禪門
宗旨的匯歸，他反對任意的妄立規矩。〔註49〕呂澂則以事相的差別與理的同
一來說。事的差別相，就如蓋子一般，隨器物而有大小方圓的不同。但是就
理上來說是一致的，不應在差別上起執著。將事理統一起來，在言語上就可
以會通宗旨。元賢之說，是就明末禪風的疏狂而發；呂氏之言，則是歸結到
理事的融通上。〔註50〕

　　〈參同契〉末幾句：「觸目不會道，運足焉知路。進步非近遠，迷隔山河
固。謹白參玄人，光陰莫虛度。」希遷期勉禪者要努力修行，諸家看法沒有
太大差別。唯元賢認爲「觸目會道」的重點在去人法二執，呂澂則是以理事
相合爲道。〔註51〕

　　關於〈參同契〉的內容，根據現代學者的研究，〈參同契〉在外典方面，吸
收魏晉玄學和儒家義理；在內典方面，主要是融通《肇論》和華嚴宗的思想。
而在融通的過程中，又以六祖的禪學爲心要。理事相契是〈參同契〉的中心思

〔註48〕毛忠賢釋爲：「功和用是指道的運動狀態，處則是道的靜止狀態。」〔詳見〈試
　　　　析石頭之《參同契》及其"泯絕無寄"禪〉，頁23。〕

〔註49〕關於「承言須會宗，勿自立規矩」，印順曾解釋到：「是要學者隨說而會（心
　　　　傳的）宗，不要爭著自立門戶。這是針對南北，也可能不滿洪州與荷澤門下。」
　　　　（《中國禪宗史》，頁407）雖然元賢與印順的詮釋，目的性不太相同，但是兩
　　　　人的宗，都是就心宗而言。

〔註50〕「會宗」吳良俅的解釋較特別，他認爲是指要讀經、學禪之謂。（〈試論希遷
　　　　大師《參同契》的融合色彩及其對後世佛學發展的啓迪〉，頁29）

〔註51〕王仲堯認爲由「靈源明皎潔」到全文結束「其中很明顯也是在援用魏伯陽的
　　　　《參同契》中所說的納甲煉丹之類法門，來解說參禪的方法，以及坐禪的不
　　　　同階段和境界。」（《易學與佛教》，頁310）由於作者沒有進一步的說明，因
　　　　此並無法知悉所謂石頭希遷結合納甲煉丹與參禪方法、境界的詳細情形。

想，會通南北頓漸之說是其目的。〔註52〕至於元賢〈參同契註〉的核心思想則在「契此妙心」，從迷悟的觀點，以詮釋〈參同契〉中的理事概念。並強調一切的言說、機用，最後都必須會歸到禪門宗旨上，宗旨復歸與提振是其目的。元賢的註解，實際上已經跳脫了希遷作〈參同契〉的動機與背景。他並沒有就著希遷「聖人無己，靡所己」的理事觀念而發展，會通南北頓漸的目的自然也被湮沒在其中。融合會通是希遷禪法的一大特色，這也是馬祖說「石頭路滑」的原因。但是這一特點，在元賢的註中，幾乎沒有發揮。他純粹從自身的禪修理念作爲理解的基礎，於是〈參同契〉成爲元賢禪學思想的註解。當然這樣的理解，並未違背南禪的基本立場，況且元賢之說還自成體系。

二、〈寶鏡三昧〉的重離四句

〈寶鏡三昧〉是洞山良价親印於雲巖曇晟，再授與曹山本寂；〔註53〕曹洞諸師嚴擇根器，密傳於室，用以定宗旨、防滲漏。〔註54〕直到宋代朱世英得於無名老僧，並授與惠洪覺範，〈寶鏡三昧〉才公諸於世。〔註55〕〈寶鏡三昧〉全

〔註52〕呂澂，《中國佛教源流略講》，第九講〈南北宗禪學的流行〉，頁251；印順，《中國禪宗史》（臺北：正聞出版社，1994年版），第九章〈諸宗抗互與南宗統一〉，頁407；林義正，〈石頭希遷的禪思想及其教育方法〉，頁79；吳良俅，〈試論希遷大師《參同契》的融合色彩及其對後世佛學發展的啓迪〉，頁25～27。

〔註53〕《洞山良价禪師語錄》（《大正藏》47冊）：「師因曹山辭，遂囑云：『吾在雲巖先師處，親印寶鏡三昧，事窮的要，今付於汝。』」（頁525c）〈寶鏡三昧〉最早收錄於《洞山語錄》中，作者究竟是雲晟還是良价，或者另有其人，目前學界還沒有定論。

〔註54〕元賢〈寶鏡三昧註〉言：「是書洞下諸師，恐屬流布，轉辱大法，但於室中密授，以定宗旨、以防滲漏。」（《廣錄》卷27，頁706）清‧荊溪行策《寶鏡三昧本義》（《卍續藏》111冊）亦言：「〈寶鏡三昧〉者，……洞下諸師恐屬流布，但於室中密授，以定宗旨、以防滲漏。」（頁267）

〔註55〕關於〈寶鏡三昧〉的公開與流傳，這是惠洪覺範的説法。（詳見覺範，《禪林僧寶傳》（《卍續藏》137冊）卷1，〈贊曰〉，頁447）元賢〈寶鏡三昧註〉（《廣錄》卷27，頁706）、行策《寶鏡三昧本義》（頁267）都接受這樣的説法。但是南宋的石室祖琇卻不這麼認爲，他說：「自（惠洪覺範）述寶鏡三昧，則託言朱世英，得於老僧，自解法革，輔成寶鏡之辭。……夫〈寶鏡三昧〉，洞山雖云受之雲巖，蓋驗人親切之旨，未應作爲文具而傳之也。又佛祖之法，等心普施，雖異類不間，詎有同門學者竊聽之，而咒令倒病賢聖之心，果圖曲爾乎？又其辭曰：『重离六交，偏正回互，疊而爲三，變盡爲五。』夫洞山傳達磨宗旨者也，重离卦則伏義文王之書。（果若此言，則是洞山□□林宗旨，而傳伏義文王之書？依彷離卦而建立五位。然洞山大宗師也，肯爾哉？）足下公然鑿空締立，而誣岡之，其罪宜何誅焉！」（《僧寶正傳》（《卍續藏》137

篇以四言韻文構成，共計九十四句，透過「如臨寶鏡、形影相觀」〔註56〕來闡述偏正回互之理。〈寶鏡三昧〉文思縝密細緻，寓意隱晦，很難一窺堂奧。特別是在以《周易‧離卦》來表達五位偏正回互的四句上。〔註57〕「重離六爻，偏正回互，疊而爲三，變盡成五」，此四句是全文的樞紐關鍵，但是蘊意過深，即便作者還加上「如荎草味」、「如金剛杵」、「如世嬰兒」三個譬喻作說明，意旨還是幽隱難顯，歷來引發諸多爭論。〔註58〕

第一個對〈寶鏡三昧〉作註解的是惠洪覺範，註文收於《智證傳》〈附錄〉中；之後元初雲外雲岫著有〈寶鏡三昧玄義〉，接著即是元賢的〈寶鏡三昧註〉。這些註解最大的差異，即在於對「重離六爻」四句的不同理解。以下從覺範的解釋說起。

（一）覺範的解釋

在《智證傳》中，覺範對「如（重）離（离）六爻，〔註59〕偏正回互，疊而爲三，變盡成五」的解釋是：

> 离，南方之卦，火也，心之譬也。其爻六劃，回互成五卦，重疊成三卦。如☰第二爻三爻四爻又成一卦，巽也☴。第三爻四爻五爻又成一卦，兌也☱。此之謂疊爲三也。下巽上兌，又成一卦，大過也☱。下兌上巽，又成一卦，中孚也☴。此之謂變成五也。〔註60〕

依照覺範的理解，所謂的「疊而爲三」，是取離卦的二三四爻，而成巽；再取離卦三四五爻，變成兌卦。（圖 5-1）

冊）卷7，〈代古塔主與洪覺範書〉，頁 624）祖琇認爲不管是〈寶鏡三昧〉的內容、或輾轉得於無名老僧之說，根本都是覺範所杜撰。今審《洞山良价禪師語錄》，確實收有〈寶鏡三昧〉一文，而且較覺範時代爲早的汾陽善昭、石霜楚圓都有五位頌，如此雖可證明〈寶鏡三昧〉並非覺範僞，但這也表示〈寶鏡三昧〉原本就流傳於世，而非覺範所謂待他註解才公開。

〔註56〕　〈寶鏡三昧〉文，引自《洞山良价禪師語錄》，頁 0526a。

〔註57〕　以《易》闡發禪學思想，是曹洞宗禪一大特色。〈寶鏡三昧〉上承希遷〈參同契〉，下啓洞山、本寂的君臣五位思想，更是曹洞宗發展的關鍵。有關曹洞宗禪與《易》的關係，詳見夏金華，〈試論佛教曹洞宗對《易》的利用〉，《周易研究》1994 年 1 期，頁 17～21。

〔註58〕　清‧荊溪行策，《寶鏡三昧本義》：「重離六爻偏正回互數語，爲一篇之樞紐。然秘藏幽扃，難開物解。兼有一二尊宿，出其義意，又支離失旨。」（頁 267）

〔註59〕　「重離六爻」覺範作「如离六爻」。宋‧惠洪覺範，《智證傳》（《卍續藏》111冊），頁 224。

〔註60〕　宋‧惠洪覺範，《智證傳》，頁 224。

取二三四爻　　　　　　　　　　取三四五爻
離卦　　　　　巽卦　　　　　　離卦　　　　　兌卦

圖 5-1　覺範釋「疊而為三」圖

「盡變成五」則是再將巽、兌二卦上下交互成疊，成大過與中孚二卦。經「疊而為三」產生巽、兌二卦，再由「盡變成五」衍出大過與中孚，連原本的離卦共計有五卦。（圖 5-2）覺範用離卦輾轉變出五卦來說明「盡變成五」，主要是以《易傳》中「互體」〔註61〕的觀念，來詮釋五位回互的思想。

離　疊而爲三　巽　兌　變盡成五　兌巽 大過　巽兌 中孚

圖 5-2　覺範釋「盡變成五」圖

接著覺範又以五卦配五位：（表 5-1）〔註62〕

表 5-1 覺範五位五卦表

五　位	卦　名	卦　象	圖　相
正中來	大過	䷛	
偏中至	中孚	䷥	
正中偏	巽	☴	
偏中正	兌	☱	
甲中到	重離	䷝	

〔註61〕根據巴壺天的研究：「互體之說，始自京房。京房曰：『二至四爲互體，三至五爲約象。』……實則約象亦直稱其爲互體，因京房在其《易傳》中，對一卦之三四五爻所列成之新卦，亦直稱其爲互體。」（詳《禪骨詩心集》，頁50）又張善文編，《周易辭典》（上海：上海古籍出版社，1992年12月），頁134中亦有非常詳盡的解說。

〔註62〕此表係根據《智證傳》（頁224）原表重新繪製、排版而來。三圈圖的意義代表爲何，覺範沒有作解釋；在後世研究中，也不見學者有相關的說明。

根據洞山《語錄》，五位順序與名稱，本作：正中偏、偏中正、正中來、兼中至、兼中到。〔註63〕覺範不僅將五位中的「兼中至」改成了「偏中至」，而且還更動了曹山五位的順序。覺範雖然是第一個為〈寶鏡三昧〉作註的人，但是他對〈寶鏡三昧〉意旨的揭示，不但沒有得到普遍的認同，還引發佛教界長達數百年的爭論。〔註64〕

（二）雲岫的註解

雲岫在〈寶鏡三昧玄義〉中，對於「重離六爻」四句的註解是：

> 重離，易之二五。離者麗也，麗者明也。二五重離也，中正之謂也。疊而為三者，正中偏、偏中正、正中來也。變盡成五者，兼中至、兼中到，通前為五也。三則由漸入頓，五則由頓入漸，化眾生同歸涅槃。〔註65〕

覺範以離卦為三爻五變的核心、以重離為兼中到的看法，並不為雲岫所認同。雲岫認為重離才是十六字偈的核心，並以正中偏、偏中正、正中來等三位，為由漸入頓的修悟自覺，兼中至、兼中到二位，是由頓入漸「化眾生同歸涅槃」的慈悲覺他。他將禪宗頓漸修悟的思想融入五位之中，將普渡眾生的經過視為「由頓入漸」的曲折過程的說法，頗具創意，同時也豐富了洞宗五位的禪學思想。〔註66〕雲岫最重要的貢獻在於以重離卦為「重離六爻」十六字偈的核心，〔註67〕以及將禪宗自覺覺他的歷程導入。這些思想在一定程度上糾正了覺範的錯誤，且為後人正確理解十字偈奠下了基礎。〔註68〕然而他並沒有對重離卦如何疊而為三、變盡成五，做進一步的解釋，無法為五位與重

〔註63〕詳見《洞山語錄》，頁525c。

〔註64〕關於覺範註解的疏失，在古籍資料中已有多人注意到，如永覺元賢、荊溪行策。今人的研究可參見：陳榮波，《曹洞宗的五家宗旨研究》（臺北：臺灣大學哲學研究所碩士論文，1973年6月），頁57～60；靜華，〈論佛教曹洞宗與《參同契》、《易經》之間的關係（二）〉，《內明》1993年10月，頁22～24；夏金華，〈試論佛教曹洞宗對《易》的利用〉，頁22～23。

〔註65〕收入慧霞，《重編曹洞五位顯訣》（《卍續藏》111冊）卷3，雲岫〈寶鏡三昧玄義〉，頁258。

〔註66〕參見夏金華，〈試論佛教曹洞宗對《易》的利用〉，頁23。

〔註67〕關於重離本義與曹洞禪微言大義的說明，可參見陳榮波，〈易經離卦與曹洞禪〉，《華岡佛學學報》1980年10月，頁238～239。

〔註68〕後世元賢與行策對於十六字偈的解說，雖然不相同，但同樣是以重離為解詁核心，以自受用三昧、他受用三昧說五位。元賢之說詳見後文，行策《寶鏡三昧本義》全文詳見《卍續藏》111冊，頁267～278。

離卦的關係，提供詳盡且具有說服力的說明。因此，十六字偈在雲岫的〈寶鏡三昧玄義〉中，也沒有得到完全的解決。

（三）元賢的理解

元賢如何理解〈寶鏡三昧〉的「重離六爻」四句？他的理解是：

> 偏正回互，謂陰陽變易也。疊而爲三者，謂疊變至三爻也。變盡成五者，以上三爻，變成水火既濟，卦象正中偏；以下三爻，變則成水火未濟，卦象偏中正；以中間互體三四五爻，變則成風雷益，卦象兼中至；以二三四爻，變則成山澤損，卦象兼中到。既未二卦，以火配偏，以水配正，其義可見也。損益二卦，皆出於互，即兼義也。風雷俱動，象兼至之發於用。山澤俱靜，象兼到之歸於體。離本卦象正中來，以離乃心象，心居一身之中。又正中來，象內黑而外白，正離之象也。五位配五卦，非獨其義皆合，且如未濟既濟，名正相對，損益名亦相對。以此觀之，可見五位之立，天造地設，毫非人力安排。而兼中至改爲偏中至者，亦見其謬矣。〔註69〕

元賢解釋「疊而爲三」爲「疊變至三爻」，透過三爻疊變再「變盡成五」，一共生成五個卦。他的詳細方法是：取離卦的外卦、內卦、外互、內互，〔註70〕作陰陽爻變，〔註71〕而成爲既濟、未濟、益、損四卦，加上原來的離卦，共計五卦。（圖5-3）

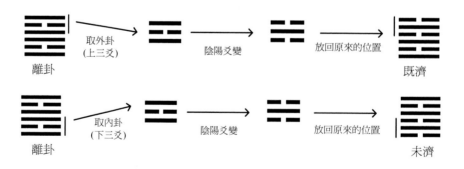

〔註69〕《廣錄》卷27，〈洞上古轍〉上，頁707。
〔註70〕外互又稱上互，指取六畫卦的三四五爻；內互又稱下互，指取六畫卦的二三四爻。
〔註71〕「爻變」係指陽爻（ ─ ）變陰爻（ -- ）、陰爻（ -- ）變陽爻（ ─ ）。

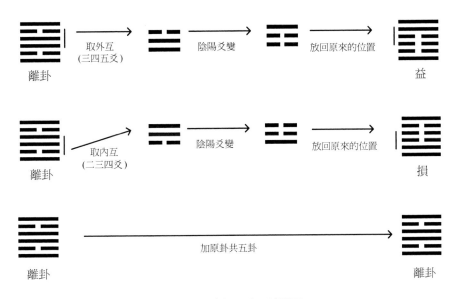

圖 5-3　元賢三爻五變圖

　　元賢在三爻五變中，除了承接覺範對於互體的運用外，還使用到陰陽爻變的概念。同時他也接受了覺範「變盡成五」，以離卦再生成另外四卦的想法；然而他所運用的方法與產生的卦象，都與覺範不一樣。對於卦象，元賢進一步解釋到：離卦喻象為火，坎卦為水，用火配偏，水配正，則既濟卦坎上離下，正是「偏中正」；未濟離上坎下，正是「正中偏」；未濟與既濟在卦名又相對。而益卦與損卦兩卦，都出自於離卦之互體，「互」本來就有「兼」的意思，正與「兼中至」、「兼中到」對；損益在卦名上亦相對。再者，益卦上巽為風、下震為雷，風雷俱動與兼中至體發於用的意義相同；損卦上艮為山、下兌為澤，山澤皆靜同於兼中到的歸於體。離卦象心，心在身體之中，正中來內黑外白正是離象。（圖5-4）同時元賢也指出，覺範改兼中至為偏中至，是一種錯誤。

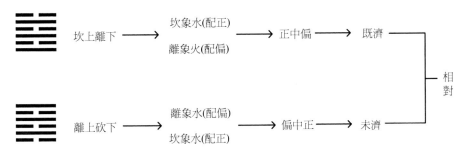

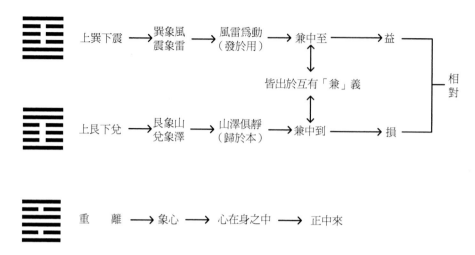

圖 5-4　元賢五卦配五位說明圖

〈寶鏡三昧〉中，尚以「如荎草味、如金剛杵」爲比喻，元賢的註解是：

> 荎草，五味子也，一草具五味，例一法中，全具五位也。金剛杵，
> 首尾闊而中狹。今法中，正中偏、偏中正，二位居前；兼中至、兼
> 中到，二位居後；惟正中來，一位居中。兩頭闊而中間狹，故其象
> 爲金剛杵。〔註72〕

荎草一草具有酸辛甘鹹苦五種味道，〔註73〕所以稱爲五味子。元賢以一法具
五位作解釋，但並沒有對於五味與五位的相對關係作說明。至於對金剛杵之
例的解說，元賢以正中來居中，正偏居上，兼至居下，正好與金剛杵兩頭闊
中間狹的形狀相似。另外，元賢又依丹霞子淳的「夫黑白未分，難爲彼此。
玄黃之後，方位自他。於是借黑權正，假白示偏。正不坐正，夜半虛明。偏
不坐偏，天曉陰晦。全體即用，枯木花開。全用即體，芳叢不豔。」〔註74〕
作五位總圖。（圖 5-5）〔註75〕

〔註72〕《廣錄》卷27，〈洞上古轍〉上，頁708。

〔註73〕參見荊溪行策《寶鏡三昧本義》之說明，詳見頁271。

〔註74〕《廣錄》卷27，頁709。

〔註75〕金剛杵圖，逸自《諸尊種子標幟形相聖位諸說不同記》（《大正藏圖相部》1
　　　　冊），卷四，頁35；元賢五位總圖掃瞄自《廣錄》卷27，頁710。

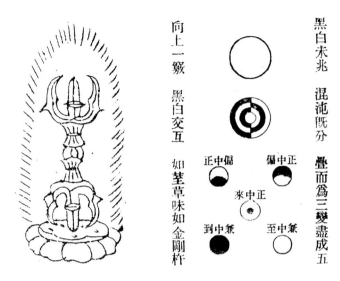

圖 5-5　金剛杵與元賢五位總圖

　　對於五位總圖，元賢尚有圖說，進一步作解釋。最上面一個圖像，表示黑白未分之前，即所謂向上宗乘事，元賢以悟此爲最要緊。第二個圖，表示既分黑白之後，就有所謂正偏交互的意義。中間的圓圈，表示向上事，隱於黑白之間。以黑爲正爲體、白爲偏爲用，引伸偏正交互的意義，而成爲五位。正中偏，正中有偏，所以黑多白少。偏中正，偏中有正，所以白多黑少。正中來，轉正向偏，因正偏不居位、又偏出於正，所以黑外而白內。兼中至，事理雙炤，全體即用，故以全白表示。兼中到，事理雙銷，全用即體，故以全黑表示。正中偏黑多白少，偏中正白多黑少，兩者互爲相對；兼中至全體即用，兼中到全用即體，亦是相對；正中來位於五方之中，沒有相對位置。以此排列出來的形狀，中間狹小、兩頭寬闊，正像是金剛杵的形狀。這就是元賢的五位總圖。〔註76〕

　　〈五位總圖〉來源複雜且多樣，不僅吸收了教內圭峰宗密「阿賴耶識圖」、「九十六種圓相」南陽慧忠的「圓相」，還參考了教外五代彭曉注《參同契》的「水火匡廓圖」、北宋周敦頤的「太極圖」；整個圖的構想也可能與魏伯陽《參同契》中的「三五至精圖」有關。〔註77〕元賢的〈五位總圖〉綜合了前人的成果，並加上自己的獨特見解而成，理論精深且嚴密，爲《寶鏡三昧》

〔註76〕關於元賢的〈五位圖說〉，詳見《廣錄》卷27，頁710。
〔註77〕參見靜華，〈論佛教曹洞宗與《參同契》、《易經》之間的關係（三）〉，《內明》1993年11月，頁19～20；夏金華，〈試論佛教曹洞宗對《易》的利用〉，頁25～26。

的研究，建立了一個新的里程碑。

三、五位思想

　　洞山良价承繼了石頭希遷和雲巖曇晟的回互思想，發展成五位之說，透過「偏正五位」、「功勳五位」、「三滲漏」等歌訣，來表達禪法宗旨。五位思想，經由曹山本寂的大力弘揚，曹洞於是正式成宗，成爲中國禪宗最具影響力的宗派之一。五位思想正是曹洞宗旨所在。

　　元賢的五位思想，主要是透過對〈洞山五位頌〉、〈功勳五位頌〉，以及石霜的〈王子五位〉的註解來表達。以下揭橥元賢注文的重點，及其五位思想的特色。

（一）洞山五位頌註

　　正中偏，三更初夜月明前，莫怪相逢不相識，隱隱猶懷舊日嫌。

　　元賢註：正中偏，就初悟此理時立。理是正；偏是悟。三更初夜，黑而不明，表理也。然以月明前顯其黑，是黑顯時，中便有明，亦猶理必由悟而顯。理顯時，中便有悟也。有理可見，則是悟跡不除，理尚非眞。故雖相逢而不相識，猶不免有舊日之嫌。此位師家多作體中發用，釋者非是。以洞山意，是正中有偏，非正後起偏。〔註78〕

關於「正」、「偏」，曹山本寂曾說道：「正位即空界，本來無物。偏位即色界，有萬象形。」〔註79〕對於正、偏，本寂從「本體」與「現象」上說，他同時還以君臣爲例，以君爲正、臣爲偏，說明本體與現象、理與事之間的關係。元賢同樣以正爲理、爲體，但是他對於偏的解釋含意較廣，指「事」與「用」，〔註80〕且以「悟」來說明。雖然元賢也用「回互」的觀念，〔註81〕但並非是詮釋本體與現象的關係，而是用來說明初悟階段「理」與「悟」之間——理待悟而顯、悟中有理的理悟關係。

　　正中偏，曹山本寂詮爲「君視臣」、「背理就事」。由於元賢不是從本體與現象的關係上說正偏，衍伸其義，他對曹山頌「君視臣」、「背理就事」的理解，

〔註78〕有關元賢《洞山五位頌註》均引自《廣錄》卷27，頁711～712。以下不再贅註。
〔註79〕《撫州曹山元證禪師語錄》（《大正藏》47冊），頁527a。
〔註80〕元賢釋「四賓主」時言：「主，即正、即體、即理。賓，即偏、即用，即事。」（《廣錄》卷27，頁718）
〔註81〕即「以月明前顯其黑，是黑顯時，便有明」句。

即成「理由悟顯」。《五家宗旨纂要》從本體與現象的關係言：「正中偏者，爲學人不知轉動，滯在劫外，則孤理而缺事，故立正中偏，背理就事，從體起用。」〔註82〕在此一位，體事理而不見事相，必須從本體走向現象，所以說是「從體起用」。〔註83〕各家之說，如汾陽善昭頌「玉兔既明，初夜後金雞須唱五更前」、宏智正覺「雲散長空後，虛堂夜月明」、自得暉「轉側木人驚夢破，雪蘆滿眼不成眠」〔註84〕都是講從體起用。元賢從初悟的理悟關係上言，自是理中尚有悟跡，正中自有偏。所以他不贊同體中發用、正後起偏的說法。

　　偏中正，失曉老婆逢古鏡，分明覿觀面別無眞，休更迷頭猶認影。

　　元賢註：偏中正，就見道後用功時立。功勳，偏也。所奉之理，正也。失曉老婆，表正中之偏。古鏡不明，表偏中之正。此位由奉重之力，所見更親於前。但未能親造此理，則所認亦祇在影象之間，故曰迷頭認影。此位師家多作轉用歸體釋者，非是。以洞山意，是偏中便有正。非偏後歸正也。

元賢以此位是「悟後用功」時立，所以他用「道後用功」釋「偏」。由於是悟後再起修，所以較之前一位與眞理更加的親近，但是仍未眞正的契理，所以說是迷頭認影。曹山本寂釋「偏中正」爲「臣向君」、「捨事入理」。〔註85〕根據元賢的說法，臣向君、捨事入理，應該作「修證功夫向眞理的逐漸靠近」。至於《五家宗旨纂要》則說：「偏中正者，爲學人著於物象，滯在今時，則孤事而缺理，故立偏中正，舍事入理，攝用歸體。」〔註86〕在這一階位，尚無法透過現象探究本體，所以說是「孤事而缺理」，是事理向理體的回歸。〔註87〕汾陽善昭頌「毫末成大樹，滴水作江湖」、宏智正覺「天曉賊人投古井」〔註88〕都是說轉用歸體的過程。元賢由於以「悟後起修」釋「偏」，所以他不認同轉用歸體的詮釋，他認爲在修的當下，自是依眞理而修，所以偏中即有正，不是偏後歸正。

　　正中來，無中有路隔塵埃。但能不觸當今諱，也勝前朝斷舌才。

〔註82〕清・三山燈來，《五家宗旨纂要》（《卍續藏》114 冊），頁 530。
〔註83〕參見陳榮波，〈易經離卦與曹洞禪〉，頁 230；吳言生，《禪宗詩歌境界》（北京：中華書局，2001 年 9 月），第五章〈曹洞宗禪詩〉，頁 131～132。
〔註84〕引自宋・智昭，《人天眼目》（《卍續藏》64 冊）卷 3，頁 857、860。
〔註85〕《撫州曹山元證禪師語錄》，頁 527a。
〔註86〕《五家宗旨纂要》，頁 530。
〔註87〕參見陳榮波，〈易經離卦與曹洞禪〉，頁 230；吳言生，《禪宗詩歌境界》，第五章〈曹洞宗禪詩〉，頁 132～134。
〔註88〕引自《人天眼目》卷 3，頁 857。

元賢註：正中來一位，即是得法身，亦即是正位。……無中，正位也；有路，來偏也。隔塵埃者，以其內方轉身，尚未入俗，與塵埃隔也。有作出塵埃者非是。以出字之義，是入塵而後出也。此尊貴位不可犯，犯即屬染污，須善回互。能回互，則從傍敲顯。有語中無語，無語中有語，故勝斷舌才……此位，後人頌者，多用披毛戴角、入廛垂手等語，皆非。惟曹山頌云：「未離兜率界，烏雞雪上行。」深得洞上之旨。

正中來一位，得法身時立；由於剛轉功就位，故雖擁有轉位就功的能力，但是尚未發展，所以說是中間正位。此位已達真如本體，是一個不容思量、不容擬議的境界，開口即錯、出言即乖，說似一物即不中，所以說是勝斷舌才。在《人天眼目》中「隔塵埃」作「出塵埃」，〔註89〕元賢認為此位尚未入塵，不應用「出」。〈曹山五位旨訣〉釋正中來為「全身獨露，萬法根源，無咎無譽」〔註90〕、汾陽善昭的「晶輝朗耀絕塵埃」〔註91〕、圓悟克勤的「遍界絕塵埃」、浮山法遠的「雖然照徹人間世，不犯鋒鋩絕點埃」都是取「隔塵埃」的意思。〔註92〕因為尚未轉身入世，自然不宜用「披毛戴角」〔註93〕與「入廛垂手」。〔註94〕在《五家宗旨纂要》中對於正中來的解釋，即取「出塵埃」之意：「乃是不居尊貴位中，無化而無所不化。凡有言句，皆從無中唱出，不借而借。迴途轉位，戴角披毛。向異類中來，處處無間，雖居今時而不落今時。此轉身一路也。」〔註95〕三山燈來認為正中來一位已經轉位出塵，能在

〔註89〕見《人天眼目》卷3，頁858。又《重編曹洞五位顯訣》中作「隔塵埃」。（卷2，頁246）

〔註90〕《撫州曹山元證禪師語錄》，頁533b

〔註91〕引自《重編曹洞五位顯訣》卷2，頁248。

〔註92〕見《人天眼目》卷3，頁857、859。

〔註93〕披毛戴角，曹山本寂的三種墮之一。披毛戴角是沙門墮，又作類墮，是說沙門不居聖位，不受形式拘束，投身六道亦自在救度眾生之意。（詳見《撫州曹山元證禪師語錄》對三種墮的解釋，頁533c～534b；《重編曹洞五位顯訣》卷3，〈三種墮〉、〈四種異類〉，頁261～266。）《景德傳燈錄》，卷29〈同安察禪師十玄談〉就以「披毛戴角入廛來」頌「轉位」，頁455c。元賢〈洞上古轍〉收百丈瑞頌有：「『披毛戴角，隨類自在』頭角混泥塵，分明露此身，綠楊芳草岸，何處不稱尊。」（頁725）

〔註94〕「入廛垂手」宋代廓庵《十牛圖頌》的第十圖，指大徹悟後，慈悲入塵世，以渡濟眾生。詳見《卍續藏》113冊，920a。

〔註95〕《五家宗旨纂要》卷2，頁530。

六道中自在度眾。若依曹山「未離兜率界」的頌語，元賢「隔塵埃」的解釋
應該較符合旨趣。〔註96〕

> 兼中至，兩刃交鋒不須避，好手猶如火裏蓮，宛然自有沖天志。

> 元賢註：兼中至，就功位齊彰時立。正既來偏，偏必兼正。作家相
> 見之際，明暗交參，縱奪互用，不涉一毫擬議，自然不至傷鋒犯手。
> 如火裏蓮花，而卒無所損也。此乃他受用三昧，即是透法身、即是
> 大機大用。洞山離三滲漏。臨濟具三玄要。俱不出此。

兼中到是功位齊彰時所立，是大機大用的他受三昧。此位全體即用，菩薩慈
悲垂手、祖師接機度眾，都是最積極的表現。浮山法遠的「機用縱橫」〔註97〕、
道吾悟眞的「施設縱橫無所畏」〔註98〕、宏智正覺的「大用現前不存軌」，〔註
99〕以及《五家宗旨纂要》的：「兼前偏正兩位，盡在機前。拈出往來鉤鎖，血
脈連環，卷舒自在，妙用隨機，更不疑滯」〔註100〕都是說全體即用的境界。
此即爲「披毛戴角」與「入鄽垂手」之意。

> 兼中到，不落有無誰敢和。人人盡欲出常流，折合還歸炭裏坐。

> 元賢註：兼中到，就功位俱隱時立。前兼中至，雖偏正交至，猶有
> 偏正之跡。此則無跡可見，故曰不落有無。蓋是造道之極，及盡今
> 時，還源合本，故曰折合還歸炭裏坐。如佛說究竟涅槃義，乃自受
> 用三昧也，既得此三昧，雖大用繁興，總不出此。

兼中到是就功位俱隱，也就是理事雙泯時所立。晦巖智昭「兩頭截斷無依倚，
心法雙忘始得玄」，〔註101〕以及覺範所謂「兼中到者，兼前四位，挾妙而歸正
位」〔註102〕、《五家宗旨纂要》的「亦任冥應眾緣，依然不墮諸有。動靜施爲，
平常自在。全體該收，更無遺漏，功勳不犯。明暗雙收是也」〔註103〕都與元

〔註96〕覺範則認爲「隔塵埃」、「出塵埃」是沒有差別的，因爲：「謂凡有言句皆無中
唱出，便自挾妙了也，無不從正位中來。或明或暗或至或到，皆挾挾通宗。
凡一位皆具此五事，如掌之五指，無少無剩。」（引自《重編曹洞五位顯訣》
卷2，頁250。）
〔註97〕《人天眼目》卷3，頁858。
〔註98〕《重編曹洞五位顯訣》卷2，頁249。
〔註99〕《人天眼目》卷3，頁859。
〔註100〕《五家宗旨纂要》卷2，頁530。
〔註101〕《人天眼目》卷3，頁858。
〔註102〕《重編曹洞五位顯訣》卷2，頁250。
〔註103〕《五家宗旨纂要》卷2，頁530；《人天眼目》卷3，頁858、859。

賢有相同的理解。對於「炭裏坐」，元賢將之視爲本體的回歸，若將「炭裏坐」釋作「披毛戴角」與「入鄽垂手」，則此位亦是他用三昧。雖然元賢也說「既得此三昧，雖大用繁興，總不出此」，但他畢竟是以自受用三昧爲兼中到的詮釋核心。（表 5-2）

由以上的論述，可知元賢並不從本體與現象的關係去理解，而是以悟後境界作爲對洞山五位的理解。元賢以眞理、本體釋「正」，而以悟道用功爲「偏」，他的「轉功就位」是指修道者在趨向、契悟眞理的過程，以此來詮釋正中偏與偏中正。正中來，元賢視爲尊貴位，是前半分與後半分的樞紐位置；〔註104〕他認爲在這個位置尚未轉身入塵。兼中至與兼中到，元賢以「轉位就功」，功位齊彰與功位俱隱標之。末兩位的「功」是指應機施用而言，前兩位的功則是指實際的修行體驗。元賢對於功的兩種解釋，符合了禪宗向上一事與向下一事的精神，不僅要「契理」還要「入鄽」。元賢詮釋五位，由初悟此理起，中於得法身，歸於功位俱隱，自成體系，結構嚴整且論理完備。（表 5-2）

表 5-2　元賢五位說表

五　位	立位時機	功位關係	說　　明	元　賢　云	元　　賢　　頌
正中偏	初悟此理	轉功就位	理因悟而顯	千尺井底夜燃燈	黑漆崑崙空裏眠，雖是不曾親切得，得前影象卻昭然。
偏中正	道後用功	轉功就位	功勳中見理	將軍手持無字印	將軍手持無字印，鐵馬金戈事正勤，未得歇時難自信。
正中來	得法身	尊貴位	須善回互從旁敲顯	肘後懸符出禁城	夜半梅花鬥雪開，一陣香風飄出谷，始知未許雪深埋。
兼中至	功位齊彰	轉位就功	大機大用他受三昧	寶劍揮空不問誰	出匣青蛇難擬議，陰陽反覆事何常，莫道相逢憑意氣。
兼中到	功位俱隱	轉位就功	究竟涅槃自用三昧	夜間墨汁染烏紗	事理全銷無可道，不是寒崖獨守空，本無變易閒名掃。

資料來源：《廣錄》卷 27，頁 709～716。

〔註104〕元賢言：「前半分，是轉功就位；後半分，是轉位就功；中間，即尊貴位也。」（《廣錄》卷 27，頁 711）。

（二）功勳五位與王子五位

　　洞山除了作偏正五位外，還有「功勳五位」。功勳五位是指向、奉、功、共功與功功。〔註105〕元賢對於洞山功勳五位說有一一的註解，茲將重點論述如下。

　　向，是指趣向，知有所趣向，知我本有佛性與諸佛不二，向求佛果的目標努力。爲能徹見佛性，必須在行住坐臥間，時時努力、處處用功，這是指初入門時的修行工夫。〔註106〕向而後奉，奉是奉承之義，指修行者對於一切外塵、無明妄識都應努力斷除，使自己的信念與目標更加的堅定。〔註107〕到功位時，則不再有「向」、「奉」之跡，泯除一切現象，全然放下，契入正位。在「功」位時，諸法俱隱於一色，至「共功」則一色消盡，諸法俱現。前一位尙沈滯於空寂中，後位則已出空寂，見諸法歷然，由見山不是山，回到見山是山的境界。〔註108〕共功位強調在大死一番後必須再活，才能見諸法歷然，否則僅證得一半之法。〔註109〕功功之位，比前位還要再深，此位理事混然，本體與現象融合爲一，是人法兩空的解脫之境。根據元賢的理解，功勳五位其實就是禪修的五個階段：由入門起（向）、堅定道心（奉）、寂然體道（功）、

〔註105〕洞山良价對於功勳五位的解釋爲：「僧問：『如何是向？』師曰：『喫飯時作麼生。』又曰：『得力須忘飽，休糧更不飢。』云：『如何是奉？』師曰：『背時作麼生？』又曰：『只知朱紫貴，孤負本來人。』云：『如何是功？』師曰：「放下钁頭時作麼生？又曰：『撒手端然坐，白雲幽處閒。』云：『如何是共功？』師曰：『不得色。』又曰：『素粉難沈跡，長安不久居。』云：『如何是功功？』師曰：『不共。』又曰：『混然無諱處，此外更何求』」又作頌言：「聖主由來法帝堯，御人以禮曲龍腰，有時鬧市頭邊過，到處文明賀聖朝（向）。淨洗濃妝爲阿誰，子規聲裡勸人歸，百花落盡啼無盡，更向亂峰深處啼（奉）。枯木花開劫外春，倒騎玉象趁麒麟，而今高隱千峰外，月皎風清好日辰（功）。眾生諸佛不相侵，山自高兮水自深，萬別千差明底事，鷓鴣啼處百花新（共功）。頭角纔生已不堪，擬心求佛好羞慚，迢迢空劫無人識，肯向南詢五十三（功功）。」（收於《筠州洞山悟本禪師語錄》頁510b、516a。）
〔註106〕元賢註：「向，謂趣向。……言向之專，則不暇計饑飽也。」（《廣錄》卷27，頁716）
〔註107〕元賢註：「奉，如承奉之奉，向而後奉。……言背者，謂貪合外塵，乃背本分事者也。」（《廣錄》卷27，頁716）
〔註108〕元賢註：「共功者，諸法並興。……前位是一色，諸法俱隱。今位一色消盡，諸法俱現。」（《廣錄》卷27，頁716）
〔註109〕大慧宗杲對於共功的解釋是：「謂法與境敵，答不得色，乃法與境不得成一色。」（見《人天眼目》卷3，頁861）元賢是從出空寂講，宗杲則是從體用一如用功上說。

諸法歷然（共功）、究竟禪悟（功功）。〔註110〕是人在修悟過程中，不斷努力
精進，從有修到無修、由修道至體道以致契道的歷程。

「王子五位」是石霜慶諸（807～888）對於五位思想的發揮，在〈五位王
子頌〉裡，他以王子的出生、素質與努力，譬喻不同的修行階段。〔註111〕王子
五位是指誕生、朝生、末生、化生、內生五位。關於王子位的討論，涉及到所
謂「內紹」與「外紹」的問題。根據惠洪覺範的解釋，內紹是指「非以勳勞而
至」、「無功之功」，外紹則是指「以勳勞而至」、「借功業而然」。〔註112〕晦巖智
昭則說：「王子五位者，明內紹本自圓成，外紹有終有始也。」〔註113〕若依覺
範與智昭的解釋，內紹是指天生慧根，不假修而成；外紹則是指必須藉由外緣，
努力修行方能有所得；而且不論內、外紹，都可以轉功就位。至於元賢則有不
同的看法，他一改過去前人的見解，以「就位」、「不就位」來說內、外紹，只
有內紹可以就位，而外紹是無法轉功就位的。他以「明自性」為內紹、「不見性」
為外紹，因為外紹只停留在相對境界上，所以無法轉功就位。〔註114〕這樣的看

〔註110〕元賢註：「功功者，此功比前尤深，故名功功。……言理事混然，並無藏隱之
　　　　跡，乃造道之極致，更有何求哉。然猶名功者，以視向上事，則亦屬人力造
　　　　到，是亦功也。」（《廣錄》卷27，頁718）
〔註111〕石霜有〈答五位王子〉與〈五位王子頌〉，《人天眼目》兩篇均有收入，詳見
　　　　卷3，頁862～865。〈五位王子頌〉作：「誕生：天然貴胤本非功，德合乾坤
　　　　育勢隆。始末一期無雜種，分宮六宅不他宗。上和下睦陰陽順，共氣連枝器
　　　　量同。欲識誕生王子父，鶴騰霄漢出銀籠。朝生：苦學論情世莫群，出來凡
　　　　事已超倫。詩成五字三冬雪，筆落分毫四海雲。萬卷積功彰聖代，一心忠孝
　　　　輔明君。鹽梅不是生知得，金榜何勞顯至勳。末生：久棲巖穴用功夫，草榻
　　　　柴扉守志孤。十載見聞心自委，一身冬夏衣縑無。澄凝含笑三秋思，清苦高
　　　　名上哲圖。業就巍科酬極志，比來臣相不當途。化生：傍分帝命為傳持，萬
　　　　里山河布政威。紅影日輪凝下界，碧油風冷暑炎時。高低豈廢尊卑奉，五袴
　　　　蘇塗遠近知。妙印手持煙塞靜，當陽那肯露纖機。內生：九重深密復何宣，
　　　　掛敝由來顯妙傳。祇奉一人天地貴，從他諸道自分權。紫羅帳合君臣隔，黃
　　　　閣簾垂禁制全。為汝方隅官屬戀，遂將黃葉止啼錢。」
〔註112〕《人天眼目》卷3：「寂音曰：此如唐郭中令李西平，皆稱王，然非有種也，
　　　　以勳勞而至焉。高祖之秦王明皇之肅宗，則以生帝王之家皆有種，非以勳勞
　　　　而至者也，謂之內紹者，無功之功也。先聖貴之謂之外紹者，借功業而然，
　　　　故又名曰借句。」（頁865）
〔註113〕《人天眼目》卷3，頁871。
〔註114〕《五家宗旨纂要》卷2：「內紹，紹，繼也，續也，相續不斷之義。內者，正
　　　　位中威音那畔是也，知向裏許承當擔荷，是為內紹。如修行人明心見道，於
　　　　日用中頭頭顯現，物物分明，實無差互，左右逢原，不假修進。不假行持，
　　　　當體便證無上菩提。……外紹，外者，偏位，今時門中一切對境觸物處也，

法後來也被三山燈來所接受，可見元賢對於此問題見解的卓越。以下進一步說明元賢的王子五位說。

誕生：不假功勳，便能頓入一色。就如嫡生太子，初生即能紹繼王位。偏正五位中，在正中偏時，理尚需藉悟才能見，誕生位已人法俱泯，所以相對於偏正五位，應爲入一色的正中來，而非正中偏。〔註115〕朝生：指由學而至，不得見性，終究無法轉功就位。就如同臣子一般，即便大功顯著，也不能登位成王。因此元賢認爲以偏中正對朝生位是不恰當的，因爲偏中正已見性，只是尚未就位，而朝生位爲外紹，並無法轉功就位。〔註116〕末生：只專事內紹，經過長時間的用功，而入於正位，就像不斷努力的小王子一般。此位於誕生不同，誕生是頓、末生是漸。故不能以正中來說末生，因爲正中來入正位而轉身，末生則剛入正位。依照元賢的理解，此位應介於偏中正與正中來之間。〔註117〕化生：指轉位就功，如將軍奉皇命行皇威一樣，屬洞山五位的兼中至。〔註118〕內生：指理智如一，冥合不分，就如長在深宮之中的王子，與父同體無異，代行父事沒有差別，此位與兼中到同。〔註119〕（表5-3）

表5-3 元賢王子五位註表

王子五位	身份	功位關係	內外紹	相對五位
誕 生	嫡生王子	天生在位	內 紹	正中來
朝 生	外朝臣子	久修無位	外 紹	不對位
末 生	小王子	久修即位	內 紹	介於偏中正與正中來間

向外紹則臣位。如修行人不明自心，不見自性，不了正因，全未知有，且教渠知有續起功用，故名外紹。」（頁543）

〔註115〕元賢註：「誕生，言初育也。最初知有，即能頓入一色，全不借功勳。如王嫡長之子，初生即得灌頂者也，此與洞山正中偏，有異。正中偏，只是最初知有，未能頓入一色。入一色，乃正中來事。」（《廣錄》卷27，頁719）

〔註116〕元賢註：「朝生者，言祇在外朝，居臣位，非宮中所生也。此子不能知有，止事外紹之功，故不能轉功就位，正是臣種。……與洞山偏中正，有異。以偏中正是內紹而未就位者，此是外紹而不就位者。」（《廣錄》卷27，頁720）

〔註117〕元賢註：「末生者，言用功之久而後成者也。此子遠謝一切，專事內紹，得入一色，比之誕生，則頓漸有異。及其所到，一也。此與正中來亦異，此乃久用功而方入正位者。正中來，則入正位而轉身者也。」（《廣錄》卷27，頁720）

〔註118〕元賢註：「化生，言傍分帝化，乃轉位就功之子。古人謂之出使將軍才，即洞山兼中至也。」（《廣錄》卷27，頁721）

〔註119〕元賢註：「內生者，長在深宮之內者也，此是功功之極，與父無異體。即理智一如，冥合不分之義。……正同洞山兼中到。」（《廣錄》卷27，頁721）

化　生	將　軍	借位揚功	內　紹	兼中至
內　生	深宮子	功位一如	內　紹	兼中到

資料來源：《廣錄》卷 27，頁 719～722。

　　關於各種五位說的關係，《人天眼目》中收有〈五位功勳圖〉，將偏正五位與功勳五位、王子五位、君臣五位等，一一分配相對，其表列如下。（表 5-4）

表 5-4　曹山五位功勳圖表列

圖　像	五　位	王子位	君臣位	功勳位	說　明
◖	正中偏	誕生內紹	君　位	向	黑白未變時
◗	偏中正	朝生外紹	臣　位	奉	露
◉	正中來	末生【棲隱】	君視臣	功	無句有句
○	兼中至	化生神用	臣向君	共功	各不相觸
●	兼中到	內生不出	君臣合	功功	不當頭

資料來源：《人天眼目》卷 3，頁 862。

　　《五家宗旨纂要》中亦收有此圖，〔註 120〕但是對於這樣的湊泊對應，元賢並不贊同。他認爲各五位說，所要表達的重點不同，是分別獨立的系統。偏正五位是就悟後起修與發用而言，至於功勳五位與王子五位都是「偏位上事」，指修行的階段與境界而言。功勳五位是禪修者初發心用功到開悟階段的過程，不涉及轉體歸用的問題；王子五位雖然講轉體歸用，但是有內紹與外紹之別。偏正五位俱是就內紹而言，是明心見性後之事；而朝生一位屬外紹，並不能就位，是無法與偏正五位相對應的。再者，君臣五位也一樣，元賢認爲君位與臣位是從兼中至一位分出，將君臣獨立出來，乃是爲應機方便而設。

　　對於〈五位功勳圖〉的來源，《人天眼目》並沒有交代，是否爲曹山本寂所作，值得存疑。實際上〈五位功勳圖〉也並非完整的系統，有諸多的矛盾與不合理處存在。〔註 121〕至少對於君臣五位，曹山本寂就曾說：「君爲正位，臣爲偏位。臣向君是偏中正，君視臣是正中偏。君臣道合，是兼帶語。」〔註 122〕〈五

〔註 120〕《五家宗旨纂要》的〈五位功勳圖〉與《人天眼目》所收者大同小異，只是改「向」爲「不共」，「露」爲「一色」。詳見是書頁 537。

〔註 121〕關於〈五位功勳圖〉的矛盾，可見參見張國一〈石頭宗諸師之『心性』思想〉（《中華佛學研究》，2001 年，頁 173～174）一文的研究。

〔註 122〕《人天眼目》卷 3，頁 856。

位功勳圖〉將正中偏與君位對，偏中正對臣位，很明顯的就與本寂之說不合。元賢反對〈五位功勳圖〉將各種五位思想的硬生湊合，他的理解應該是正確的。再者，如果將君臣五位視爲悟後起修與發用的階段，則君位與臣位出自於兼中至是合理的。因爲正中偏與偏中正尚是轉用爲體的階段，對於偏正尚無獨立分出的能力；正中來入於一色，人法俱泯，沒有所謂的君臣分別；兼中到已是涅槃位，更無說偏正的必要。兼中至一位轉體爲用，既有分偏正的能力，又有應機的的需要，因此唯有在這階段，獨立分出君位與臣位，才符合五位系統。可見元賢對於五位思想的釐清與開發，具有一定程度的貢獻。

第三節　其他禪學問題的討論

一、〈三玄考〉

元賢源流曹洞，何以作〈三玄考〉？對於這個問題，他自己曾說：「予三十年前學臨濟，三十年後學曹洞。自從胡亂後，知法無異味，又因曹洞而得臨濟。近因諸師大起三玄之諍，後學莫知適從，予不忍傍觀，聊出一手。」〔註123〕元賢自陳他修悟的過程，是先學臨濟再學曹洞，並在徹悟後，體悟眞理的無差別。有見於當時諸家對三玄的問題爭論不休，於是有〈三玄考〉之作。其實何止是三玄的問題，整個臨濟宗旨都是明末禪界爭議的焦點所在。

明末禪門對於臨濟宗旨的關注，起因於漢月法藏的〈五宗原〉。法藏對於禪法的體悟，多來自於自學的努力。他在修悟的過程中，深覺自己與宋代臨濟宗師高峰了義、惠洪覺範最爲相契；後更因覺範的臨濟宗旨而得證悟的契機，因此對於臨濟宗門有股特殊的情感。〔註124〕法藏在五十五歲時，與臨濟密雲圓悟幾經轉折，終於完成嗣法關係。但是兩人之間不論是對於師承關係、臨濟宗旨、禪門教法等，都沒有達到基本共識，各有各的堅持與立場，但還是維持著表面的和平。〔註125〕導致圓悟與法藏關係破裂的原因，就在於兩人對「臨濟宗旨」有不同見解。法藏於晚年提倡《智證傳》作《智證傳提語》，

〔註123〕《廣錄》卷16，〈三玄考〉，頁586。

〔註124〕參見釋見一，《漢月法藏之禪法研究》，第二章〈漢月法藏之生平與時代背景〉，頁9～24。

〔註125〕有關密雲圓悟與漢月法藏二人師承授受的詳細過程，詳見連瑞枝，〈漢月法藏與晚明三峰宗派的建立〉，頁175～179。

圓悟覺得《提語》內容有失妥當，去信規勸法藏，但是並沒有被接受。〔註126〕後來法藏又作《五宗原》，對五家宗旨作了系統的整理和研究，並且對於抹煞宗旨、強作機鋒的種種狂禪作了強烈的抨擊；而他所批評者，又正是圓悟所提倡者。〔註127〕於是《五宗原》引發了臨濟與三峰宗間強烈的對立。〔註128〕

臨濟宗旨在明末的廣被討論，導因於漢月法藏。法藏又特別推崇惠洪覺範，無論是臨濟宗旨、五家源流等思想，都自覺深受覺範的影響。於是覺範的論點，成為當時禪界討論的焦點。覺範在他的著作中，不論是《臨濟宗旨》、《文字禪》、《林間錄》、《禪林僧寶傳》中，都有提到相關問題。在《禪林僧寶傳》卷十二中收入〈薦福古禪師傳〉，〔註129〕內容收有承古對於三玄三要的理解；覺範不贊成承古的看法，在〈傳〉後對承古的見解提出三大批評。〔註130〕元賢〈三玄考〉的內容，即是圍繞著惠洪覺範與薦福承古的討論而來。

在理解元賢〈三玄考〉的論點前，先簡要說明三玄的來源與發展。三玄始於臨濟義玄，義玄言：「大凡演唱宗乘，一語須具三玄門。一玄門須具三要，有權有實，有照有用。」〔註131〕他提到了「三玄」與「三要」，但對於三玄三

〔註126〕密雲圓悟與漢月法藏反覆往來的信件後來被編輯成「七書三書」。七書、三書的完整內容已散失，但是由漢月弟子弘儲所傳的〈七書三書序〉（收入《宗統年編》卷31，頁469）可知大要。

〔註127〕范佳玲，〈論明末臨濟宗對神聖性的堅持與發展的困境──以密漢之諍為核心〉，《臺中市正覺堂佛學論文獎學金得獎論文集》2002年12月，頁33～65。

〔註128〕《五宗原》完成後，法藏送書請教圓悟的意見，圓悟並沒有正面的回應，反而是他同門的天隱圓修在看過後，致書法藏並提出批評。法藏回信反駁，堅持自己的立場。圓修請求圓悟裁決，圓悟致信規勸法藏，但並沒有得到認同。於是隔年（1631）圓悟作《辟略七書》，五年後（1636）又作《辟妄三錄》，針對《五宗原》提出批評；同時，圓悟的弟子木陳道忞亦作《五宗辟》，亦在批判法藏的見解。在《辟妄三錄》、《五宗辟》付梓刊行時，法藏已經遷化一年多，嗣法弟子潭吉弘忍為了維護師說，再作《五宗救》反駁木陳道忞。之後圓悟又著《辟妄救略書》，再一次嚴屬的批判法藏、弘忍師徒。這就是元賢所謂「諸師大起三玄之諍」的經過概要。

〔註129〕薦福承古（970～1045），世稱古塔主。〈薦福古禪師傳〉一文，收於《禪林僧寶傳》卷12，頁489～494。

〔註130〕覺範認為承古之誤有三：一是判三玄三要，為玄沙所立三句；二是罪巴陵三語，不識活句；三是分兩種自己，不知聖人立言之難。（詳《禪林僧寶傳》卷12，〈薦福古禪師〉，頁493～494。）後來祖琇於紹興二十九年（1159）撰《僧寶正續傳》（《卍續藏》137冊）卷7，〈代古塔主與洪覺範書〉，頁311～312），駁覺範〈薦福古禪師傳〉對於承古三玄三要的批評。

〔註131〕元賢係根據《人天眼目》（卷1，頁833）所舉，《鎮州臨濟慧照禪師語錄》（《大正藏》47冊）作：「一句語須具三玄門，一玄門須具三要，有權有用。」（頁

要的具體內容，並沒有作進一步的說明。臨濟義玄之後，大衍三玄要旨的是汾陽善昭。善昭對於三玄三要的闡釋，最重要的是他的〈三玄頌語〉：「三玄三要事難分，得意忘言道易親，一句分明該萬像，重陽九日菊花新。」〔註132〕另外他還出頌揭示三玄旨趣：「第一玄，法界廣無邊，參羅及萬像，總在鏡中圓。第二玄，釋尊問阿難，多聞隨事答，應器量無邊。第三玄，直出古皇前，四句百非外，闡氏問豐幹。」〔註133〕善昭雖然一再強調三玄三要的重要性，但同樣的也沒有對三玄三要作分別性的註解。

到了薦福承古〔註134〕時，他則對善昭三玄偈頌，一一作出解釋：「三玄三要事難分」是對三玄的總括，「得意忘言道易親」是指「玄中玄」，「一句明明該萬像」是「體中玄」，「重陽九日菊花新」是「句中玄」。承古不僅明確地標出三玄是玄中玄、體中玄和句中玄，還進一步闡述三玄的意旨及個別與善昭〈三玄頌語〉的對應關係。惠洪覺範認為承古：「誤認玄沙三句為三玄，故但分三玄而遺落三要」，〔註135〕並不符合臨濟宗旨。覺範在批評承古之說的同時，也提出自己自己所理解的三玄三要。

覺範雖然認為自己的說法才契合臨濟真旨，但是元賢並不認同。元賢的〈三玄考〉以臨濟「一語須具三玄門，一玄門須具三要」及善昭「三玄三要事難分」為全文的主旨。透過這個核心思想的確立，元賢強調一句具三要、一玄具三要，反對逐句分崩離析的解釋。然而善昭對三玄實有第一玄、第二玄、第三玄之說，要如何處理？元賢認為善昭之分實際上是不分而分，分而不分。不論是承古之說、或覺範之論，都是強作三玄之分，因此均為元賢辯駁的焦點所在。

首先元賢對於「洪覺範非古塔主妄立（體中玄等名目）」的批評提出反駁。他以為三玄的「意中玄」〔註136〕浮山法遠（991～1067）已提及，浮山法遠曾

497a）
〔註132〕《汾陽無德禪師語錄》（《大正藏》47冊），頁597b。簡稱《汾陽語錄》。
〔註133〕《汾陽語錄》，頁597c。
〔註134〕薦福承古，生年不詳，遷化於宋仁宗慶曆五年（1045）。承古為雲門的嫡孫，操行高潔，為世所重。因他棲止雲居弘覺禪師塔所，所以世稱古塔主。留有《薦福承古禪師語錄》一卷，收於《卍續藏》126冊。另外，在《禪林僧寶傳》、《五燈會元》、《五燈嚴統》、《禪苑蒙求》等僧史有傳。
〔註135〕惠洪覺範，《臨濟宗旨》（《卍續藏》111冊），頁172。在覺範《禪林僧寶傳》〈薦福古禪師傳〉中進一步說道：「古說法有三失：其一，判三玄三要為玄沙所立三句；其二，罪巴陵三語，不識活句；其三，分兩種自己，不知聖人立言之難。」（詳見頁493～494。）
〔註136〕「意中玄」即「玄中玄」之別稱。元賢曾對「玄中玄」小字註解到：「有云意

見過汾陽善昭，因此法遠之說應為可信。而且在圓悟克勤（1063～1135）的《碧巖集》中也有提到「玄中玄」、「體中玄」、「句中玄」之說，因此三玄之名，應該不是承古自己所編造。〔註137〕然而覺範並沒有說三玄之名是承古所杜撰，他只是說承古「誤認玄沙三句為三玄」。更何況元賢所舉浮山法遠的例證，覺範在《臨濟宗旨》中已經論及。〔註138〕關於這個部分，應是元賢對於覺範的誤解。

　　雖然元賢為「三玄之名非承古妄立」提出證據，但是他並不贊同承古對三玄的解釋。首先他反對承古把善昭的三玄頌語，對照體中玄等分而成三。因為善昭已明言「玄要難分，得意忘言」，一句之中就包含三玄三要，硬去劃分何者為體中玄、何者為句中玄、意中玄，是與善昭原意相違背的。再者是承古對於三玄的解釋。何謂體中玄？承古言：「蓋緣三世諸佛，所有言句教法，出自體中玄」。〔註139〕他並舉例說道：「佛以手指地曰：『此處宜建梵剎。』天帝釋將一莖草，插其處曰：『建梵剎竟。』佛乃微笑。水潦被馬祖一踏踏倒，起曰：『萬象森羅，百千妙義，祇向一毫頭上，便識得根源去。』僧問趙州：『如何是學人自己？』州曰：『山河大地，此等所謂合頭語。』」〔註140〕關於承古體中玄的見解，元賢認為他只停留於平常的理性中，尚未出分別見識，並非臨濟義玄「體中玄」的真意。但是若依照三山燈來《五家宗旨纂要》的解釋，〔註141〕體中玄：「此乃是最初一句，發於真理，此一句便具體中玄。因言顯理，以玄中之體。雖名此理，乃是機不離位故。」〔註142〕承古與燈來都是以「最初一句，契合本

　　　中玄」。（引自《廣錄》卷16，〈三玄考〉，頁587。）
〔註137〕詳見《碧巖集》卷2，頁155c。又在《圓悟語錄》（《大正藏》47冊）卷7，頁744b亦有提及。元賢之說，詳見《廣錄》卷16，〈三玄考〉，頁587～588。
〔註138〕《臨濟宗旨》有：「浮山遠公亦曰：『意中玄，非意識之意。古不足道，遠亦迷倒。』」（頁173）
〔註139〕《禪林僧寶傳》卷12，〈薦福古禪師〉，頁493。
〔註140〕詳見《廣錄》卷16，〈三玄考〉，頁588。
〔註141〕三玄之說，歷來有不同的解釋，並沒有定論。例如杜默靈等著、徐進夫編譯，《禪的公案探究》（臺南：德華出版社，1976年，頁41～42）從《起信論》體相用說。楊曾文，《汾陽善昭及其禪法》（《中華佛學學報》2002年07月，頁238～241）就從理事的立場說。本文主要參究清代三山燈來（1614～1685）《五家宗旨纂要》一書的見解，因為它從禪悟與語言關係來說三玄。惠洪覺範是提倡文字禪的健將，他的三玄理論也反映了這個思想。明末叢林受覺範的影響，文字與禪悟間的關係成為禪門討論的重要焦點，亦是元賢〈三玄考〉論辨的重點所在。因此以《五家宗旨纂要》的詮釋，作為對三玄的基本理解。
〔註142〕《五家宗旨纂要》卷上，頁255。

來面目」為「體中玄」的解釋，兩者的看法是一致的。

對於句中玄《五家宗旨纂要》的說法是：「其言無意路，雖是體上發，此一句不拘於體故。」〔註143〕承古在釋體中玄時，言趙州「鎮州出大蘿蔔頭」雲門以餬餅答如何是超越佛祖，確實符合「言無意路」的意思，元賢也贊成他的看法。承古又說：「所以體中玄見解，一時淨盡。從此以後，總無法知見，便能與人去釘楔、脫牢籠。更不依倚一物。然但脫得知見，見解猶在，於生死不得自在。何以故，未悟道故。」〔註144〕關於這點元賢則不認同，他認為一個真正在徹悟向上一路的人，是連佛法知見都不存在的。也唯有徹底開悟的人，才能為人師。如果自己都不得自在，怎麼可能替人去釘楔、脫牢籠？元賢以為這不過是學解之徒的逞口舌之能，不是真正的臨濟句中玄。宗門傳禪法，唯有真正徹悟者，才有資格承源流、為人師。就這個立場而言，元賢的質疑實不無道理。

至於玄中玄，承古舉臨濟問黃蘗如何是佛法大意、三問三被打等事來說明。這也和《五家宗旨纂要》：「如趙州答庭柏話，此語於體上又不住於體上，於句中又不著於句中。妙玄無盡，事不投機」〔註145〕是一致的。元賢對於承古的解釋並沒有太大的意見，然而他特別指出：「古所引因緣，皆是不涉言句者，謂之玄中玄，惟悟者方知。」因此如廬陵米、麻三斤之類，以致於汾陽的嘉州打大像、陝府灌鐵牛、西河弄師子等，都只能說是句中玄，不可說是玄中玄。

除了對承古三玄之說的論辨外，元賢對於覺範的意見也有所批駁。他以為覺範反對承古立三玄，自己卻又偷偷安立了「覺範三玄」，實際上還是分割了三玄；承古以玄沙三句判三玄，覺範大肆批駁，然而玄沙三句與承古三玄實有一定程度的吻合。另外，覺範以「臨濟三玄」分判對應石頭希遷的《參同契》，〔註146〕元賢認為這根本是「大失兩家之旨」；又覺範在以參同對三玄的同時，又曾說參同即是臨濟句中玄，一方面說參同對三玄、一方面又說對

〔註143〕《五家宗旨纂要》卷上，頁255。
〔註144〕詳見《廣錄》卷16，〈三玄考〉，頁589。
〔註145〕《五家宗旨纂要》卷上，頁255。
〔註146〕覺範《林間錄》（《卍續藏》148冊）言：「非特臨濟宗喜論三玄，石頭所作參同契備具此旨。竊嘗深觀之，但易玄要之語為明暗耳。在暗則必分上中，在明則須明清濁，此體中玄也。至指其宗而示其意，則曰：『本末須歸宗，尊卑用其語。』故下廣敘明暗之句，奕奕聯連不已。此句中玄也。……『謹白參玄人，光陰莫虛度。』道人日用能不遺時失候，則是真報佛恩，此意中玄也。」（卷下，頁623）

句中玄，根本是互相矛盾，難以取信於人。〔註147〕總而言之，元賢對於覺範的三玄見解，不論是對承古的批評、或對三玄的詮釋，全部都採取不認同的態度。

綜合以上所論，元賢反對將禪法作支離的解釋，他不斷的強調眞理具有不可分割性、整體性的特質，一了即百了、一悟即是大悟，漸次分別的了知，不是眞正的禪。所以，對於三玄之說，「一句具三」、「不可以前後深淺分」是他一再強調的重點。元賢的這個觀點，後來也被臨濟禪師所認同。〔註148〕再者，他認爲言語無法表達禪境，更無法契悟禪境。「若未忘言，難契此旨」〔註149〕、「直須會取古人意旨，然自心明去，便得變通自在、受用無窮。」〔註150〕重點在於「忘言」、「會取」，只有言語道斷、只有親証一回，才能契悟眞理；也唯有在眞正自心了悟後，才能起全體大用。臨濟三玄的大機大用就是由此說。元賢反對以學識知解禪法、反對口舌邊上的玄言妙句。至於什麼是眞理，他堅持：如人飲水冷暖自知、不可說破，是最重高的原則。〔註151〕所以在〈三玄考〉中，元賢僅說歷來所謂的玄中玄並非臨濟原意，但是何謂玄中玄，他就沒有再進一步說明了。

〔註147〕《廣錄》卷16，〈三玄考〉，頁591。

〔註148〕《五家宗旨纂要》卷上，引山堂淳〈辨三玄語〉言：「臨濟一句中句三玄門，一玄門具三要，大機大用，豈容以句義劈析之耶？……臨濟宗旨，妙在三玄三要，而從上諸老（指承古、覺範）過爲區分，未免十分破碎。……則已一一註出，尚得謂之玄要耶？」（頁256～257）

〔註149〕《廣錄》卷16，〈三玄考〉，頁587。

〔註150〕《廣錄》卷16，〈三玄考〉，頁587。

〔註151〕元賢堅持禪不可說破的原則，有段很好的註解：「昔山僧在壽昌日，僧問老人參廬山，得何指示？老人云：『實無指示。』山僧曰：『若無指示，這片香何甚燒向廬山去？』老人云：『若有指示，這片香不燒向廬山去也。』因言：『我在廬山時，先師絕口不提宗門事。一日因與兄弟，論金剛精義甚快，先師笑曰：「宗眼不明，終非究竟。」我聞著茫然自失，乃請問：「如何是宗眼？」先師拂衣而起。……我辭先師隱鵝峰，一夕山境大喧，不覺驚動。因憶先師之言，乃曰：「小境尚動，況生死乎？」即點燈，信手抽會元一卷來看，正值珪禪師爲嶽神受戒章，廓然無畏，生死竟矣。所以我這片香燒向廬山去，祇重他一箇無指示。若當時爲我阿濾濾地說來，豈有今日也。』此意非獨廬山，山僧當日見壽昌，有所請問，和尚但云：『我不如你。』一日問：『如何是清淨光明身？』和尚振衣而立。山僧曰：『祇此更別有？』和尚拂衣便行。山僧忽然有省，乃入方丈，禮三拜。未及啓口，和尚舉杖打三下曰：『向後不得草草！』諸兄弟看，這兩箇老人果何法示人？然此便是第一等項爲也。」（《廣錄》卷4，〈小參〉，頁453～454）

二、〈龍潭考〉

元賢有〈龍潭考〉之作，起因於明末清初臨濟與曹洞二家，對於五家源流的爭執。其問題著眼點在於禪宗史上天皇道悟，及雲門、法眼兩宗法系歸屬的問題。有關禪宗五家宗派傳承源流之說，並非起於明末，早在宋代就已成為討論的重點。以下略述爭議的原由。

禪宗法脈傳承，慧能以下出南嶽懷讓與青原行思。懷讓下經馬祖道一、百丈懷海；懷海下有潙山靈祐與黃檗希運，靈祐下出仰山慧寂而有潙仰宗，希運下出臨濟義玄而有臨濟宗；臨濟下分別再衍出黃龍與楊岐二派。這一部份並沒有什麼爭議。至於曹洞、雲門、法眼三宗的傳承，則有不同的看法，爭議的焦點在於天皇道悟的歸屬；而天皇的歸屬，則牽涉到雲門、曹洞是出自馬祖道一、或是石頭希遷。歷來對於天皇道悟傳承的看法，總共有三種不同的見解，茲分別說明如下。

第一種看法認為只有天皇道悟一人：石頭之下出天皇道悟與藥山惟儼。道悟之後傳龍潭崇信、德山宣鑑、雪峰義存。義存下出雲門文偃與玄沙師備，文偃創雲門宗，師備傳羅漢桂琛，至法眼文益時創法眼宗。藥山惟儼則傳雲巖曇晟、洞山良价、曹山本寂，立曹洞宗。（圖 5-6）《宋高僧傳》、《景德傳燈錄》、《五燈會元》、《傳法正宗記》等都持此意見。〔註152〕

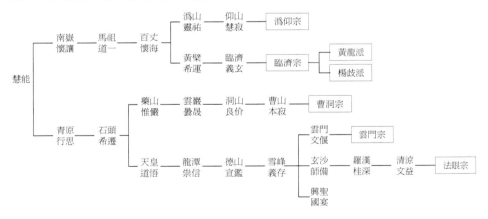

圖5-6　《宋高僧傳》等所採禪宗源流圖

第二種見解是有天皇道悟與天王道悟兩個人：一是石頭下的天皇道悟，此

〔註152〕詳見《宋高僧傳》卷10，頁769a～770a；《景德傳燈錄》卷14，頁309a、310a～310b；《五燈會元》卷7，頁228～229；《傳法正宗記》（《大正藏》51冊）卷7，頁752b。

系由道悟傳慧眞、幽閑至文賁就滅絕了；一是出自馬祖門下的天王道悟。此道悟下經龍潭崇信、德山宣鑑、雪峰義存，出雲門、法眼二宗。（圖 5-7）〔註 153〕《釋氏稽古略》、《祖庭事苑卷》、《佛祖歷代通載》等都是採這種看法。〔註 154〕

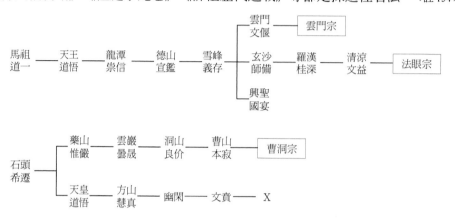

圖 5-7　《釋氏稽古略》等所採禪宗源流圖

第三種看法亦認爲有天皇道悟與天王道悟兩個人。同樣認爲天王道悟出自馬祖門下，道悟傳龍潭崇信，後出雲門、法眼二宗；石頭下的天皇道悟到文賁而絕。然將藥山惟儼歸爲馬祖法嗣，曹洞便歸在馬祖門下，於是南禪五家全部歸爲馬祖法系。（圖 5-8）持此見解如《五派一滴圖》。〔註 155〕

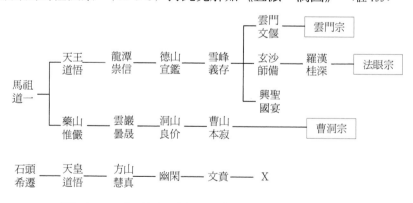

圖 5-8　《五派一滴圖》等所採禪宗源流圖

〔註 153〕 「幽閑」《宋高僧傳》中是指慧貞、文賁情性幽閑，《五燈會元》誤爲人名，在附註改爲三人。詳見陳援庵《釋氏疑年錄》（臺北：天華出版社，1983 年），卷 5〈荊州天皇寺道悟〉，頁 143。

〔註 154〕 《釋氏稽古略》（《大正藏》49 冊）卷 3，頁 831b～832a；《祖庭事苑卷》卷 1，頁 4；《佛祖歷代通載》（《大正藏》49 冊）卷 15，615b～616a。

〔註 155〕 《五派一滴圖》收於《法門鋤宄》（《卍續藏》147 冊）之附錄，頁 697～700。

　　第三種觀點是日本禪界所持，中國本土對於天皇道悟法統，爭論的焦點在第一種與第二種的不同看法上。天皇道悟只有一人之說，自《宋高僧傳》出後，並沒有任何異議。禪門五家的派系紛爭，起因於臨濟僧達觀曇穎（989～1060）。他在集錄《五家宗派》時，言道悟有二，一個是住在江陵城東天皇寺的道悟，一個是住在江陵城西天王寺的道悟，並舉丘玄素所撰的〈江陵城西天王寺道悟禪師碑銘〉〔註156〕為證；而最早載錄〈丘玄素碑〉的是惠洪覺範《林間錄》。日籍學者忽滑谷快天認為，二道悟說法，並沒有被南宋學者所接受，直到元至正年二十四年（1364），越州開元寺在重刻《五燈會元》時，於小注中引曇穎之說，才承認有二道悟之說。〔註157〕然而考證《五燈會元》景宋寶祐本（1253），引曇穎二道悟之說的小注已經存在，〔註158〕故可知二道悟之說，在南宋時已被部分禪者所接受。

　　其實天皇道悟並非問題所在，真正的重點在於雲門的改屬。因為北宋末唯臨濟與雲門兩宗特盛，兩家爭論不休。為了平息紛爭，於是假曇穎、覺範之說，偽造〈丘玄素碑〉，將雲門改於馬祖門下。〔註159〕如此兩家便出於同宗，也就沒有爭訟的必要了；這應是偽作者的原意。想不到諍訟並沒有因此而停止，反而越演越烈，一發不可收拾。〔註160〕其實〈丘玄素碑〉為偽，早在延祐四年時（1317），僧致祐就已提出。致祐考證碑文所載天王道悟的悟道機緣，和《景德傳燈》、《荊州舊圖誌》中白馬寺曇照的悟道因緣完全相同。而且檢索荊州新舊圖誌，根本沒有城西的天王寺。致祐更進一步論證：天皇嗣石頭、

〔註156〕以下簡稱〈丘玄素碑〉。
〔註157〕元至元年間雲壑瑞作《心燈錄》，引〈丘玄素碑〉以龍潭崇信出於馬祖，但為當時人所反對，此書因而不見流傳。日・忽滑谷快天著、朱謙之譯，《中國禪學思想史》上冊，頁195。
〔註158〕見《景宋寶祐本五燈會元》（清光緒32年（1906）玉海堂影宋寶祐本，臺北：中央研究院傅斯年圖書館藏）第六冊，頁八之六四。
〔註159〕根據陳垣的考證，曇穎的原書並沒有〈丘玄素碑〉，碑文的加入是在覺夢堂重校《五家宗派》後。而《林間錄》所載，亦為後人所添，因其與惠洪覺範《僧寶傳》中的意見，並不相同。（詳見陳援庵《釋氏疑年錄》，卷5〈荊州天皇寺道悟〉，頁143～144）又忽滑谷快天也發現《林間錄》與《僧寶傳》間的矛盾，但他以為「道悟事件」的始作俑者是曇穎，〈丘玄素碑〉即曇穎所偽，目的是在排斥他派。並在考證「天王」為子虛烏有後，大肆抨擊曇穎是「妄議」、「盲說」、「無恥」、「無識」、「偏見」。（日・忽滑谷快天著、朱謙之譯《中國禪學思想史》下冊，頁203～205）如果真如陳垣所考，對於忽滑谷氏的強烈批判，曇穎真可謂是遭受無妄之災。
〔註160〕參見陳垣，〈清初僧諍記〉，頁201～202。

接龍潭，是各燈錄、僧傳、山碑、諸師語錄所共載，以明天皇傳石頭的事實。
如此不僅證明了二道悟說純屬杜撰，同時也推翻了雲門、法眼，乃至曹洞出
於馬祖之說。〔註161〕至祐的考證，無論是在燈錄的檢索、史傳的考察、圖誌
的對照，都花了相當大的工夫，極具考證之能事。可惜在當時並沒有受到太
大的注意，因此道悟之爭，到明清之際仍然延續著。

〈丘玄素碑〉爲僞，天王之說爲託，經歷來學者的考證，已成定案。〔註
162〕然而在明清之際，卻吵得沸沸揚揚，臨濟與曹洞相互對峙，形成禪宗史上
特殊的僧諍事件。由於惠洪覺範在明末影響極大，或許是受《林間錄》的影
響，當時的臨濟禪者幾乎都採天皇屬於南嶽的說法。〔註163〕順治十年（1653），
臨濟與曹洞的爭執正式引爆。是年費隱通容作《五燈嚴統》，《嚴統》前二十
卷和《五燈會元》同，但將《會元》天皇道悟以後，原在青原系下的雲門、
法眼二宗，一律改列於南嶽系下；〔註164〕又將無明慧經、無異元來移於卷十
六「未詳法嗣」中；並將元鏡、元謐、元賢三人排除於慧經法嗣外。〔註165〕
通容自陳著書的用意，在嚴加斧正《續略》的謬誤，以明禪燈之法統，故稱
作《五燈嚴統》。〔註166〕通容書以排斥曹洞爲「嚴統」，自然引發洞宗人士的
不滿，濟洞之爭就此展開。覺浪道盛、三宜明盂積極地加入論戰，並去書尋
求元賢的支援。〔註167〕於是元賢有〈龍潭考〉之作。

關於雲門、法眼的歸屬，元賢不從天皇道悟上說，而是從道悟的嗣法龍

〔註161〕詳見《人天眼目》卷末所附〈大元延祐重刊人天眼目後序〉（《卍續藏》64 冊，
頁 896。）

〔註162〕古籍資料可參見清・白巖淨符，《法門鋤宄》，頁 683～689；日僧德巖養存，
《五家辨正》（收於《法門鋤宄》附錄），頁 692～697。今人研究可參見陳垣，
《釋氏疑年錄》卷 5，〈荊州天皇道悟〉條，頁 143～144；日・忽滑谷快天著、
朱謙之譯，《中國禪學思想史》下冊，頁 193～210。

〔註163〕釋見一就曾說：「漢月對於五家源流之看法，或許是受《林間錄》之影響，即
採後說，亦造成爭議。」（《漢月法藏之禪法研究》，頁 149。）

〔註164〕參見圖 5～6、5～7。

〔註165〕《五燈嚴統》〈凡例〉言：「壽昌嗣法，僅者博山元來。如元鏡、元謐、元賢
等，未成付囑，諸方共聞。茲刻也原以嚴叢統系，塞近代濫觴之門，何敢私
順人情，開後來借竊之實？不輕載筆者，蓋慎之也。」（《卍續藏》139 冊，
頁 7。）

〔註166〕詳見通容〈五燈嚴統凡例〉第八條，收入《五燈嚴統》，頁 7。

〔註167〕元賢《鼓山晚錄》卷下，收有〈答三宜和尚書〉（頁 7640），內容即是關於《嚴
統》問題的討論。又潘晉台〈永覺傳〉言：「庚寅吳浙諸禪，競爲爭宗之說，
形於訟牘。以書達師，師笑而不答。」（《廣錄》卷 30，頁 790。）

潭崇信講起。首先他根據〈丘玄素碑〉等資料，承認有兩個道悟，一個是住在荊州城西天王寺嗣馬祖，另一個住在荊州城東天皇寺嗣石頭。元賢並沒有對〈丘玄素碑〉的真實性起疑，甚至認為《景德傳燈錄》只記載一個天皇，反而是一大疏失。但是他不贊成碑中「嗣馬祖下的天王出龍潭」之說，他認為「龍潭係出自於嗣石頭的天皇」，這是〈龍潭考〉一文所要論證的重點所在。因為如果龍潭崇信出於嗣石頭的天皇，雲門自是出於石頭，改屬的問題也就不存在了。以下整理元賢〈龍潭考〉的重點，〔註168〕並加入相關的研究，以檢視元賢論據的可靠性。

　　第一是龍潭崇信傳德山宣鑑，宣鑑傳雪峰義存，在《雪峰語錄》中，義存曾對閩王自稱「得先德山石頭之道」。再者義存的嗣法興盛神晏在〈鼓山晏國師語錄序〉中亦稱：「晏為石頭五葉孫」。義存與神晏的語錄，刊印於五代之際，距離崇信不久，因此這些資料的可信度極高。再者，崇信二傳即為義存、三傳至神晏，距石頭也只有四、五代之隔，不可能有因時間久遠，而忘記自己原祖的問題。由此證明龍潭崇信所嗣者乃是出自石頭門下的天皇。這是元賢所提出的第一項論證。今考《雪峰語錄》有：「大王！山僧自從先德山石頭已來，傳此秘密法門，願入龍華會上相見。」〔註169〕而在《鼓山神晏禪師語錄》中，紹文作於乾德三年（965）的〈序〉有：「先興盛國師，法嗣雪峰，乃石頭五葉也。」〔註170〕故可知，元賢之說實有憑有據。《雪峰語錄》與〈鼓山晏國師語錄序〉成於五代宋初，時代上甚早，且是時《景德傳燈錄》和《宋高僧傳》都尚未出，並不涉及宗派爭論的問題，所以相關資料的記載應是可信的。

　　第二是龍潭崇信本以賣餅為生，住在緊鄰天皇寺旁的天皇巷，每天以十個餅供養道悟。後崇信隨天皇道悟出家，道悟言：「汝昔崇福善，今信吾言，可名崇信。」〔註171〕元賢由崇信俗家的地理位置，以及道悟與崇信間的接引因緣，證明兩人之間的師徒關係。若再參究其他資料，〈丘玄素碑〉中所記載

〔註168〕元賢〈龍潭考〉詳見《廣錄》卷16，頁591～593。以下將用整理的方式呈現，原文不再贅錄。

〔註169〕《雪峰語錄》（《卍續藏》119冊）卷下，頁960。

〔註170〕《鼓山神晏禪師語錄》（《卍續藏》118冊），頁644。

〔註171〕關於龍潭崇信住寺巷中，每日餽十餅給天皇道悟，以及道悟接引崇信的事蹟，史傳燈錄中，如《宋高僧傳》卷10，頁770a、《景德傳燈錄》卷14，310a～310b、《五燈會元》卷7，頁229等都有明確的記載。

的道悟是「節使親臨迎衙供養」，如此一個飛聲騰實的衲僧，顯貴已求見不得，更何況是個區區賣餅者？〔註172〕就這點上來說，龍潭崇信確實不可能出於天王道悟。

第三是天皇悟道與龍潭崇信間，具有師資相承、法脈相續的明確事實，不論是師徒接機、崇信悟道因緣，僧史、燈錄上都有詳細的記載，兩人有著非常明確的傳承關係。這是元賢所提出龍潭崇信出於天皇道悟的第三個證據。檢視《宋高僧傳》與《景德傳燈錄》，〈龍潭崇信傳〉中，確實明白記載了他與天皇道悟間，師徒相承的關係，但是對於天王悟道卻是隻字未提。而且在天王道悟的資料中，僅在末後提到嗣法龍潭崇信一人，並沒有再提到其他相關於崇信的事情，整個嗣法的過程都付之闕如。

元賢據以上三點，論證龍潭崇信乃出於天皇道悟，而非天王道悟。確定龍潭崇信為石頭法嗣後，雲門、法眼二宗自然也就非馬祖之後。末後，元賢並對「雲門機鋒似臨濟，應歸臨濟」之說，提出反駁。他的理由是五家源流相同，機用表現也沒有嚴格的區分，有同一師門而機鋒不同者，也有不同家派而機用相同者，並無法以此來論證宗派歸屬的問題。關於元賢對於龍潭崇信的考證，實有一定的證據力與說服力，其據理應是可信的。

南宋起諍時，問題不在天皇道悟，而在雲門的源流。明末的爭論，重點也不在雲門的歸屬，而是在無明慧經的未詳法嗣。不然早在《嚴統》之前，〔註173〕漢月法藏寫於天啓五年（1625）的《五宗原》，就採雲門出於馬祖之說；〔註174〕而山翁道忞編於崇禎五年（1632）的《禪燈世譜》，也有同樣的看法。〔註175〕但是都沒有招致太大的反彈，費隱通容公然以排斥洞宗為「嚴統」，應該才是導致僧諍的最主要原因。

元賢雖然作了〈龍潭考〉，但是對於以無明慧經為未詳法嗣、及自己未列宗門之事，只是一笑置之，並沒有加入論戰。元賢在當時是曹洞一宗輩分最高的禪師，道盛、明盂均是其姪輩；且《嚴統》直接攻擊的是慧經一系，當時慧經的弟子元來、元鏡、元謐皆已坐化，元賢是最具資格代表曹洞發言者。

〔註172〕《法門鋤宄》，頁685。

〔註173〕《五燈嚴統》於順治十年（1653）方才刊印流行。

〔註174〕漢月法藏《五宗原》（《卍續藏》144 冊）：「自馬祖出天王道悟，悟出龍潭崇信，信出德山宣鑒，鑒出雪峰義存，存出雲門文偃，三也。雪峰出玄沙師備，被出地藏桂琛，琛出法眼文益，此馬祖一枝之四葉也。」（頁105）

〔註175〕《禪燈世譜》（《卍續藏》147 冊）卷2，頁533、535。

但是面對臨濟攻擊性的言論，元賢沒有反唇相譏，也沒有「毀版訟官」〔註176〕的要求。對於禪學問題的處理，元賢顯得較冷靜而客觀。

三、對惠洪覺範的評價

　　惠洪覺範（1071～1128），是北宋臨濟宗黃龍派僧。從小天資聰穎，又加上好學不倦，因此兼通內外之學。覺範才華早顯，早年就名重禪林，更因精通子史、詩文，而與政界、詩界都有密切的往來。覺範對於著書立說，有著極高的熱誠，一生寫作不輟，《林間錄》、《禪林僧寶傳》、《智證傳》、《石門文字禪》等都是他重要的代表作。由於覺範生性活躍，勇於發表議論，其思想觀念不凡、批判性又強，在當時佛教界即褒貶不一、評價兩極。積極外顯的個性，甚至使他捲入政黨紛爭中，數度遭到下獄、流放的不幸。〔註177〕對於惠洪覺範的負面評價，自南宋以降，幾乎沒有斷絕，他甚至還被冠上「浪子和尚」的不雅封號。〔註178〕直到明末，由於紫柏真可的推崇，惠洪覺範才重新受到重視。〔註179〕於是覺範所提倡的綱宗思想受到普遍的認同，文字禪也受到積極的肯定；不僅是禪悟與文字互為表裡的禪風大盛，僧界更是吹起一股論詩、作詩的風尚。〔註180〕

〔註176〕嚴統之諍「結果卒將《嚴統》毀版訟官，諍始寢。」（陳垣，《清初僧諍記》，頁204）然而爭議的停止，只是短暫。康熙初，戰火重燃：「水鑑海於荊州城南建天王寺，白巖符又著《法門鋤宄》以攻之，聖感永輯《五燈全書》，立天王章，盤山朴又撰《存誠錄》以斥之。其專攻《五燈會元》者，則有吳僧大汕之《證偽錄》，潘耒乃以惡大汕故而並惡其言，亦非平情之論。」（陳援庵《釋氏疑年錄》，卷5〈荊州天皇寺道悟〉，頁144。）

〔註177〕關於覺範生平的詳細論述，可參見吳麗虹，《惠洪覺範禪學研究》（國立臺灣師範大學國文研究所碩士論文1998年），頁14～40。黃啟江，〈僧史家惠洪與其「禪教合一」觀（上）、（下）〉，《大陸雜誌》1991年4月、5月，頁146～147、227～229。

〔註178〕宋·吳曾，《能改齋漫錄》言：「洪覺範有上元宿嶽麓寺詩。蔡元度夫人王氏，荊公女也。讀至『十分春瘦緣何事，一掬鄉心未到家』曰：「浪子和尚耳！」此後無論是筆記如胡仔的《苕溪漁隱叢話》、方回的《瀛奎律髓》、紀昀的《四庫提要》，以至史學家陳垣的《中國佛教史籍概論》、錢鍾書的《管錐編》都用同樣的語氣批評嘲謔覺範。參見林伯謙，〈惠洪非「浪子和尚」辨〉，《東吳中文學報》2000月5月，頁25～27。

〔註179〕關於真可對覺範的推崇，廖肇亨下了一個非常感性的標題：「五百年的等待：紫柏真可與惠洪覺範的邂逅」（見〈惠洪覺範在明代——宋代禪學在晚明的書寫、衍異與反省〉，頁799。）

〔註180〕廖肇亨，〈明末清初叢林論詩風尚探析〉，頁263～302。

對於明末的文字禪風，元賢深感不以爲然，他對覺範和他的文字禪，曾如下的評論：

> 洪覺範書有六種，〔註181〕達觀老人深喜而刻行之，余所喜者，《文字禪》而已。此老文字，的是名家，僧中希有。若論佛法，則醇疵相半。世人愛其文字，併重其佛法，非余所敢知也。〔註182〕

元賢肯定覺範的文字造詣，但是否定他的禪法修持。元賢以爲覺範之所以被當世所重，只不過是因爲他名重一時、權傾天下之故，實際上覺範並未達到開悟的境界。〔註183〕元賢對於覺範的文字禪，有如此大的反感，不是沒有原因的。因爲他一向認爲，知識與文字對於禪悟經驗的創造，並沒有任何正面的意義。他說：

> 蓋文字之學，不能洞當人之性源，徒與後學障先佛之智眼，病在依他作解，塞自悟門，資口舌則可勝淺聞，廓神機終難極妙證。故於行解，多致參差，而日用見聞，尤增隱昧也。予善覺範，慧識英利，足以鑑此。倘損之又損，他時相見，定別有妙處耳。靈源此書，大爲覺範藥石。然其痼疾弗瘳，亦且奈之何哉。〔註184〕

元賢以爲覺範的禪法純疵相半，只因文筆的卓越而受到世人的喜愛，但這在他看來卻是相當危險的。因爲洗鍊的文字，容易使人在不知不覺受到牽引，無形中就會陷入「依他作解」的弊病而不自知。況且公案在不斷被解說的過程中，可讀性越來越強，眞理也越說越明。〔註185〕這與禪以超越心識活動作爲實踐的本質，產生了嚴重的背離。元賢甚至認爲覺範本身就是因爲玩弄文字光景，才無法達到眞正的徹悟。

此外，元賢在〈三玄考〉中，對覺範也提出了諸多批評，如「覺範好論

〔註181〕根據吳麗虹《惠洪覺範禪學研究》一書的整理，覺範的著作共計有十八種（詳見是書，頁34～35）。元賢說「洪覺範書有六種」，應是指紫柏眞可所刻、或者他所見者爲六種。

〔註182〕《廣錄》卷29，〈寱言〉，頁777。

〔註183〕《廣錄》卷30，〈續寱言〉：「當其時，覺範才名大著，任意貶叱諸方，諸方多憚之，唯靈源深知其未悟。嘗有書誡之曰，聞在南中，時究楞嚴，特加箋釋，非不肖所望。」（頁777）元賢對覺範的評論，南懷瑾持相同的看法，並曾提出相關的史實以爲證，詳見《禪海蠡測》（臺北：老古出版社，2005年）中，頁25～26。

〔註184〕《廣錄》卷30，〈續寱言〉，頁777。

〔註185〕惠洪的《智證傳》卻剛好是把「切忌說破」的精深禪裡，以文字解析詮評示人。參見林伯謙，〈惠洪《智證傳》研究〉，《東吳中文學報》2002年，頁118。

古之失，而不能深明其失。範非特不識玄沙，亦並不識古也。輕呵妄引，覺範之過甚矣。」〔註186〕、「至是知覺範所論，多任一時之快，矛盾若是。人每愛其才，而遂信其說，其遺害可勝道哉。」〔註187〕可見對覺範，無論是文字禪的提倡、臨濟宗旨的論述、史傳考辨的能力，元賢都相當的不認同。這和紫柏眞可與漢月法藏對惠洪覺範的推崇，簡直是天壤之別。〔註188〕

　　元賢何以對覺範會有如此大的反感？關於這個問題可以由幾方面來探討。首先是兩人對於禪法實踐進路的不同見解。覺範是個主智主義者，認爲眞性因文字而顯，以教乘爲基礎，才能達到圓覺頓悟的境界；〔註189〕而元賢則剛好相反，他堅決認爲：「達磨一宗，不可向口舌上辦，知解邊取」，〔註190〕眞理是無法靠分別意識領略而得的。語言文字在明心見性的過程中，沒有任何積極性的意義，是元賢禪法思想的一貫主張。所以對於當時知解的文字禪風，元賢一而再、再而三的提出批評。〔註191〕而以文解禪、和會禪教卻是覺範的中心思想。

　　再者，是覺範對於後學的影響。即便覺範在歷史上的褒貶不一，但他極具影響力，卻是個不容忽視的事實。這在元賢看來，是相當危險的事。因爲他認爲覺範對於禪理的體悟並不深，他對禪門宗旨的詮釋，完全是出自於自己的臆測與揣想。一個未眞正達到徹悟境界的禪者，是沒有資格接引後學的。然而覺範卻以洗鍊的文字吸引學人，使後學耽溺其中而難以自拔，「不知正如

〔註186〕《廣錄》卷27，〈洞上古轍〉上，頁590。
〔註187〕《廣錄》卷27，〈洞上古轍〉上，頁591。
〔註188〕　惠洪覺範的評價，向來毀譽參半。近代相關研究可參見：林伯謙〈惠洪非「浪子和尚」辨〉（頁19～72）一文爲覺範提出辯解；張宏生〈釋子綺語——詩僧惠洪的一個面向及其文化資訊〉（朱耀偉主編，《中國作家與宗教》（香港：中華書局，2001年），頁157～180）一文，則認爲覺範就是個浪子。其他不具立場，僅作歷史陳述的有吳麗虹，《惠洪覺範禪學研究》，頁139～145；廖肇亨，〈明末叢林論詩風尚〉，頁272～280。
〔註189〕黃啓江，〈僧史家惠洪與其「禪教合一」觀（下）〉，221～224。
〔註190〕《廣錄》卷2，〈杭州眞寂禪院語錄〉，頁425。
〔註191〕如〈示恒光上人〉：「今人不肯看話頭，只管三箇五箇商量，某話頭是如何，某話頭是如何。說得明白了，便謂大悟也。師家既無眞正眼目，見他語言相似，便把冬瓜印子印之，謂之得人，師徒互相欺誑。所以今日宗風衰冷，而狐群狗隊，到處稱尊，以欺天下，其入地獄如箭射耳。」（卷10，頁518）；〈續寱言〉：「故先輩苦口丁寧勸勉眞參，非爲妄語。近日禪人，卻以先輩之言爲不然，惟相與學頌古、學機鋒過日，學得文字稍通，口頭稍滑者，則以拂子付之，師資相互欺誑，而達磨之旨，又安在哉？」（卷30，頁782～783）這樣的言論，在元賢的《廣錄》中可謂俯拾皆是。

狂子執鴆毒為茶飯，非獨不能療其饑渴，且有傷生滅性之慘」。〔註192〕儘管覺範的禪法，在明末得到極大的迴響，〔註193〕元賢非但不認同，反而認為其害如毒酒，足以傷生滅性」。

除了引發諸多禪學問題的討論外，覺範在明末還掀起一陣詩風。受覺範詩僧形象的影響，論詩、作詩的風尚，籠罩整個禪界；詩僧大量湧現，〔註194〕甚至還出現以詩歌為號召力的僧伽集團。〔註195〕僧界詩風的盛行，在元賢看來是相當不妥當的。因為「遊戲翰墨」〔註196〕並非衲僧本色，他認為出家為僧的第一要務就是要徹悟本性，文章句法的雕琢、文字技巧的玩弄，嚴重的乖違了禪衲本分。〔註197〕或許元賢就是看到了「釋子之畏於參究者，藉詩翰以掩其惰」〔註198〕的深層因素，所以才大聲疾呼詩風的不可與真實參究的必要。在元賢眼中，覺範正是因玩弄文字而無法見性、足以為後人警惕者。

覺範在明末不僅是以文彩斐然、才貫二酉著稱，更是高潔剛毅的形象的代表。他勇於挑戰現實、積極入世的精神，在明末禪林「改革派」紫柏真可、憨山德清心中，以及反清人士眼裡，覺範無疑是最崇高的禪門楷模。但是對於不斷勸人低調行事、強調僧家當謝絕一切塵氛的元賢而言，〔註199〕覺範凡事激進的表現，很顯然的，與他對僧眾的期待並不相符。重建衲僧形象，是元賢宗教整頓的一環，覺範過份涉世、強悍行事的作風，正是他力勸僧眾所

〔註192〕《廣錄》卷27，〈洞上古轍前序〉，頁703。

〔註193〕紫柏真可、漢月法藏、覺浪道盛都是覺範禪法的推崇者。真可不具宗派、法藏屬臨濟、道盛為曹洞，可見在明末，覺範的影響，已經超越了宗派的分別。

〔註194〕陳援庵，《明季滇黔佛教考》，卷3〈僧徒之外學〉言：「僧能詩不奇，為當時僧中第一，或竟為當時詩中第一，則奇矣。」並在其中援引了許多論僧詩的筆記。（詳見頁101～106）僧伽作詩之量，大到足以作評比，可見當時僧界詩風之盛。

〔註195〕覃召文就稱天然函昰一派「可能是中國歷史上最大的詩僧集團。」（《嶺南禪文化》（廣州：廣東人民出版社，1996年），頁141。）

〔註196〕「遊戲翰墨」是謝無逸、毛晉對覺範的讚美之詞。詳見廖肇亨，〈明末清初叢林論詩風尚析探〉，頁247。

〔註197〕《廣錄》卷29，〈寱言〉：「少室心印，豈落文彩。古人聊為接引之計，始挂唇吻。然皆渾朴簡直、刻的示人，非誇會逞能，外飾觀美而已。後世即大然，雕章琢句，攢花簇錦，極意變弄，各競新奇，豈獨淫巧之意，乖衲僧之本色。」（頁764）

〔註198〕吳因明，〈晚明江南佛學風氣與文人畫〉，《現代佛教學術叢刊》15《明清佛教史篇》，頁64～65。

〔註199〕詳見第三章第二節第三目〈元賢應世的基本態度〉。

應該避免的。這應該也是他反對覺範的原因之一。因此對於覺範一生的坎坷，元賢的評論是：「彼一生屢經禍患，跉踤終身，蓋有以取之也。豈曰無妄之災乎？」〔註200〕言中沒有太多的同情，反而將一切的災難，歸因於覺範的咎由自取。元賢對於惠洪覺範的不滿之情，可謂溢於言表。

第四節　小結──元賢禪學思想的特色

從以上對元賢禪學思想的分析，可以發現，禪的不可分割性與實證性是元賢禪學思想的核心。他不僅對曹洞的〈參同契〉、〈寶鏡三昧〉、五位思想，以此爲理解進路；對於臨濟的〈三玄考〉亦是同樣的角度思考。所以在〈參同契註〉中，他沒有發揮石頭的回互思想；在〈三玄考〉裡，他反對破碎的強分三玄。這樣的理解，後來也得到相當的肯定。清代仁岠在《增集人天眼目》所錄的〈參同契〉註解，即是以元賢之註爲根本增刪而成；《五家宗旨纂要》亦接受元賢三玄不應一一強分的見解。〔註201〕

「以《易》論宗」是曹洞禪法的一大特色。不管這個特色是「所謂禪機，莫非《易》象，是亦消息之妙諦」〔註202〕、或是「丟失的不僅僅是光風霽月的胸懷意境，其於解佛無益，於易學本身也無價值」。〔註203〕身爲曹洞宗師，元賢的〈寶鏡三昧註〉，確實是爲自家學說作了更進一步的發揮。他在更正覺範錯改名稱的同時，更有〈五位總圖〉的精彩闡述。〔註204〕〈五位總圖〉爲後人正確解詁「十六字偈」真義提供了方便。〔註205〕雖然元賢以離本卦別衍出四卦爲「三爻五變」的詮釋；及將正偏二位居上、至到二位居下的排列方

〔註200〕《廣錄》卷27，〈洞上古轍〉上，頁591。
〔註201〕《五家宗旨纂要》，頁256～257。
〔註202〕潘雨廷，《易與佛教、易與老莊》（瀋陽：遼寧教育出版社，1988年12月），頁94。
〔註203〕王仲堯，《易學與佛教》，頁323。
〔註204〕對於元賢的五位圖，忽滑谷快天曾說：「賢五位之圖，仿宋儒周茂叔之《太極圖》，賢竟忘本如此。」（《中國禪學思想史》，頁831）其實中國佛教向來有用圓相表達佛理的傳統，在唐圭峰宗密的《禪源諸詮集都序》中，就保存有多中圓相圖（卷4，頁410c、411a、412a、413b），這些圓相圖或許原出於佛教、或許來自於《易經》的啓發，其實也很難釐清。周敦頤的《太極圖》其中也不乏儒釋道三教混融的痕跡。儒釋二道的相互影響，其來有自。元賢的五位圖說經過分析，來源亦多樣，以他仿周敦頤《太極圖》，而有「竟忘本如此」的批判，實下語過重。
〔註205〕靜華，〈論佛教曹洞宗與《參同契》、《易經》之間的關係（三）〉，頁19。

式，到清中時荊溪行策爲之修正，〔註206〕但畢竟是曹洞易學發展的一個里程。由後人對於相關問題的探討，都不能忽視元賢的意見，就可知其見解之獨特。

對於五位思想的發揮，元賢以修悟的五個階段，詮釋洞山的五位頌，體系完整且理論嚴密，自成一家之言。雖然不是對洞山的偏正回互之旨的發揮，但畢竟不違禪的基本精神。而其對功勳五位與王子五位思想的闡發，更爲後人對五位思想的理解，提供了正確的進路。〔註207〕再者，對於〈五位功勳圖〉將各種五位思想在位置上的硬相湊泊，元賢能夠提出反對意見，並作出正確的理解，實屬難能。因爲〈五位功勳圖〉出自於《人天眼目》，《人天眼目》向來被禪林奉爲必讀的入門典籍，元賢能夠不囿於經典限制、跳脫傳統思考，實具有相當的見識。

由於元賢用力於史志的編輯，因此對於史傳資料有一定的熟悉度，所以他的考辨文章就極具參考價值。元賢在〈龍潭考〉中，雖然無法對〈丘玄素碑〉的真偽作出判斷，但是透過歷史文獻的分析，以證明天皇道悟與龍潭崇信的嗣法關係，實具有還原歷史的考證意義。後世白巖淨符的《法門鋤宄》與忽滑谷快天的《中國禪學思想史》，都以元賢的〈龍潭考〉作爲道悟出於石頭的證據，並全文援引，就是最好的說明。〔註208〕

對於禪法，元賢始終是一個冥契主義者，然而爲何他要大篇幅的從事禪學的研究？畢竟在他的眼裡，禪學知識的精研並不等於禪悟體驗的創造。對此他曾說到：

> 老僧生當末造，幸窺一隙之光。見諸書謬妄，破滅正法，乃作《洞上古轍》二卷，盡刪邪說。……蓋不忍斯道久晦，冥如長夜。欲令天下共仰扶桑朝旭，豈亨日中也。〔註209〕

〔註206〕荊溪行策《寶鏡三昧本義》認爲，「三爻五變」在離本卦中已呈現其義，並非是由離卦另衍出四卦。同時也提出元賢依卦定位，錯變四卦，使得正偏居上、至到居下，頭尾倒置，違反了五位之說。行策對於〈寶鏡三昧〉的見解，深獲學界贊同，幾已成定論。又在潘雨廷《易與佛教、易與老莊》中，另外載有兩種展開法，然而並沒有註明出處（這兩種方法，列於元賢之說後，時代應較元賢爲晚），且不見於其他研究中，故無法得知二說的進一步資訊（詳見是書頁94～95）。

〔註207〕《佛光大辭典》、《中華佛教百科全書》都以元賢之說，作爲功勳五位與王子五位的解釋。

〔註208〕清·白巖淨符，《法門鋤宄》，頁695；日·忽滑谷快天著、朱謙之譯，《中國禪學思想史》，頁198～199。

〔註209〕《廣錄》卷27，〈洞上古轍〉上，頁703。

可知《洞上古轍》乃是爲批駁謬妄而出，爲復歸曹洞宗旨而作，所以書名爲「洞上古轍」。元賢反對文字禪，但是他的《洞上古轍》不也有落入以文解禪的弊病中嗎？元賢也意識到了這樣的危險性，所以他不斷的強調「五位圖說，最上一相，表黑白未兆之前，所謂向上宗乘事也。學者當先悟此，若未悟此，而說理說事，分體分用，與教下習講者何異。」〔註210〕、「但此法宜爲知有人說，不宜爲不知有人說。以知有人不滯言詮，雖說事說理，總成向上境界。不知有人專滯言詮，雖重玄複妙，總墮今時窠臼。」〔註211〕、「予謂識得大洪意，方可閱是書。不然，葛藤窠裏，纏絆殺人，切莫怪老僧好。」〔註212〕徹底的證悟，終究還是元賢禪法的最根本強調。其實相對於燈錄、僧史，以及寺志的編纂，元賢專門於禪學思想的著作只有〈洞上古徹〉二卷，在元賢著作中所佔的比例上並不高。畢竟對於未悟的一般大眾而言，豎立古德典範的重要性，遠遠高過於禪門宗旨的揭示。

　　元賢重視古德典範的樹立，所以他反對惠洪覺範。這除了兩人對禪法實踐入路有不同的見解外，覺範性格的狂放、以詩爲事的作風，都非元賢所能欣賞。然而晚明叢林卻對覺範，有股特殊的孺慕之情，覺範不僅是僧詩的典範、更是忠義之士的代表，〔註213〕甚至已經有神格化的傾向。〔註214〕這些看在積極重塑衲僧形象的元賢眼裡，不啻是佛門一大危機。這應該也是元賢之所以力排眾議，反對惠洪覺範的原因之一。對於覺範，元賢採取了與當時叢林截然不同的態度。

　　總而言之，元賢的禪學思想，從自身的禪修經驗出發，緊扣著明末佛教發展而來；在發揮禪門宗旨與釐清禪門歷史的同時，禪學也成爲元賢禪悟經驗的註腳。

〔註210〕《廣錄》卷27，〈洞上古轍〉上，頁710。
〔註211〕《廣錄》卷28，〈洞上古轍〉下，頁752。
〔註212〕《廣錄》卷27，〈洞上古轍〉上，頁703。
〔註213〕廖肇亨，〈明末清初叢林論詩風尚探析〉，頁273～276。
〔註214〕廖肇亨，〈惠洪覺範在明代──宋代禪學在晚明的書寫、衍異與反省〉，頁820～827。

第六章　永覺元賢的經教思想

第一節　元賢的戒律思想

一、明末律學的衰頹與復興

明末佛教僧團雖然人數急遽增加，但素質卻普遍低落。大多僧眾不是不知戒文，就是視律法於無物，導致教團弊病叢生；作奸犯科更是大有人在，嚴重擾亂公共秩序，使社會大眾對僧尼產生極大的不滿。〔註1〕有志復興工作者，對佛教亂象作了深切的反省，將其中一個病因，指向於戒律的不彰。檢討明末戒律的墮頹，其原因除了僧眾來源不純正，以致輕毀戒律、無知於律法外，律學人才的缺乏，亦是其中的重要因素。

何以律學人才會嚴重的缺乏？就佛教內部的發展而言，中國所傳的大乘佛教，不論是天台、華嚴、禪宗，各宗派對於戒律雖然也有相當的關注，但是大體上都是以戒相的嚴持為事、為有漏，以佛智的開發為理、為究竟。〔註2〕故普遍存在著以學律為小乘行者、以持戒為執相的偏見，這使得中國佛教在戒定慧三學的修行上有了嚴重的偏廢。南禪以降，禪者對於慧學的開發，更是遠超過於對戒律的重視。

就政治因素而論，中國政府對於僧團的強勢介入，本來就不利於律宗的發

〔註1〕詳見第三章第二節。
〔註2〕如智顗《摩訶止觀》（《大正藏》46冊）言：「事戒三品，名之為戒，戒即有漏，不動不出。理戒三品，名之為乘，乘是無漏，能動能出。」（卷4，頁39。）

展。〔註3〕唐末會昌法難之後，律學的著作又多遭損毀，戒律的弘揚更形困難。北宋期間雖然有允堪（？～1061）、元照（1048～1116）的大力弘揚，使四分律一度復興。〔註4〕但是到了元代，當局特重喇嘛教，使得僧制廢弛，戒律在中國的傳承幾乎斷絕。〔註5〕入明以後，太祖改宋代的「禪講律」爲「禪講教」。雖然傳戒的戒壇尚在，但沒有了律寺，也就沒有依律而住的六和僧，戒律的傳播就更不容易。〔註6〕明嘉靖至萬曆末，政府爲杜絕白蓮教等民間宗教活動，又禁止講經開堂，期間有五十餘年不曾開戒壇，律學於是就更形沒落了。湛然圓澄在《慨古錄》裡就曾說：「自嘉靖間，迄今五十年，不開戒壇，而禪家者流，無可憑據，散漫四方，致使玉石同焚，金玉莫辨。」〔註7〕漢月法藏在《弘戒法儀》也提到：「自禁以後，老師宿德終其身焉，卷懷不講。萬曆以來，後進知識不見壇儀授法，通謂戒不應自受，須候國家開禁，遂置律藏於無用武之地。但習講經以展胸臆，俾後生晚學研習輕華，公行犯戒。」〔註8〕戒律的輕忽，被視爲叢林窳爛的最主要因素；身爲明末佛教改革先驅的萬曆三大師，無不同聲極呼戒律的重要、用力於戒律的復興。〔註9〕

　　佛教教團的呼聲，在萬曆朝末期受到朝廷的重視，於是一改嘉靖期間的禁令，准許戒壇的重開。〔註10〕由於佛教內部的現實需求與外界政策的配合，

〔註3〕詳見曹仕邦，〈從歷史與文化背景看佛教戒律在華消沈的原因〉，《中華佛學學報》1993 年 7 月，頁 55～68。

〔註4〕參見釋聖嚴，〈明末中國的戒律復興〉，《從傳統到現代──佛教倫理與現代社會》，頁 145～146；釋聖嚴，《律學綱要》（臺北：東初出版社），頁 17～22；釋續明，〈比丘律儀與比丘尼律儀〉，《現代佛教學術叢刊》88 冊《律宗概述及其成立與發展》，頁 282。

〔註5〕有關元代喇嘛僧行的雜遝，可參見郭朋，《中國佛教思想史》（福州：福建人民出版社，1994 年），頁 183～186。

〔註6〕釋印順，《華雨集》（臺北：正聞出版社，1998 年）第四集，頁 147。

〔註7〕《慨古錄》，頁 730。

〔註8〕漢月法藏，《弘戒法儀》（《卍續藏》106 冊）卷下，〈受戒辨〉，頁 1040。

〔註9〕明末三大師雲棲袾宏、紫柏眞可、憨山德清都是戒律的提倡者。雲棲袾宏更是明末戒律學的重要源流之一。

〔註10〕關於明末戒壇的重開，陳永革在《晚明佛學的復興與困境》中言：「明神宗於晚年深知佛戒有禪世道，准五台僧遠清之奏，許山中說法，一改嘉靖禁令，從而使叢林得以把弘戒理念與現實結合，使明末戒律復興成爲可行。」（頁 155）又根據釋果澄的研究，朝廷政策的改變，乃是律學古林派（詳註 13）擅長於官方體系運作的結果。（詳見陳金鳳（釋果澄），《明末清初律宗千華派之興起──兼論當時諸師之律學思想》（玄奘人文社會學院宗教學研究所碩士論文，2001 年），頁 47。）

明末佛教戒律學得以復興，獲得宗門教下普遍的重視。〔註 11〕根據釋聖嚴的統計，明末清初期間被收入《卍續藏經》的律學著作就有二十九種，四十八卷之多；另外從《新續高僧傳四集》中所見，尚有二十一種未被收入《卍續藏》中，足見這段期間律學的發達。〔註 12〕這些律學的著作者，有來自於律宗千華門下的三昧寂光、讀體見月，〔註 13〕亦有來自於教下的雲棲袾宏、蕅益智旭，同時也有來自於宗門的漢月法藏與在犙弘贊。因此在戒律的弘揚型態上，或基於淨土念佛、或基於天台教理、或基於禪門參究、或專弘南山律、或爲混融型態，呈現出各種不同的面貌。〔註 14〕

　　明末的弘戒以雲棲袾宏與古月如馨爲二大系統，〔註 15〕元賢的比丘大戒得於聞谷廣印，他亦自陳「禪本壽昌，戒本眞寂」。〔註 16〕廣印爲雲棲袾宏的弟子，故從戒律源流的分判，元賢的戒律思想應屬於袾宏系統。雲棲袾宏是弘揚淨土的健將，他的戒律無疑是走攝戒歸淨的路向。在袾宏的影響與禪門宗師的立場下，元賢的戒學以何爲歸向？有何特色？回應了時代哪些問題？這些都將是本節所要探討的重點。

〔註 11〕參見日‧長谷部幽蹊，《明清佛教教團史研究》（東京：同朋出版社，1993 年），第四章〈律苑の受戒より禪門叢林の受戒〉，頁 139～173。

〔註 12〕釋聖嚴，〈明末中國的戒律復興〉，頁 146。

〔註 13〕明代律宗久廢，弘戒系統的創立在古月如馨（1541～1615）。如馨慨嘆律學久廢，建立弘律道場，重振南山律宗，世稱中興律祖，其法系被稱爲古林派。弟子三昧寂光（1580～1645）創立千華派，門下律匠輩出；讀體見月繼師志，大力弘揚戒學，使千華一派成爲明末以降重要的傳戒系統。參見釋果澄，《明末清初律宗千華派之興起——兼論當時諸師之律學思想》，頁 44～46、51～52、61～66。

〔註 14〕釋聖嚴與陳永革都認爲：明末的律學多是以圓融混合爲其型態，鮮少有以律弘律、深入律藏的專門律學者。聖嚴與釋果澄以爲：見月的千華律學，就是以律解律、南山派的代表。詳見釋聖嚴，〈明末中國的戒律復興〉，頁 146、152～153；陳永革，《晚明佛學的復興與困境》，頁 148～158；聖嚴，〈中國戒律宏傳概要〉，《現代佛教學叢刊》88 冊《律宗概述及其成立與發展》，頁 348；釋果澄，《明末清初律宗千華派之興起——兼論當時諸師之律學思想》，頁 98～100。

〔註 15〕這是釋聖嚴的分法，見〈明末中國的戒律復興〉，頁 146。又談玄〈清代佛教之概略〉以漢月法藏與見月律師爲二派。（詳《現代佛教學術叢刊》15 冊《明清佛教史篇》，頁 174。）

〔註 16〕《廣錄》卷 30，〈永覺傳〉，頁 790。眞寂爲聞谷廣印所住庵名。又元賢自己亦曾說：「老僧昔年在寶善庵中，受聞谷大師委曲一場，將箇雲棲戒本子相付。」（《廣錄》卷 5，〈普說上〉，頁 460。）

二、元賢對明末戒律環境的觀察

世人對於僧伽的敬重，來自於衲僧嚴持戒律的高度道德意志。〔註 17〕僧眾如果無法依戒清淨修行，三千威儀俱失，人們的尊重自然也就消失了。沒有戒律維繫的佛教，僧侶的墮落與僧團的腐敗，可以說是意料中的事。長久發展下去，勢必會將佛教帶入滅亡的境地。因此對於明末以曠達圓融爲藉口、將佛教戒律視爲敝屣的僧眾，元賢相當的不以爲然，視之爲入佛門的波旬。因此他積極於戒律的提倡，以傳戒授戒爲佛法復興的基石。〔註 18〕

對於明末僧行的雜遝，元賢有著深刻的反醒；對於當時律學的失落，也有著細微的觀察：

> 律學自靈芝照之後，鮮見其人。至於後代稱律師者，名尚不識，況其義乎？義尚弗達，況躬踐之乎？至於潭柘、昭慶二戒壇，其流弊有不忍言者。若不奉明旨禁之，後來不知成何景象也。萬曆末年，諸方得自說戒，正與佛意合，然鹵莽甚矣。今日欲起律宗之廢者，非再來人必不能也。悲夫！〔註 19〕

如前文所言，北宋靈芝元照後，由於後繼無人，律學的傳承幾乎已成斷絕。何以禪教律三學，唯獨律學的傳承最爲困難？對此元賢曾經說道：「蓋以聰明才辯之士，多以律學爲淺近而忽之，不屑自局於此。又以人之常情，喜自便而畏檢束，則又不肯安意於此。故律學之最易，卻成最難也。」〔註 20〕元賢的分析，可謂深中鵠的，道出了戒律在中國之所以難行的兩大因素，人們的「不爲」與「不能」。〔註 21〕在以禪宗爲主流的中國佛教裡，講究的是心性的頓悟轉化，高揚的是殺祖殺佛的氣概，戒律科文的細碎繁瑣，自是「高明之士」所不屑爲之的。再者戒律的嚴持本非易事，需要有高度的自我約束力，這又和人安於放縱逸樂的本性背離。因此戒律雖然最易學，但卻是最難成；學律的人自然也就不多了。

〔註 17〕 嚴耀中〈在佛教戒律與儒家禮制〉一文中言：「表現在禮與戒律的執行者身上，即具有這種認識並產生道德意志的人，他們已不是一般的人，而有了特殊的性質和地位，對佛教而言是僧侶，對儒家而言是君子。」《學術月刊》2002年 09 月，頁 94）君子在儒家而言，是僅次於聖人的道德修行目標，以僧侶比作爲君子，足見精嚴戒律對於佛門僧伽的重要。

〔註 18〕 詳見第三章第二節、第四節。

〔註 19〕 《廣錄》卷 30，〈續寱言〉，頁 780。

〔註 20〕 《廣錄》卷 30，〈續寱言〉，頁 780。

〔註 21〕 參見陳永革，《晚明佛學的復興與困境》，頁 169。

　　因此後代雖有傳戒之名，但已無傳戒之實；雖有所謂的律師，但不論是在戒律的義學修養或實修行踐上，都已經付之闕如，只不過是徒具虛名罷了。雖然明代仍舊保持傳戒的法統，分別在北京潭柘寺和杭州昭慶寺開南北戒壇，但在元賢看來，還不如禁壇的好——在一個提倡戒律的僧伽眼中，開壇不如禁壇，足見當時戒壇弊病之嚴重；這或許也是嘉靖期間戒壇被禁的原因之一吧。萬曆末年，朝廷雖然重開了戒壇，使得戒律的授受重新獲得合法的地位，但是戒學的傳授仍是混亂。甚至就連律寺本身，弘律犯律、弘律不知律的情形，亦相當的嚴重。〔註22〕授戒者不明戒法、混濫戒壇，戒律的精神自然無法被彰顯。

　　關於萬曆後律學的混濫，元賢在《律學發軔》的〈授戒辨誤〉中，就曾指出，當時的叢林戒法至少就存在著：沙彌付三衣、四人以上同受戒、尼同比丘受戒、造衣非量〔註23〕、輕棄亡僧衣、居士付衣、不受學戒〔註24〕、妄改科文〔註25〕、混亂登壇〔註26〕等錯誤；〔註27〕而這些混亂有些還是遺自南北二大戒壇，也無怪乎元賢會有「不如禁壇」的重語。可見在當時，戒律的傳授，連「形式」都已經紊亂，更不用說是律行軌範的嚴守與戒法精神的弘揚了。所以元賢說：「大抵受戒與付戒者，今日多成箇套子，問著，各各云：『能持、能持。』不知能持二字，有多少難在，豈可容易！」〔註28〕、「有等悠悠之輩，雖日受戒，但取受戒之名，全無受戒之實。隨群逐隊，苟簡登壇拜跪，尚言不堪，精神何由感格？是以受戒者多，得戒者少。至於受戒之後，便爾荏苒度日，或營俗緣、或躭世樂。……鹵莽一生，與未受戒者何異？」〔註29〕即便有開壇受戒的儀式，也僅存在授受的形式而已。所以元賢深切的期望，希望有再來人能夠發聾振聵，重興佛教律法。而他自己亦積極投入於戒律的復興工作中。對於戒律的提倡，元賢不僅傳戒授戒，更實際從事戒文的疏解、律儀的考證等工作。以下敘述元

〔註22〕陳垣，《明季滇黔佛教考》，頁274；釋果澄，《明末清初律宗千華派之興起——兼論當時諸師之律學思想》，頁69。
〔註23〕指明代師家作小五衣、五衣量與七衣同等，皆與佛制不合。
〔註24〕指沙彌尼在進比丘尼戒前，不受式叉摩那戒。
〔註25〕元賢指出，昭壇戒本中已有錯誤，在問遮難有兩錯、三羯磨中有三錯。後人有恣意更改，將三衣付白衣，乃至臨壇唱誦閒人觀聽。
〔註26〕受戒時應先請十師上壇，教授師下壇問遮難，再上壇召戒子。而不是將戒子聚集一壇，請師、問遮難、受戒都在同一壇。
〔註27〕詳見元賢《律學發軔》卷下，頁959～961。
〔註28〕《廣錄》卷6，〈普說下〉，頁469。
〔註29〕《廣錄》卷5，〈普說上〉，頁457。

賢戒律思想的重點及其特色。

三、元賢戒律思想的要點

（一）戒律地位的確立

戒律在中國的傳播，本來就不容易。到了明末時期，禪學已成無修無證，更遑論是對戒律的持守，破戒毀律甚至成為豁達圓融的表現。這對於佛教的發展而言，無疑是個極大的危機。於是對於戒律的提倡、看戒心態的重新確立，成為最重要的工作之一。

對於當時禪門的狂妄，元賢曾有如下的批評：

> 近日有等狂妄之輩，徒執理體本寂，不知事相不無，便成斷空之見。動輒謂：「我等本來是佛，識得便了，無功可用。本無迷悟，何用參禪？本無持犯，何用戒律？」因果罪福一切滅裂。……蓋彼道本來是佛，無功可用。你看蝦蟆蚯蚓，渠亦本來是佛，比之毗盧遮那，何有增減？怎奈這蝦蟆蚯蚓之身，未能脫得。〔註60〕

明末由於心性之學的流行，不論是禪界或儒界，都普遍存在著過份重視理體的現象。王學有左派狂禪的出現，禪學也陷入無修無證的孤危中。對於當時禪門的高舉理體，以斷滅為空，以至徹底地摒棄因果之說，元賢提出了嚴正的駁斥。雖說諸法無自性、四大皆空，是大乘中觀學派的核心思想，《壇經》也以此發展出「心平何勞持戒，行直何用修禪」〔註31〕的說法；但是這必須以高度的內在覺醒與道德自律為基礎，〔註32〕而非只是空談心性，就可以達到的境界。雖說心佛眾生不二的思想，在大乘佛教，獲得了高度的肯定，但這是就眾生佛性的本具而言，所強調的是眾生皆有成佛的「可能」。眾生雖皆可成佛，但並不表示當下已然是佛。既然眾生佛性本具，現在又不是佛，成佛的可能性因此被確立，修行的必要性也由此展現。即便是禪門祖師也要說「即心是佛」，〔註33〕以「即」為修證的工夫，「本來是佛」並非是修行工夫的全部揚棄。元賢舉「蝦蟆」、「蚯蚓」為例，強調眾生畢竟不是佛，所以修

〔註60〕《廣錄》卷6，〈普說下〉，頁467。

〔註31〕《宗寶本壇經》（《大正藏》48冊），〈疑問第三〉，頁352c。

〔註32〕參見王月清，〈禪宗戒律思想初探——以「無相戒法」和《百丈清規為中心》〉，頁131～146。

〔註33〕宋・無門慧開《無門關》（《大正藏》48冊）：「馬祖因大梅問：『如何是佛？』祖云：『即心是佛。』」（頁296c）

行工夫必要落實。

「無禪可修」、「無戒可持」向來爲狂禪者所執，故元賢追溯禪門歷史說到：

> 有等禪人，言在飛龍之前，行在跛鱉之後。卻謂我宗門下，祇重見
> 地，不重操履。不知青原下謂之功勳，如臣事君、如子事父，豈敢
> 違背。南嶽下謂之牧牛，蓋得牛之後，猶須善牧，況未得牛者耶？
> 且衲衣下，善不許著，惡豈可縱？佛祖尚不可爲，勢利豈可偏逐？
> 此乃無忌憚之小人，託聖言以自文，入地獄如箭射者也。〔註34〕

禪宗六祖下出青原與懷讓兩支，〔註35〕青原下有五位功勳之說〔註36〕、懷讓
下有牧牛之喻，〔註37〕兩者的內容無不是在說明：修道者從入門，至見道、
體道，以至究竟禪悟，絲毫不敢懈怠、精進努力的過程。五位功勳與牧牛之
說，雖然是講禪修者心性鍛鍊的歷程，但在這歷程中，參修者對於自己心性
戒慎恐懼的要求，早已超過言行上戒律的嚴持。後世禪門無不出於青原與懷
讓，元賢以此點出當時狂禪無修無證的荒謬。

再者，元賢從因果輪迴的觀點，論述持戒在修行上的意義，他說：

> 吾人本性，無善無惡，無持無犯。祇爲無明忽起，因而境界妄現，
> 境界既現……則有罪福，有果報，六道循環，如汲井輪，無有斷絕。
> 諸佛愍之，首爲說戒，所以止其妄情，不爲妄境所惑而已。〔註38〕
>
> 殺盜婬三業，正輪迴之根本。此業不斷，雖有禪定智慧，總成魔外
> 而已。或者多謂業性本空，何斷何續？不知業性固本空，而人執之
> 爲實，則起業招果，安得言空。〔註39〕

人因無明而有妄識，由妄識而生貪嗔痴，因貪嗔痴的執著而造作惡業；有造
業就有輪迴，於是生死相續，永難出離。元賢從輪迴的觀點出發，強調持戒
在解脫道上的必要性。他亦曾舉實例故事爲證，說明空言高見者，勢必會遭
受流轉惡道的業報，以警惕學人。〔註40〕

〔註34〕《廣錄》卷30，〈續寱言〉，頁773。
〔註35〕雲門、法眼、曹洞三宗出於青原下，其中臨濟、溈仰屬於南嶽下。
〔註36〕根據元賢的理解，功勳五位就是禪修的五個階段。詳見第五章第二節第三目。
〔註37〕以牧牛爲喻，最著名的是宋代廓庵師遠「十牛圖頌序」，以十幅圖並各附序及
　　　偈頌，以闡示修禪之方法與順序。（詳見《卍續藏》113冊，頁917～920。）
〔註38〕《廣錄》卷5，〈普說上〉，頁461。
〔註39〕《廣錄》卷30，〈續寱言〉，頁782。
〔註40〕元賢言：「昔梁有雲光法師，善講經論，而不奉戒律。誌公呵之。彼曰：『吾
　　　不齋而齋，食而非食。』後招報爲牛，拽車泥中，力不能前，鞭箠復急。誌

有鑑於戒律對於修行的重要，元賢除了強調其必要性外，更進一步高揚其優先性。關於戒定慧三學，《六祖壇經》一改傳統佛教「攝心為戒，因戒生定，因定發慧」〔註41〕的傳統，提出「心地無非自性戒，心地無癡自性慧，心地無亂自性地」，〔註42〕將戒定慧攝於一心。在定慧兩圓融下，自有自性戒在——自性清淨，不持戒而戒在其中。這是就最高的自律道德標準而言，並非一般大眾皆可受得。然而順此發展，禪宗輕戒重慧的傾向越來越嚴重，到了明末更是到了難以收拾的地步。因此元賢一改禪門重定慧而輕戒律的思考，強調戒學的先於定慧二學。他說：

> 能守此戒，則妄情不橫流，妄境不惑亂。既妄情不橫流。妄境不惑亂，則定可成、慧可發。定慧雙嚴，成無上道。是知皆肇始于戒故。……所以修行者。必首重戒法。〔註43〕

> 戒淨則能生定，因定則能發慧。既能發慧，便可得無上菩提第一之道。〔註44〕

> 以戒為定慧之宏基，解脫之要道。若不得戒，雖有禪定智慧，悉成魔外。〔註45〕

元賢以為戒律在佛法修行的過程中，具有絕對的優先地位，是修行的根基磐石。唯有在嚴持戒律下，所生發的定慧，才是真正的解脫道；喪失以戒為基礎的定慧，甚至不被視為佛門禪法。〔註46〕在此戒定慧三學的關係重新被思考，元賢將戒律視為最根本，並以戒攝定慧二學，突顯了戒學的優先性與重要性。

公過而見之，召曰雲光，牛舉首，誌公曰：『汝今日何不道不拽而拽？』牛墮淚號呺而逝。以此觀之，虛頭狂解，何敵輪迴？雖欲欺人，還成自欺也。哀哉！」這無疑是針對當時的虛頭漢而發，禪師如此提倡戒律，真可謂用心良苦。(《廣錄》卷30，〈續寱言〉，頁782。)

〔註41〕《楞嚴經》卷6，頁131c。

〔註42〕《宗寶本壇經》，〈疑問第三〉，頁352b。

〔註43〕《廣錄》卷5，〈普說上〉，頁461。

〔註44〕《四分戒本約義》卷4，頁324。

〔註45〕《四分戒本約義》卷1，頁258。

〔註46〕關於三學的修行，蕭天石在《禪宗心法》中曾說：若保有戒心，勤修戒德，善持戒行，則可由凡夫頓超佛地，若只修定慧而不修戒行，則容易產生邪慧與各種禪病。(臺北：自由出版社，1975年)，頁77) 明末的狂慧、狂禪，即是因不修戒行，以至無法生起懺悔心及慈悲空慧所致。

由戒而生定生慧，〔註47〕定慧既生，那戒律安置？是否在生定慧後，就可以揚棄戒律？關於這個問題，元賢的回答是：

> 蓋此戒，始自凡夫，終至成佛中間，無一時、無一事可離此戒。又過去未來現在諸佛，並無一人不從此戒而得菩提者。是知，此為聖凡共由之要戶，今古共涉之通津。〔註48〕

明末多的是自詡大徹大悟、證得第一義諦的狂妄者，故元賢說只要尚未成佛，不論你是凡夫、是菩薩，都必須嚴持戒律。他並進一步強調「無一時、無一事可離此戒」，使狂妄者沒有開遮持犯的藉口，也使戒力軟弱者不致輕易與現實妥協。元賢甚至將戒律提升至最高的位置，把戒律的興盛，等同於佛法的存續，他說：「說戒則正法久住，不說則正法不久住也。」〔註49〕因此元賢雖少出重言，但不免也要說：「輕毀戒律，必是無賴禪和。」〔註50〕

面對當時禪風疏狂，元賢對於戒學的提倡，可謂小心謹慎、步步為營。他從眾生現下非佛，強調修行的重要；從禪門錐心鍛鍊的歷史，駁斥無修無證的荒謬；在佛教因果輪迴的根本教義上，說持戒的必要；重新安置三學的關係，優先戒律的地位；再以持戒為成佛要津的同時，更進一步以戒律為佛法住世的基石，將戒律的存滅等同於佛法的繼絕，以凸顯出戒律的殊勝。元賢試圖從不同的層面論證持戒的重要，藉由律學地位的重新確立，以喚醒僧眾對於戒律的重視。

（二）僧戒律儀的重視

六祖慧能提出「無相戒」，化他律為自律，將外在的形式主義完全破除，以心為一切行為的最高指導，這無疑是慧能對於中國傳統佛教的重要改革之一。〔註51〕自慧能《壇經》開出「無相戒」後，禪戒便成為禪門論戒的主流，

〔註47〕 對於定慧二者的關係，元賢並沒有很明確的說明是先定後慧、或者定慧不二。如文中所引，他既說過：「戒淨則能生定，因定則能發慧」，又言：「妄境不惑亂，則定可成、慧可發。定慧雙嚴，成無上道。」對於三學的討論，定慧二學的先後並非元賢所關心，戒學的強調才是他的重點。

〔註48〕 《廣錄》卷5，〈普說上〉，頁457。

〔註49〕 《四分戒本約義》卷1，頁258。

〔註50〕 《廣錄》卷10，〈束警語〉，頁519。

〔註51〕 洪修平，〈論惠能大師革新佛教的意義極其對佛教中國化的推進〉言：「惠能大師既繼承了佛教的傳統，又不囿於傳統，他對傳統佛教的革新與發展，從歷史上看，突出地表現在他以空融有，空有相攝，將般若實相與涅槃佛性的結合作為全部理論與實踐的基礎，從『不立文字，頓悟成佛』出發，以自性

越往後發展，傳統戒律對於宗門人士的約束力就越下降，禪者的行為也就越來越荒誕。再者，無相戒只是針對個人的修行，缺乏攝眾和團體組織的細則。或許在六祖看來，每個個體的問題解決了，群體問題自然就解決了，但這需要有利根上智與特殊因緣為背景，並非後世可以輕易仿效而來的。然而隨著禪宗規模的不斷擴大，禪和行為的失控也越來越嚴重了。〔註52〕

到了明末，戒律對於僧眾已產生不了制約力，不論教下宗門都是一片混亂。因此雖然身為禪師，元賢非常重視有相的戒文律儀，更有《四分戒本約義》與《律學發軔》兩部專書的著述。《四分戒本約義》是針對二百五十條僧戒的疏文，《律學發軔》則分成三大部分，第一部份主要說明戒律的由來，及介紹三皈五戒、比丘戒、菩薩戒等戒的意義與基本戒條，第二、三部份，以十二個主題說明僧團日常生活的規範與特殊事件的處理原則，並論及律法的家數，以及當時受戒的諸端錯誤。可見對於戒律，除了持戒精神的弘揚外，元賢對有相的戒文律法，以至壇法軌範都相當的重視。因為在明末空疏的禪界，唯有在「理體本寂，事相不無」的理論基礎下，〔註53〕強調有相的戒律條文，才能達到抑制僧團腐敗的目的。因此元賢不厭其繁的論述戒文法條，並鼓勵受戒者要請問明師、勤翻貝葉，甚至博覽全部的律藏。〔註54〕

由於明末戒律壇法的紊亂，元賢特別重視小乘戒律的回歸。他在〈四分戒本約義序〉中就曾提到：「其中若事若義，悉採之四分律藏。所有開遮，亦悉本佛制，非敢妄以意裁也。」〔註55〕但這並不表示元賢對於印度佛教的戒

自悟來統攝一切傳統的修持形式與修持內容，並以中道不二為指導而對讀經、坐禪、出家、戒行等傳統佛教繁瑣而艱苦的修行方法提出了一系列改革性的意見，從而開創了簡便易行的新禪風，更好地適應了人們追求超越的精神需要。」(《普門學報》，2001年1月，頁120)這段話明確地指出六祖慧能禪的內涵，及對於中國禪宗發展的貢獻。

〔註52〕 參見徐文明，〈禪宗戒律革命在人間佛教中的意義〉，《普門學報》2001年1月，頁9。

〔註53〕 《廣錄》卷5，〈普說下〉言：「近日有等狂妄之輩，徒執理體本寂，不知事相不無。」(頁467)

〔註54〕 元賢在〈律學發軔序〉中提到，雖然是書為後學學律提供了基礎方便，但他還是鼓勵：「若夫高明之士，自當博閱全律。」(《廣錄》卷13，頁554)在〈受戒普說〉裡，元賢則質問受戒者如果：「所受戒法，並不肯請問明師，勤翻貝葉，云何為戒法？云何為戒體？云何為戒行？率皆懵然。鹵莽一生，與未受戒者何異？」(《廣錄》卷5，頁457)可見元賢反對形式化的受戒，主張在戒法、戒體、戒行的具體落實。

〔註55〕 《廣錄》卷14，頁554。

律，採取概括承受、全面接受的態度。例如他在釋沙彌戒第九條的「盡形壽不非時食」時，就說道：「僧宜學佛，斷六趣，因故食不過午。今人體弱或多病，不能持。必須自知慚愧，不多食、不美食，不安食，庶幾可耳。」〔註56〕又對於沙彌第十戒「盡形壽不捉持生像、金銀、寶物」時，元賢解釋到：「七寶之類，昔佛世時，僧不手捉，多勒淨人掌之。今人不能，然必須自知慚愧，不營求、不厚畜，庶幾可耳。」〔註57〕由於時空背景的不同，要中國的僧伽完全比照佛陀時代的比丘來遵行戒律，有一定程度的困難，而且幾乎是不可能。佛陀也說：「（戒律）雖是我所制，而於餘方不以為清淨者，皆不應用；雖非我所制，而於餘方必應行者，皆不得不行。」〔註58〕隨方毘尼的意義也就在於此──依順地方民情風俗，而對戒律有所斟酌取捨。〔註59〕可見對於律文的疏解，元賢既尊重原始律典，亦重隨方毘尼的靈活變通。〔註60〕

　　此外，由《四分戒本約義》與《律學發軔》二書的內容也可以發現，元賢特重於僧戒的弘揚。雖然在《律學發軔》中，元賢對於七眾弟子所共的菩薩戒也有詮釋，他的授戒對象也廣及四眾，甚至還包含其他外道，但是他有特別重視僧戒的傾向。《四分戒本約義》就是純粹針對僧戒的疏文，而在《律學發軔》中有三分之二以上的內容，特別是卷中的部分，全部都是在講述僧戒，內容除了對衲僧個人持戒的要求外，也包含了僧團生活的規範，包括了結界、布薩、說欲、安居、乞食等小乘僧團修行制度的恢復。當時律師見月在提議「安居」時，同門都嫌他標新立異了，〔註61〕更何況是結界、布薩、乞食的推動，可見元賢在僧團整治及恢復律制上的困難與用心。如果僧眾自身都無法奉行律儀、僧團連基本運作都產生困難，如何能攝化大眾？又如何能延續佛法慧命？因此佛教的整頓與改革，必定要從禪衲、從僧團本身著手，以僧眾的自清與僧團的自律，作為佛法復興的第一步。這應該即是元賢特重僧戒的原因。

〔註56〕《律學發軔》卷上，頁931～932。
〔註57〕《律學發軔》卷上，頁932。
〔註58〕《五分律》（《大正藏》22冊）卷22，頁153a。
〔註59〕隨方毘尼自然是就輕戒而言，例如殺盜等重戒，自然不在開許廢止之列。
〔註60〕釋果澄在《明末清初律宗千華派之興起──兼論當時諸師之律學思想》中曾提到：「永覺元賢批評明末的律學者『大都目不見律，而襲取他書』，其實這種說法無視於現實環境的改變，也有些保守……元賢的這種見解，與未能掌握毘尼的精神有關。」（頁94～95）這是對於元賢戒律思想的一種誤解。
〔註61〕釋印順，《華雨集》4，頁147。

元賢對於僧眾的要求，不僅止於基本重戒，甚至包括許多細如牛毛的小規則，這似乎不合於禪僧大鳴大放的形象。但是面對明末僧行的雜遝以及世俗的輕視，唯有對僧伽行儀的全面要求，才有力挽狂瀾的可能。因此元賢不僅以嚴持戒律爲修行的必須，更以禪衲威儀爲佛法的具體展現。〔註62〕再者，佛教僧眾的修行以團體爲主要方式，既是大眾共同生活，就必須要有一定共同規約，才能使僧團順利的運作；也唯有「和合僧」才能完成自律、化他的僧團功能。因此對於僧團生活的律儀規範，不論是結界、布薩、安居、分僧亡物、六具懺法、日用軌則、入眾規矩等大小事宜，元賢都不厭其煩地一一論述、詳細解說。

元賢對於戒文律儀的重視，不僅發揮了聲聞戒律對僧伽個人的影響，也落實了小乘律法對僧團的規範功能。

（三）禪戒關係的討論

如果戒律只具消極的禁制意義，戒律的嚴守來自於對罪罰與報應的恐懼，佛教超越解脫的宗教性格將難以被彰顯。如何使外在的戒律規範，轉化成內在的道德自覺？如何使戒律的嚴守進一步促成開悟見性的結果？這是身爲禪師的元賢，所必須要關注的問題。

戒律有四科，戒法、戒體、戒行、戒相。戒法是戒律的內容，戒行是持戒的行爲，戒相是因持戒所表現出的莊嚴美好德行。「戒體」則是指經由受戒程序，在心中所產生的一種防非止惡的力量。這個力量是依何而生？內容屬性爲何？這些問題，牽涉到佛教戒律的本質內容、根本依據等問題，可以說是戒律的本體論，是律學的核心所在。〔註63〕戒體的性質，決定了戒律在佛教修行上的位置。元賢的戒體以何爲根本？以何爲內容？這是接下來所要討論的問題。

元賢曾說：

> 受菩薩戒者，當以發菩提心爲先。菩提心者，四弘誓願也。若實發

〔註62〕《廣錄》卷30，〈續寱言〉：「禪衲威儀，非是外修邊幅，蓋爲內檢其心，必先外束其身，未有身既放逸，而心能靜一者也。所以佛制比丘，威儀必肅。百丈禮法，諸宗共守。……今有等妄人，任情縱恣，決裂禮法，反笑守律儀者爲局曲，果何心哉？……是知輕浮躁動，必非大器。雖得悟入，終虧全德。」（頁773）

〔註63〕勞政武，《佛教戒律學》（北京：宗教文化出版社，2003年2月），第十一章〈戒體論〉，頁319～343。

此誓，復以至誠心，仰成大戒，則能發起無作戒體，方名得戒。……
此戒體不發則已，發即是性，故名無作。小乘明此別有一善，能制
定佛法，憑師受發，極至盡形，或依定依道別生，皆以心力勝用，
有此感發。《成實論》判爲非色非心聚，律師多以此說。大乘明戒是
色聚，爲大乘情期極果。憑師一受，遠至菩提，隨定隨道，誓修諸
善、誓度含識，亦以心力大。故別發戒善爲行者，所緣止息諸惡。《大
論》云：「罪不罪不可得，具足尸羅。」此是戒度正體，以心生口，
從今受息身口惡法，是名爲戒，即無作也。此無作雖無色相，而有
能持所持，有得有失，亦似有色相，故曰假色，亦名無表色也。……
如此雖非實有，戒從外來，然亦不可謂自心本具。□無得與不得，
蓋以理雖本具，藉方發故也。〔註64〕

關於戒體的性質，在印度佛教裡，至少就有色法、心法、非色非心三種戒體
說。這三種戒體說有一共同特色，即是皆主張戒體會隨著肉體的死亡而消失。
小乘戒受戒有盡形壽的時限，所以比丘兩百五十戒又被稱作是盡形壽戒。至
於大乘戒，雖然各家對戒體依舊有不同的詮釋，但是基本上都同意一得永不
復失的戒體說。〔註65〕元賢對於戒體性質的論述則是：戒體是憑師受戒所得，
而且一得永不失，直至成就菩提涅槃爲止，這是就戒體的來源與時效性而言。
若就功能而論，戒體發則能行眾善、止諸惡。至於戒體的內涵，則有「無作」
與「假色」兩個特質。無作是指戒體一旦生起，由心發而能止身口意不再造
作惡業，所以說是無作。這個無作戒體的展現，又有能所、得失的外相，所
以說是假色。戒體就「體」上說有無作的特質，就「用」上說又有假色的現
象。在心爲萬法根源的理論下，戒體當然是本心所具、本心所出，但是戒體
又必須待緣而發，所以並不能說自心本具。

　　元賢的戒體論，會讓人有戒從外來的錯覺。但是如果戒體是從外而來，
那麼戒體所發的戒行，就是外在的他律規範，而非內的自律道德。這不僅
不符合禪宗的旨趣，甚至也有違大乘的精神。關於這個問題，可從戒體的獲
得作討論。戒體的獲得，必須有經戒師的授受，戒師、戒文都是來自於外在。
但是在往源頭走，戒子在受戒之前，必須先發菩提心；這個菩提心，由實發

〔註64〕《律學發軔》卷上，頁 938。
〔註65〕參見日・佐藤達玄著、釋見憨等譯，《戒律在中國佛教的發展》（嘉義：香光
　　　　書香出版社，1997 年）上冊，第八章〈道宣與戒體〉，頁 282～291。

「眾生無邊誓願度、煩惱無盡誓願斷、法門無量誓願學、佛道無上誓願成」
四弘誓願而起。發菩提心後，再以至誠的心受戒，如此方能發起無作大戒。
可見對於受戒，元賢將之分成「自誓受戒」與「從他受戒」兩個部分。〔註66〕
自誓受戒，重視的是自誓的道心，這是一種沒有任何自我欺瞞、高度精神層
次的受戒法。〔註67〕元賢認爲唯有以自誓受戒爲先行，復而從他受戒，方能
發起無作戒體。

　　對於自誓受戒，元賢有特別的強調。因爲喜於逸樂放縱、惡於約束限制
是人的本性，因此中國教界爲了鼓勵學人受戒，不斷地強調受戒的福報、受
戒的功德。但這樣的受戒，很有可能是爲貪求功德福報而受，時間一久、惰
心一起，所有的戒律規範也就隨風而逝了。所以元賢並不贊同形式化受戒，
他對戒子說：「今來求授，切莫苟簡登壇，隨群逐隊，跪得一炷香，便云：『我
已受戒了也。』若恁麼受戒，有何利益？既無受戒之益，反招瀆法之愆，又
不若在家穩坐爲勝也。」〔註68〕沒有堅毅的道心作爲後盾的受戒，終究無法
久持，所有元賢再三強調受戒發心的重要：

> 若要受戒者，必先要發箇最上心。何謂最上心？……須是直求無上
> 菩提而受戒。又要發箇最大心，何謂最大心？……須是要度一切含
> 靈，皆成佛道而受戒。若具二種心，眞誠懇切，自然感得無作戒體。
> 如食金剛，終不消滅，直至成佛。〔註69〕

> 當於未受戒前，頓斷諸緣，耑心修懺。……至於臨受之際，務在發
> 勇猛心，直趣無上菩提。發廣大心願，攝三有眾生，懇切翹勤，如
> 希重寶，仰承聖法，心無異緣。則於三羯磨中，自然感發無作戒體。
> 既得此體，便爲法身種子，直至菩提，永無喪失。〔註70〕

可見無作戒體的生起，雖然要有憑師所受的過程，但是戒子堅定的道心、以
弘願爲體的菩提心，才是感發無作戒體的關鍵。否則空有受戒的過程，徒具

〔註66〕「自誓受戒」與「從他受戒」是出自《梵網經》之説，自誓受戒是指佛弟子
　　　　在佛菩薩形象面前自誓受戒，「從他受戒」則是指從戒師受戒。在《梵網經》
　　　　中對自誓受戒，提出當七日佛前懺悔等具體方法。本文對於「自誓受戒」只
　　　　取其「自誓」的精神意義。
〔註67〕參見日・佐藤達玄著、釋見憨等譯，《戒律在中國佛教的發展》下冊，第十四
　　　　章〈梵網戒及其實踐〉，頁641～648。
〔註68〕《廣錄》卷5，〈普説〉上，頁461。
〔註69〕《廣錄》卷5，〈普説〉上，頁461。
〔註70〕《廣錄》卷5，〈普説〉上，頁457。

受戒的形式，基本上也沒有任何的意義。故可知「心」還是元賢受戒的關鍵所在，而這個心又是以善攝諸法、饒益有情眾生的菩提心為內容。於此，無作戒體的本質指向自心自性，禪宗明心見性的宗旨即在其中，大乘佛教普渡眾生的精神也含攝在裡面。

在元賢的戒律思想中，無作戒體的理體性質其實較淡薄，他比較注重的是戒體作為修行實踐的能動性。因此他說無作戒體「以理雖本具，藉方發故」，〔註71〕所以受戒前要發菩提大悲心。在受戒後也非是一了百了，而是要以一連串的實踐為進路。元賢言：

> 受戒之後，便當親近明師，習學戒相。審明持犯，或開或遮，各有攸宜。習之既久，自能人忘於法，法忘於人，四威儀內常冥，妙戒任運不犯。如順風張帆，速達薩婆若海，廣化眾生，報佛恩德，是為出家勝丈夫之事也。〔註72〕

受戒後是明師的親近、律藏的勤閱，〔註73〕這是有相戒的嚴持，也就是元賢所提倡的小乘僧戒律儀的部分。經過久持嚴修後，戒與心合一，於是從他律轉成自律，由有相走向無相，由法我二執進入人我兩忘。故可知在元賢的戒律思想裡，戒律的功用在作為修持實踐的助緣，持戒最終的目的是指向人我兩忘的究竟禪悟；以律解律、戒學的專門研究，並不是他的終極目標。

因此，元賢雖然再再強調小乘律儀，但最終還是將戒律匯歸於心、匯歸於禪。對於受戒者，他就曾說：

> 云何為戒？戒云何受？諸人將以壇場為戒耶？問清淨為戒耶？三說羯磨為戒耶？和尚阿闍黎為戒耶？教威儀著袈裟、乞食正命為戒耶？若將此為戒，則盡屬生滅，終歸有漏。……又曰：攝心名戒，諸人將以攝心為戒耶？夫心是何物而可攝？攝又是何物而可攝心？水不洗水，金不博金，則攝心之義何歸？〔註74〕
>
> 不知此戒，不是老僧底，亦不是聞大師底，亦不是雲棲老人底，亦不是南山律師底，乃至亦不是釋迦牟尼佛底。祇是諸人自心本具底，所以六祖大師云：本性無非自性戒。……當下頓得無作戒體，永成

〔註71〕《律學發軔》卷上，頁938。
〔註72〕《廣錄》卷5，〈普說〉上，頁457。
〔註73〕《廣錄》卷13，〈律學發軔序〉：「若夫高明之士，自當博閱全律。」（頁554）
〔註74〕《廣錄》卷5，〈普說〉上，頁456～457。

金剛種子。直至菩提樹下，無有差池。〔註75〕

這樣的授戒普說，其實也和禪法的開示沒有什麼差別了。元賢以戒壇爲禪堂，更具體的表現在他的受戒三問中。他說：

老僧昔年在眞寂院中說戒，曾垂三問：第一問，戒必師師相授。請問：「威音王從何人受戒？」若識得此一問，便明最初一句，亦明末後一關。百千諸佛，百千戒法，盡從腳跟下流出。第二問，《梵網經》云：「戒光從口出，非青黃赤白。」請問：「畢竟作何色？」若識得此一問，則一切聲色塵中，並可橫身直過，無有些毫過患。第三問，經云：「破戒比丘，不入地獄。」既是破戒比丘，因甚不入地獄？若識得此一問，則婬坊酒肆，隨處自在，手把豬頭，口誦淨戒。〔註76〕

威音王從何人受戒？是本體源頭的探論，戒依誰而受？戒從何而來？這和參究「念佛是誰」話頭，具有同樣的功能，目的都在引導學人直探心性本源。所以說「若識得此一問，便明最初一句，亦明末後一關」。戒光作何色？此問在引導戒子走向持戒而無戒，進入當下無礙的廓然境界。所以說「並可橫身直過，無有些毫過患」。永明延壽《萬善同歸集》言：「《大般若經》云：『持戒比丘不昇天堂；破戒比丘不墮地獄。』〔註77〕何以故？法界中無持犯故，此亦破著了諸法空，事理雙持身心俱淨。」〔註78〕因爲體得諸法實相，不執著於我法二相，所以無我無我所；因爲空觀的自律，所以無作無非作。因此說「婬坊酒肆，隨處自在」。這種不考慮分別戒法的行持方式，正是大乘佛教界所追求的最高境界，也是禪宗無相戒所要弘傳的無上法門。〔註79〕

元賢重新詮釋了禪戒的關係。雖然最後的歸向還是南禪的自性戒，但在自誓受戒的高層道德標準下，戒律的親證性與實踐性特別被強調——唯有透過徹底的戒律行踐，才達到禪戒合一的目的。這也是爲什麼元賢一方面以禪宗無相戒爲最終歸向，一方面又提倡小乘僧戒的原因。

（四）戒律功能的擴大

對於戒律，元賢特別重視僧戒，這是基於對禪衲的自律及僧團的自清的

〔註75〕《廣錄》卷5，〈寶善受戒普說〉，頁 460～461。
〔註76〕《廣錄》卷5，〈普說〉上，頁 461。
〔註77〕《萬善同歸集》（《大正藏》48 冊）卷上，頁 965a。
〔註78〕《萬善同歸集》（《大正藏》48 冊）卷上，頁 965a。
〔註79〕王月清，〈禪宗戒律思想初探——以「無相戒法」和《百丈清規爲中心》〉，頁 135。

要求。但這並不表示他不重視佛教戒律與世俗社會的融通。相反的，對於佛教戒律社會意義的擴大，以及教化功能的發揮，元賢亦有相當的關注。最主要表現在戒孝的接軌與戒殺放生的提倡上。

印度大乘佛教中，雖然也有孝觀的發展，但是並不是論理的核心所在。佛教傳到中國後，在傳統儒家社會重孝的壓力下，孝道在中國佛教受到極高度的重視。〔註80〕佛教不僅急於擺脫無父無君的罪名，更積極於佛教戒律與儒家孝道的彌合。雖然與傳統文化的接合，一直是佛教在中國發展的方向，但是在孝德高昂的中國社會裡，佛徒的剃髮、出家，無論如何還是違背了「身體髮膚受之父母，不敢毀傷」、「不孝有三無後為大」等，儒家最基礎的孝道實踐。因此即便經過《牟子理惑論》對於佛教與孝道關係的大辯論，佛徒始終都沒有擺脫中國社會高度要求孝道的強大壓力。〔註81〕

雖然時至明末，佛教傳入中國已超過一千五百年，但元賢還是不免要重申佛教對於孝道的重視。他說：

> 然考其大戒，開端即曰：「孝名為戒，亦名制止。」曰：「孝順至道之法。」是孝為大戒之本也。又經曰：「使我得成無上正真之道者，由孝德也。」是孝，不獨為大戒之本，亦為六度之本，亦為三藐三菩提之本也。至于訓諸弟子，則謂父母與補處菩薩等，許弟子減衣缽之資，養其父母。父母有正信者，可恣與之。無正信者，可稍與之。藏中勸勉，不一而足，何嘗不以孝為首務哉？……如釋尊初割愛入山，修無上道。道既成乃謁母於忉利，為母說法三月，而還其國，為父說法，國人皆化之。及父王沒，躬率諸釋，負棺以葬。弟子目犍連，欲捄其母，則為說盂蘭盆法，且囑諸弟子，歲必行之。凡若此者，皆示同人法，特其教跡各異矣。〔註82〕

由於明末佛教界普遍重視緇白共修的菩薩戒，因此作為菩薩戒根本理據的《梵

〔註80〕參見冉雲華，〈中國佛教對孝道的容受及後果〉，收入《從傳統到現代——佛教論理與現代社會》，頁107～120；古正美，〈大乘佛教孝觀的發展背景〉，收入《從傳統到現代——佛教論理與現代社會》，頁61～106。古正美認為孝觀在印度佛教已經受到重視，但冉雲華則認為孝並非是印度佛教的核心思想。又王志媚作有〈識論中國文化對佛教孝道觀的融攝——對古正美〈大乘佛教孝觀的發展背景〉一文的商榷〉（《中華學苑》1994年4月，頁151～165），持與冉氏相同的意見。

〔註81〕參見冉雲華，〈中國佛教對孝道的容受及後果〉，頁112～113。

〔註82〕《廣錄》卷17，〈南禪寺結盂蘭盆會疏〉，頁598。

網經》也同時受到高度的關注。〔註83〕《梵網經》中以孝貫穿所有戒行，向來是中國社會結合持戒與孝行的典據，〔註84〕元賢所謂的「考其大戒」，所指的即是《梵網菩薩戒》。《梵網經》以菩薩戒「是諸佛之本源，菩薩之根本，是大眾諸佛子之根本」〔註85〕、又說：「孝順至道之法，孝名爲戒，亦名制止」〔註86〕——在以菩薩戒是眾生成佛根本的同時，又說孝名爲戒，如此孝道就不僅只是世事間法的倫理要求，同時也是出世法的根本戒行，行孝就等同於是持戒。另外又有「使我得成無上正眞之道者，由孝德也」的提出，於是孝更進一步成爲出世法的根本，其地位甚至優先於六波羅蜜。以上是經典的論據，接著元賢舉僧尼奉養雙親、諸佛菩薩法施父母爲例，說明佛教對於孝道的重視。

對於孝道的根本地位與超越特質，元賢在〈釋門眞孝錄序〉中也說到：

> 甚矣孝之爲義，大也。身非孝弗修，人非孝弗治，天地非孝弗格，
> 鬼神非孝弗通；即無上至眞等正覺，非孝亦無由致。是知世出世間
> 之福田，實無有踰於孝者。〔註87〕

修身、治人、格天地、通鬼神、乃至證悟成佛，都非孝的實踐不可。如此的孝道觀，孝已不僅是個人的德行、社會倫理的核心，更具有超越陰陽兩界、參與天地化育的眞理性質。元賢一方面從經典尋找佛教提倡孝道的例證，一方面又將孝的地位提升至眞理的位置，其用意也不外乎對外界「佛氏無父」〔註88〕的辯駁。因爲只要冠上這個罪名，佛教在中國重孝的社會裡就難以翻身了。

元賢在提出儒佛並重孝道的同時，也進一步說明世俗之孝與佛教之孝的差異，他說：

> 但我佛之孝，與世俗異。世俗之孝，在順其情。我佛之孝，在順其
> 性。世俗之孝，在資其形。我佛之孝，在資其神。且謂：父母之精

〔註83〕相關的問題可參見釋聖嚴，〈明末菩薩戒〉，收入《從傳統到現代——佛教倫理與現代社會》，頁159～168；陳永革，《晚明佛學的復興與困境》，頁148～152。

〔註84〕《梵網經》一直有被疑爲僞經的問題，但就像《大乘起信論》一樣，無論這些經論是否爲僞，它們對於中國佛教所造成的深遠影響，都是不容忽視的事實。

〔註85〕《梵網經》卷下，頁1004b。

〔註86〕《梵網經》卷下，頁1004a。

〔註87〕《廣錄》卷13，〈釋門眞孝錄序〉，頁545

〔註88〕《廣錄》卷17，〈南禪寺結盂蘭盆會疏〉：「故世俗莫之能知，莫之能信。輒曰：『佛氏無父。』佛氏無父，亦未之深考也。」（頁598）

神，逐浮情而變化，隨幻業以昇沉，乃推及於三世，無不欲委曲保

護，俾得措於大道。以神性之理既微，變化之機復冥，故世俗莫之

能知，莫之能信。輒曰：「佛氏無父」，佛氏無父，亦未之深考也。

　　夫順性資神之道，固所難明，而形情之間，亦豈遠于人法哉？〔註89〕

儒家以現世人倫關係為思考主軸，於是孝的意義就落實於現世的倫理關懷
中，這關懷雖然也包括了生前與死後，所謂「生事之以禮，死葬之以禮、祭
之以禮」，但畢竟不同於佛教的超越三世；「未知生焉知死」的現世性格，不
免使儒家倫理缺乏對生命終極的關懷。元賢即以此強調佛教孝道「順其性」、
「資其神」，含括現世與未來的超越性。由於儒家入世與佛教出世基本性格的
差異，不論是在孝行內容或孝道精神上，都很難達到一致。佛教如果不另尋
出路，實在很難面對「福莫過於繼嗣，不孝莫過於無後；沙門棄妻子、損財
貨，或終身不娶，何其違福孝之行也？」〔註90〕的質問。因此元賢以精神肉
體、形上形下來區分儒釋孝道的不同，並由佛教超越三世的終極關懷，彰顯
佛教孝道的優越性。元賢強調：「世俗之孝，孝之小者也；釋氏之孝，孝之大
者也。」〔註91〕

　　至於如何具體表現佛教「資其神」、「順其性」的孝行，元賢則將之分成
兩個方面。「資其神」是指懺儀法會的參與，他在〈南禪寺結盂蘭盆會疏〉就
說道，啟講盂蘭盆經與設供、兼修懺摩及瑜珈施食法，目的就在於：「是俾其
親神超冥漠之天，化移思議之表。天地有所不能制，惑業有所不能拘，其法
利殊常。豈但五鼎之豐，三獻之勤，以為能孝乎？蓋其跡則略近於世俗追遠
之祭，而資神之妙，唯我釋為獨至也。」〔註92〕以至誠感念的心與諸佛菩薩
的慈悲願力，使亡故的父母精神可以得到超脫。透過懺儀，人子得以將現世
的孝思延續到往生之後。這正是元賢所強調，佛教孝行的殊勝意義。〔註93〕

　　何謂「順其性」？元賢解釋到：

　　　但吾釋之孝，與儒不同。儒者之孝，不過口體奉養，盡誠盡敬，立
　　　身揚名，葬祭以禮，孝之道惟斯而已矣。吾釋之道，則異於是。蓋

〔註89〕《廣錄》卷17，〈南禪寺結盂蘭盆會疏〉，頁597～598。
〔註90〕《牟子理惑論》(《大正藏》52冊)，頁3c。
〔註91〕《廣錄》卷17，〈釋門真孝錄序〉，頁545。
〔註92〕《廣錄》卷17，〈南禪寺結盂蘭盆會疏〉，頁598。。
〔註93〕佛教以懺儀法會的參與，作為孝道實踐的一環，這應該也是經懺佛事盛行的
　　　　主要原因之一。

以人子所有法身，即是父母之本身。若能知此法身，然後加奉重之
功，念茲在茲，至於承當擔荷，一旦頓忘，則與法身冥合無間。古
人謂之著力推爺向裏頭，又謂之全身歸父。到此，始稱孝順之子。
不然，雖能立身揚名葬祭以禮，亦祇是一場夢事。其與父母之精神
命脈，迥然違背，又安能孝乎？〔註94〕

元賢以佛教法身思想爲核心，禪法的修悟爲方法，進行了理論的改造，技巧
的連結了孝與悟之間的關係。「奉重之功，念茲在茲，至於承當擔荷，一旦頓
忘，則與法身冥合無間」──其實也就是話頭的參修以至開悟的歷程。考證
古德語錄「著力推爺向裏頭」〔註95〕、「又謂之全身歸父」，〔註96〕所謂的「爺」、
「父」都是就自家眞理佛性的回歸，並非是指血親關係的父母。元賢將人子
的法身等同於父母的本身，將禪語的爺、父視爲人倫的父母，經過如此的置
換，於是人子法身對於禪法的眞參實修便成孝行，心性的徹悟也就成爲孝道
的最高實踐。於是以解脫爲終極目標的出家，不僅不是孝道的違背，而且還
是最高標準的孝道實踐。元賢對於居士血書佛經報母恩一事，也曾說：

今居士穴膚瀝血，力書此經，以報母恩，福德不無，但不免是世間
之孝。更須知此一點一畫，無不出於居士之筆與血，此筆與血，無
不出於居士之手與身，此手與身，無不出於居士之報母一念。今問
此一念，果自何來乎？若能從此看破，則無能寫所寫，無能報所報，
無能生所生，亦無無生矣。至此則汝母成佛，其來已久。〔註97〕

元賢將看破話頭、成就菩提，等同於「汝母成佛，其來已久」。如此生命根源
的窮究與與倫理孝道的實踐，便劃上了等號。這樣的詮釋，不僅爲佛徒出家
修行的不違孝提供了論理依據，同時也讓佛教的孝觀，在與世俗結合的同時，
更徹底的出世化、佛教化。

〔註94〕《廣錄》卷3，〈再住鼓山湧泉寺語錄〉頁433～434。
〔註95〕《五燈會元》卷6，〈九峰道虔〉：「曰：『如何是內紹？』師曰：『推爺向裏頭。』」
（頁194）《宏智禪師廣錄》（《大正藏》48冊）卷3：「師云：『通身回互，不觸
尊嚴，退位傍提，要當宛轉，還見韶山相爲處麼？盡力推爺向裏頭。』」（頁30a）
〔註96〕《景德傳燈錄》卷17，〈曹山本寂〉：「（問如何是佛法大意）師曰：『子若哮吼，
祖父母俱盡。』曰：『只如祖父母，還盡也無？』師曰：『亦盡。』曰：『盡後
如何？』師曰：『全身歸父。』曰：『前來爲什麼道祖父亦盡？』師曰：『不見
道，王子能成一國事，枯木上更採些子花。』」（頁336c）《五燈會元》卷13
〈曹山本寂〉，頁477亦有相關的記載，文字稍有出入而意思不變。
〔註97〕《廣錄》卷14，〈題周振伯居士血書金剛經後〉，頁564。

　　再者是元賢對於戒殺放生的提倡。殺戒是佛教大戒，不僅是五戒之一，更是五戒之首，向來爲大乘佛教所重。《梵網經》中，已將孝順與慈悲結合爲一體，視戒殺放生爲孝道的實踐。經過天台智顗《梵網經義疏》的大力倡導，戒殺放生已成爲江浙佛教的特點之一。在明末倡導戒殺放生最有力者，莫過於雲棲袾宏。他著有《梵網經心地品菩薩戒義疏發隱》，〔註98〕以及〈戒殺放生文〉、〈殺罪〉、〈醫戒殺生〉、〈殺生人士大惡〉、〈勸放生〉等相關文章。袾宏之所以會大力提倡戒殺，一方面是佛教的慈悲本懷，一方面則是因爲當時社會充滿蕭殺乖戾之氣。這股風氣一直延續著，由萬曆到崇禎以至於鼎革，隨著戰爭的爆發而日趨嚴重，〔註99〕因此元賢亦積極於戒殺放生的提倡。

　　雖然元賢和雲棲袾宏有時代的重疊，但是並沒有他直接受教於袾宏的紀錄，〔註100〕不過他和袾宏的弟子聞谷廣印有著極深的情誼。受雲棲一系的影響，以及對當時「世風薄惡」的憂心，〔註101〕元賢有《淨慈要語》之作，其中對戒殺放生的提倡，更是祖述了雲棲袾宏的思想。《淨慈要語》分成淨門與慈門兩大部分，淨門是關於淨土思想的論述，慈門則專講戒殺放生。對於戒殺放生的提倡，袾宏以大量的實例故事感召世人，並提出具體的施行方法，以確實指導戒殺放生的行爲。至於元賢，同樣舉證了大量戒殺放生的因果報應故事，但是他較重於義理的分析，爲戒殺放生尋求理論依據。

　　與現代人間佛教以「學佛能吃素最好，但不一定要吃素」〔註102〕鼓勵大眾學佛的態度不同。元賢視戒殺放生爲成佛修道的根本戒行，因此他說：「欲受五戒，必須先斷食肉」，〔註103〕更強調「食肉有十三種過」。〔註104〕在戒殺

〔註98〕戒殺是菩薩十重戒第一條，放生戒則是四十八輕戒第二十條，載於《梵網經》，〈心地品〉頁 1004、1008。袾宏即針對《梵網經》中論述菩薩戒的〈心地品〉作《梵網經心地品菩薩戒義疏發隱》。

〔註99〕詳見第三章第五節。

〔註100〕　雲棲袾宏生於嘉靖十一年（1532），遷化於萬曆四十三年（1612）；元賢生於萬曆六年（1578）示寂於順治十四年（1657）。元賢在袾宏遷化後的後年才正式出家。

〔註101〕《淨慈要語》卷下，〈戒殺生〉，頁 1015。

〔註102〕人間佛教的導師印順就曾說：「素食事件好事，學佛的人更應該提倡。但必須注意的，就是不要把學佛的標準提得太高，認爲學佛就非吃素不可。……這樣把學佛與素食合一，對於弘揚佛法是有礙的。」（《佛法是救世之光》，（臺北：正聞出版社，1992 年）頁 296～297。）

〔註103〕《律學發軔》卷下，頁 927。

〔註104〕《律學發軔》卷下，頁 965。

放生義理的論述上，元賢關注到當時禪和論理的偏激，在《淨慈要語》的〈戒殺辨疑〉中提到：

> 問：「物原非物，生亦無生。但須了心，即是曲成萬物。投崖割肉，尚屬有為；贖蚌放螺，不徒滋勞費耶？」
>
> 答曰：「窮究至理，雖何死而何生。曲徇物情，亦欣生而哀死。蓋以眾有即真無之域，涉事即融理之門。若執無為而病有為，則無為之談適資慳吝；執無生而訾放生，則無生之說反助貪殘。既噉肉無礙真修，豈放生反乖妙理」？〔註105〕
>
> 問：「經有言不生不滅，是不生則不滅，有生則有滅然，則殺生何礙也？」
>
> 答曰：「經言諸法空相，本自不生，亦復不滅不生，故常寂不滅，故常照常寂。常照名常寂光，此當人妙心也。如何將至理之談翻成戲論？愚人謬說一至於此，悲夫！」〔註106〕

其實兩個問題是同樣的問題，一個是就行為面上講，一個是從理論面上說。就行為面上講，既然「生亦無生」，放生就是有為的生滅法；生滅法無關乎終極解脫，因此放生是多餘而沒有必要的。就理論上而言，既然經中言不生不滅，相對的，有生則有滅。既然有生，那滅也無所謂，殺生也就可以被允許。對於「放生無益」的問題，元賢先從理事觀念上分析：雖然就真理的層面而言，是無生無死，但是就事相上來說，欣生哀死卻是眾生常情；不落兩邊才是般若真空之義，偏執無為的結果，反倒造成貪殘的助長。再者，不生不滅是就心的本然狀態而言，此境必須在契悟真理後方能徹見，而不是空逞口舌之能可得。對於「殺生有理」的曲解，其實是犯了以理體詮釋事相的錯誤，故元賢直斥為荒謬戲論。由這些問題的提出，不難想見當時佛徒空言理體、斷滅因果的惡質風氣。

為了擴大戒殺放生的影響，出身士子的元賢，亦從儒家的觀點上作剖析：

> 仁，人心也，則知殺生非人心矣。殺戒可弗重歟？且人既以仁為心，則量包虛空，寧有痿痺之處？機貫終始，寧有歇滅之時？所謂天地萬物為一體者此心也、此仁也。故儒家聖人，致中和，必極于天地

〔註105〕《淨慈要語》卷下，〈戒殺辨疑〉，頁1017。
〔註106〕《淨慈要語》卷下，〈戒殺辨疑〉，頁1018。

> 位、萬物育，至誠盡，性必極于能盡物之性，非迂也、誕也。一體
> 之仁，本如是也。一體之仁，既本如是，而聖人之治天下，乃不免
> 于鮮食者，何也？則聖人之不得已也。吾嘗考之佛經矣，劫初生民，
> 淳朴無偽，故天生地肥及粳米，以資其日用。……然初計在塞其饑
> 餒，辛乃貪其腥味，日甚一日，屠戮肆行。聖人起而哀之，乃立禮
> 以為之防。曰：仲春不許破巢毀卵矣、魚不盈尺不鬻矣。祭必以禮，
> 有常供矣；宴必以禮，有常數矣。大夫無故不殺牛羊矣、士無故不
> 殺犬豕矣，此豈聖人之本意哉？不能止其所趨，聊以防其所濫，故
> 曰：此聖人之不得已也。

元賢從人類發展的歷史上找根據：說明人原本為素食動物，後因糧食不足而轉向肉食，於此強調人類肉食的違反天性。〔註107〕屠殺本為饑餒，但由於人性的貪婪，不僅習殺為常，更以嗜殺為好。聖人於是制訂了各種禮儀規範，以防止屠殺行為的氾濫，其最終的目的乃是在於殺戮的禁絕。元賢在詮釋儒家仁民愛物的同時，也為聖人的準殺，提出了「不能止其所趨，聊以防其所濫」的說明。他從儒家聖人立教說禮的角度，詮釋戒殺放生的意義，並從儒典中例舉相關論證，對於深受儒家文化影響的廣大群眾而言，應具有相當的說服力。元賢不僅從禁制上說，亦從人心的慈善處說：「即不待反己而推試思，其生上刀砧、活投湯鑊，恐怖呼號之狀、疾痛怨恨之情，可忍乎？可食乎？」人以仁為心，故有不忍人之情、不忍人之心；又天地萬物為一體，人心無有痿痺之機，由此導出佛教「無緣大慈，統體大悲」的最高慈悲精神。於是戒殺不僅止於畏刑罰、恐因果的意義，更具有「自完其人心」的自我完成意義。元賢將被動禁制意義的戒殺放生，轉化成主動積極的道德實踐；將罪罰的果報，轉變為自我人格的終極完成，無疑擴大了佛教戒律的意義。

四、小結——元賢戒律思想的特色

元賢對於戒律復興的使命感，來自於對明末教團腐敗的痛心。因此他的戒律思想，都是緊扣著時代問題而發揮。元賢重新確立戒律的地位：肯定持戒在個人修行中的優先地位，並且將戒律的存滅等同於佛法的存滅，以喚起時人對於戒法的尊重。

〔註107〕雖然元賢的這段理論是「考諸佛經」，但人類原本為素食，經過現代科學的論
　　　　證，幾乎已成為眾所週知的理論。

　　雖然以心爲體、攝戒歸禪，是元賢戒律的基本性格，但是並不能單純視爲南禪無相戒的傳統回歸。他在以心起、以心終的戒律行踐過程中，加入了外在的有相戒作爲銜接，以確切落實戒律的實踐。（圖 6-1）

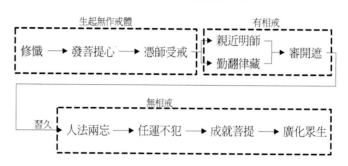

圖 6-1　元賢戒律實踐圖

對於宗門禪師談戒，人們或許會有聽到「禪即戒」、「戒即禪」、「無戒可持」等超塵脫俗、充滿禪味言語的期待。雖然元賢也強調，持戒最終必須達到人我兩忘、任運不犯的無相境界。但是他對於戒律實踐意義的要求，遠超過於境界意義的空談。因此，對於戒文律儀，元賢有著細碎繁瑣的要求；不論是衲僧個人的言行舉止或是僧眾團體的儀式禮節，乃是僧衣的形式、戒壇的規則，都著細如牛毛的規定。如此拘謹嚴肅的持戒態度，似乎不合乎南禪行雲流水、任運自然的性格。這是因爲元賢看到了禪門空談心戒的嚴重缺失，畢竟六祖無相戒需要有特殊的因緣方能成就，所以他不遺餘力的提倡小乘戒律。

　　元賢的戒律行踐，是一個由切實發心起，接受有相戒文的約束，走向無相禪戒的過程。元賢在講無相戒的同時亦講有相戒，是兩種不同面向的強調。對於元賢的以禪法爲戒壇、以戒壇爲禪法，他在授戒普說中的一段話，很可以作爲自己戒法思想的註腳：

> 如秦望山鳥窠禪師有箇會通侍者，多年不與說法，一日辭去，窠問：「何往？」者云：「諸方學佛法去。」窠云：「若是佛法，老僧這裏也有些子者。」便問：「如何是和尚佛法？」窠拈起布毛吹之，者便大悟。鳥窠可謂善說戒者，會通可謂善受戒者。如此受戒，還有根塵可染麼？還有文字可拘麼？還有光境可亡麼，是之謂諸佛金剛寶戒，得之則立地成佛者也。然渠接引白侍郎處，卻似話分兩橛，諸人不可不仔細。白侍郎曾問：「如何是佛法大意。」窠曰：「諸惡莫作，眾善奉行。」白云：「這箇三歲孩兒也道得。」窠曰：「三歲孩

> 兒雖道得，八十老人行不得。」看渠拈布毛處，如在萬仞峰頭，翹
> 足而立。看渠答白侍郎處，卻似拖泥帶水，就地打輥。然須知渠萬
> 仞峰頭事，然後知渠拖泥帶水處，滴滴歸元；知渠拖泥帶水處，然
> 後知渠萬仞峰頭事，函蓋無盡。〔註108〕

「須知渠萬仞峰頭事，然後知渠拖泥帶水處」、「知渠拖泥帶水處，然後知渠萬仞峰頭事」，在理的源頭，看到所有分歧的事相；所有枝微末節的事相，最後都必須歸向理的源頭。以有相戒的嚴持走向無相戒的廓然，在無相戒的自在下任運不犯有相戒。元賢以華嚴理事無礙的概念，詮釋戒禪圓融的宗旨。為了應機的需要，所以元賢講禪也講戒、重有相也重無相。重視心性在持戒中的作用，也重視有相戒文的制約力；在重視大乘菩薩戒的同時，也提倡小乘聲聞戒。這是元賢戒律思想的一大特色。

元賢的戒律思想，不僅止於教團的重整與教徒的自清，亦重戒律與世法的溝通。孝戒的溝通，一向為中國佛教界所重視。元賢以自性佛性的徹見以及經懺法事的參與，作為孝道實踐的兩個進路。他以禪宗的徹悟心性作為孝道的最高實踐，雖然孝與悟的接軌，不免斧鑿痕跡，但卻也使得佛教的戒法，既具世俗倫理的意義，又保持有宗教的超越性，禪師的苦心自在其中。

在佛事參與的部分，突顯出的是元賢戒律顯密合一的特色。而這個特色不僅只表現在佛教戒律與世俗的接軌上，亦展現在他的僧戒中。僧眾不論是吃飯穿衣、行住坐臥，都必須頌偈持咒，例如：「飲水時，念偈曰：『佛觀一缽水，八萬四千蟲，若不持此咒，如食眾生肉。唵嚩悉波羅摩尼娑婆呵』。」〔註109〕僧伽一天的生活，都與密咒緊密的結合在一起。何以元賢會提倡密教咒語，他說：「偈咒本非律中所有，但今律肆中率學之，故載以備用。」〔註110〕由此也可見元賢戒律思想的現世性與圓融性。

至於對戒殺放生的提倡，則是元賢佛教教化功能的發揚。元賢從多方面論述戒殺放生的意義。他從哲學義理上分析戒殺放生的必要性，以釐清明末禪和混亂空有、截斷因果、以斷滅為空的惡思維。他從人類發展與儒家典籍上找尋論理依據，以說明人以仁為心的本質，並進一步將被動禁制意義的戒

〔註108〕《廣錄》卷6，〈普說〉下，頁465。
〔註109〕此外嚼楊枝、洗面、剃髮、沐浴、繞塔、登廁、洗淨、洗手、去穢、搭五衣、搭七衣、搭大衣、展坐具、登道場、臨睡，都有相關的偈咒。詳見《律學發軔》卷下，頁958～959。
〔註110〕《律學發軔》卷下，頁959。

殺，轉成主動積極的道德實踐。此外，在《淨慈要語》中，元賢還舉了很多因果報應的實例故事。對於戒殺放生的提倡，作為一個禪師，似乎不宜對世俗果報有過多的宣揚。但是理論的精細論辯，並不適合一般的民眾；甚至對於有學養的知識份子而言，亦有「理自是他在，我自是我在」，無關痛癢的弊病。至於道德的自我要求與提升，是屬於較高精神層次的範疇，更是少數人的事。對於大部分的人來說，因果報應的真實痛感，畢竟是最直截、最有效的方法。元賢雖是一個禪者，但也是一個重視實踐意義的弘道者。既然要講教化，就必須擴大理論的適用層面與影響範圍。所以元賢從佛教哲理講、從儒家經典引、從因果報應上說。元賢的戒殺放生思想，不僅體現了佛教尊重生命的價值觀，同時也使佛教戒律更多了一層倫理關懷，更具有普及佛教教化的積極意義。

第二節　元賢的淨土思想

一、明末淨土的流行

中國淨土思想的弘揚，始於東晉慧遠，〔註111〕經過蓮宗諸祖的努力，淨土宗在教理上不斷的擴充，法門也越來越多元。〔註112〕廣被三根的特質，使淨土的發展，即便不如其他宗派般大鳴大放，但卻始終在中國佛教佔有一席之地。再加上其他教門宗派對於淨土的吸收與弘揚，以及庶民階級的參與，使得淨土在中國成為唯一可與禪宗媲美者。專主自力的禪宗，以其直探心源、當下解脫的超脫性格，相契於儒家窮理盡性的宗旨，深受知識份子所喜愛；而淨土宗則靠他力的仰仗，以念佛願生為行門，無機不被，成為平民信仰的核心。特別是在地獄的思想導入後，淨土在庶民階級的流傳更加的快速。〔註113〕

傳播於百姓階層的是淨土，流行於士大夫階級的是禪宗，這是中國佛教的普遍趨勢。然而這個情形，在明末卻有了極大的改變，造成這個重大轉變的關鍵人物是雲棲袾宏。袾宏為了挽救明末輕忽實修、賣弄證悟的禪風，大

〔註111〕慧遠有淨土相關思想的提出，並且有結社念佛的事實，被封為淨土初祖。

〔註112〕淨土歷代祖師都各有不同的經典重視、不同的教理詮釋，同時也發展出各種不同的持修法門。

〔註113〕陳楊炯，《中國淨土宗通史》，（浙江：江蘇古籍出版社，2001年1月），頁521～527。

力提倡淨戒合一，以戒律的嚴持與念佛的實行，將禪教律收歸於淨土中，大宏淨土宗旨。〔註114〕出身士子的袾宏，具有深厚的儒學背景，又投入於經教理論的鑽研，更重要的是，他實修實行、溫厚篤實的人格特質，使他無論在僧界或儒界，都受到普遍的尊敬。〔註115〕袾宏與士大夫階級有著密切的往來，許多人因受袾宏的影響，而由禪宗轉向於淨土；這些歸向淨土的居士，對整個社會風氣的轉變，造成了決定性的力量。〔註116〕李卓吾、袁宏道等名士對於淨土經教的編述，管志道、陸光祖〔註117〕等聞人對於淨土思想的弘揚，使得淨土的傳播更加的快速，影響的範圍也更加的擴大。在明末時期，淨土已成為普世的宗教信仰。

　　明末的淨土思想，呈現出多元的發展趨向。有以禪解淨者，有依華嚴說淨者，亦有以天台範圍淨土者；每個人都有不同的學問基礎和修證立場，所呈現的觀點也各自不同。〔註118〕由眾人對於淨土意見的紛呈，亦可見當時淨土勢力之龐大。在明末極具影響力的萬曆三大師，對於淨土都有不同程度的提倡。紫柏眞可與憨山德清基本上依循的是禪淨雙修、攝淨歸禪的方向。雲棲袾宏走的則是攝禪歸淨的路向，他以宗風的導正為出發、以禪病的挽救為立場，以淨為主、禪為從，將禪導向於淨，並獲得普遍的認同。這對於禪宗所造成的衝擊可想而知。再者淨土的廣泛流行，也代表著世人對於宗教需求的改變，以及宗教世俗化的必須。高僧大德的登高疾呼、民眾的普遍需求，使得禪者不得不正視淨土的問題。

〔註114〕日・荒木見悟著、周賢博譯，《近世中國佛教的曙光——雲棲袾宏之研究》，頁 57～90。

〔註115〕釋聖嚴在評介雲棲袾宏，何以能廣受居士群尊敬、並奉為導師時，就曾指出：「袾宏重視緇流的實行實修，遠過於對經教的理論鑽研。著重實際生活中的威儀細節，細如牛毛，也著重對於忠君報國、待人接物、濟物利生、因果報應、修持感應等信念的闡揚，可謂不遺餘力。唯有這樣的一位大師，始能受到當時眾多居士的崇敬和親近，若僅以學問藝術及事業為專長的僧侶，不會得到居士群的擁戴，最多將之視為方外的朋友而不會為之心折。僅重於禪修或持戒念佛的僧侶，雖受尊敬卻不會被居士們奉為指迷的良師。」（引自《明末佛教研究》，頁 266。）

〔註116〕參見克里斯廷著、王世安譯，〈袾宏和晚明居士佛教〉，《世界宗教研究》1992 年 9 月，頁 24～43；釋聖嚴，《明末佛教研究》，頁 103。

〔註117〕陸光祖（1521～1597）是紫柏眞可的俗家弟子，在明末官場四十於年，官居太宰，卒後獲贈太子太保，並諡莊簡。他專修念佛三昧，後得自在往生。《居士傳》卷 40 有傳。詳見范佳玲，《紫柏大師生平及其思想研究》，頁 155～158。

〔註118〕參見釋聖嚴，《明末佛教研究》，頁 112～131。

雖說禪淨雙修，自永明延壽以來，已被禪師廣泛的接受，但畢竟還是不離《維摩結經》「心淨土淨」的唯心立場。但是在明末清初，隨著淨土意識的不斷高漲，他方淨土日益受到重視；〔註119〕禪師若導淨入禪，是否會有喪失自家宗旨的危機？禪者若依循著宗教世俗化的需求，全盤接受淨土的思想，那麼禪將何歸？雖說禪淨共通以解脫爲終極目標，但畢竟存在著自力、他力，此土、彼方的差異；這些差異不是單純的講「禪淨雙修」就可以解決的。如何安置禪與淨的關係，如何在收納淨土思想時，保有禪門的特色？這些都是明末禪門宗師不得不面對的問題。

元賢印法於慧經，受戒於廣印。慧經一系對於淨土，一向採取正面接納的態度；元賢得戒於廣印，廣印師承於袾宏。在這樣的師承關係下，元賢在處理淨土問題時，顯得客觀而開放。雖然淨土思想的流行，在明末已經蔚爲風氣，即便是禪師也不乏念佛的提倡者。但是像元賢一樣，身爲正統禪門宗師，又有淨土的專門著作，則是不多見。〔註120〕除了專著《淨慈要語》一書外，元賢關於淨土的文章，尚有〈淨土四經合刻序〉文、〈示淨土社諸善友〉七首、〈示修淨業〉詩四首、〈念佛偈〉四首等專篇，在《寱言》中討論到淨土問題的有二條。此外在開示、書問中，提及淨土問題者，亦有十餘則。由相關資料的豐富，可知元賢對於淨土思想的關注。以下討論元賢淨土的修證方式，及其對於禪淨關係的處理。

二、淨土的修證方法

對於淨土的修行，元賢有相當詳盡的解說。他不只泛論禪淨雙修、泛說稱名念佛，而是從信、行、願三放面，具體提出淨土的修行方法，以切實落實念佛的行持。

「信」是佛法實踐的基石，也是所有宗教入門之鑰。就佛教而言，信就是信佛所言；相信佛所言，可以帶我至開悟解脫的境地。關於「念佛正信」，元賢言：

〔註119〕雲棲袾宏還承認參究念佛的功能，尚爲禪保留了一條路。但到了蕅益智旭時，參究念佛的實踐之路，就已完全被摒棄在外。可見在明清之際，淨土意識不斷高漲，以至有凌駕禪宗之上的趨勢。

〔註120〕在釋聖嚴《明末佛教研究》的「明代淨土教著述表」中，除元賢外，其他禪門宗師關於淨土的言論，多是併見於語錄中，而沒有專門的淨土著作。（詳頁104～112）

> 所信佛言，凡有二門，一信其理、二信其事。信其理者，信我心便
> 是淨土、我性便是彌陀也。信其事者，信西方果有淨土、西方果有
> 彌陀也。〔註121〕

元賢一方面要學人建立「心淨土淨」、「自性彌陀」的信心，一方面又要學人
堅信「淨土實在」、「彌陀實有」。這兩者之間，明顯的存在著差異，淨土究竟
是內是外？一心與彌陀間要如何彌合？對此元賢說到：

> 淨土者何？謂太虛空中，國土森列，有淨有穢，眾生心淨則生淨土，
> 心濁則生濁土。……但其中有事有理，修者不應偏廢。何謂事？上
> 所列淨土一切事相是也。何謂理？了知一切事相不出一心是也。雖
> 曰唯心淨土而不妨有極樂世界，以世界即一心之所現也；雖曰本性
> 彌陀而不妨有極樂教主，以教主即本性之所成也。雖寂然無生而不
> 妨熾然有生，以往生而本自無生也。……理無事外之理，事乃理中
> 之事。〔註122〕

「眾生心淨則生淨土、心濁則生濁土」這是元賢論理的基礎點所在。國土森列，
有淨有穢，這是就事相而說；眾生因心念而感生，這是就理而言。元賢以「事」
來解釋淨土，用「理」來說明自心。〔註123〕元賢試圖藉由華嚴理事圓融的觀點，
〔註124〕消解自力他力、穢土淨土、當下解脫他方往生的二元對立。

接著是「行」的問題，也就是實際修行的部分。關於行，元賢將之分成
兩大部分，一是念佛正行，一是兼修眾福。淨土行踐，自是以念佛為正行。
然而如何念佛？歷來有諸多不同的意見，或持名、或觀想、或觀像、或實相，
方法眾多，不一而足。至於元賢，則主張從持名著手。他說：

〔註121〕《淨慈要語》（《卍續藏》108 冊）卷上，頁 1005。
〔註122〕《淨慈要語》卷上，頁 1004。
〔註123〕禪宗又叫心宗，強調自心的解脫，元賢以理說一心，其實就是以禪為極至。
〔註124〕唐・清涼澄觀《華嚴法界玄鏡》（《大正藏》45 冊）卷上：「言法界者，一經
之玄宗，總以緣起法界不思議為宗故。然法界之相要唯有三，然總具四種：
一事法界、二理法界、三理事無礙法界、四事事無礙法界。……觀曰：真空
觀第一、理事無礙觀第二、周遍含容觀第三。釋曰：此列三名，真空則理法
界二如本名。三則事事無礙法界。……二理事無礙者，理無形相全在相中，
互奪存亡故云無礙，亦如文具。三周遍含容者，事本相礙大小等殊。理本包
遍如空無礙，以理融事全事如理，乃至塵毛皆具包遍。……然事法名界，界
則分義，無盡差別之分齊。故理法名界，界即性義，無盡事法同一性故。無
礙法界具性分義，不壞事理而無礙。故第四法界亦具二義，性融於事，一一
事法不壞其相，如性融通重重無盡故。」（頁 672c～673a）。

淨業行，人既具正信，當修正行。正行者何？念佛是也。念佛之法
經列多門，古師多尚觀想、持名二者。觀想一門，若心粗解劣，不
堪受持。唯持名一門，簡易直捷，三根普利。故今所宗，專尚持名。……
此之持名，有理、有事。理持者，直將阿彌陀佛四字，當個話頭，
二六時中，直下提撕，不以有心念，不以無心念，不以亦有亦無心
念，不以有非非無心念。前後際斷，一念不生，不涉階梯，超登佛
地。事持者，專其志一，其慮秖將一句彌陀佛靠著，如一座須彌山
相似，搖撼不動。朝也如是念、暮也如是念、行也如是念，坐也如
是念，應緣接物也如是念，縱遇順逆境界也如是念，淨念相繼，自
得心開，與前理持者，未嘗少異。若未得心開，臨命終時，定生彼
國，亦非中下之品。如或力量不及、工夫未純，必須隨力修習，或
晨昏禮念、或清晨十念，積功累德，漸培善果，要在信願堅固，臨
終必獲往生。但品位稍卑，見佛稍遲矣。然似榜末登第，要亦不惡
也。〔註125〕

元賢將念佛分成「觀想」與「持名」兩大類。觀想念佛是端正身心，觀想佛
的莊嚴與種種好，〔註126〕透過內觀的工夫，以止息身心的種種妄想；這是一
種需要高度的集中力、甚至是禪定力的修行方式，因此元賢認為觀想念佛並
不適合一般大眾。至於持名念佛則具有簡易、直截，以及普被三根的特質，
所以他提倡持名念佛。元賢將持名念佛，又分成「理持」與「事持」。理持是
以阿彌陀佛為話頭，事持則是稱念佛號。不管是參究的理持或稱念的事持，
全心投入、時時提撕是共通的特點。然而這對於初入門者而言，並不是件易
事，而且有一定程度的困難。因此元賢也廣開隨力修習的方便，要人在累積
功德、培養善果的同時，不斷堅固道心，以期臨終的往生。

　　除了念佛正行外，元賢還主張必須兼修眾福：

淨業行人，專念阿彌陀佛名號，必須廣修諸福，以為之助。……汝
今欲修念佛三昧求生淨土，速成佛果菩提者，須是專以念佛為正行，
更以福德為兼修。晨夕常勤供養三寶、禮拜懺悔、布施持戒、潔白
三業、增修淨緣，所修一切善根，悉皆回向淨土，成就念佛功德。

〔註125〕元賢《淨慈要語》卷上，頁1005。
〔註126〕根據宗密《普賢行願品疏鈔》的解釋，觀像念佛是四種念佛方法之一，修法是：
　　　　端正身心，觀想佛身相好莊嚴，待進入一心不亂的境界後，就可得念佛三昧。

可謂順水行船更加艣棹矣。〔註127〕

元賢在〈淨慈要語序〉中即言：「然雖修念佛三昧，而福德不具、善果難成，故必廣修眾善，以爲助因。」〔註128〕他將供養三寶、禮拜懺悔、布施持戒、潔白身口意三業等都納入淨土行門當中。元賢的淨土法門，不單純是念佛行，還包括了持戒、放生等諸善業，在《淨慈要語》下卷中，即有戒殺生、戒溺女、勸放生等具體慈業的提出，以作爲淨業修持的助行。他的淨土，是「淨」與「慈」合一的宗教行踐。

雖說仰仗佛力是淨土殊勝之處，但是眾生的「願」卻是其中關鍵；必須有生淨土之願，佛菩薩的接引方才成爲可能、往生方才有分。因此「願生」向來爲淨土宗所重視，被尊爲淨土初祖的慧遠，在結白蓮社之初，即立生西方之願。元賢亦將願視爲淨土行的重要部分，他以爲念佛應有「正願」：

> 每見今時念佛之人，或爲病苦而發心、或爲報親而舉念、或爲保扶家宅、或爲增延壽筭，願既非眞，果必招妄。縱使一生修習，總是錯用工夫，命終之際，豈能往生？以非其所願故也。故凡念佛者，必發正願。正願者，非願人天福報也，非願權乘小果也，非願我一人得生淨土得證菩提也，乃是願一切眾生全生淨土、全證菩提也。
> 〔註129〕

一般淨土念佛的正願，多是以願菩薩臨終接引、願生西方淨土爲正願。元賢的念佛正願，同他的受戒發大心是一樣的，都是以菩提心爲大心、爲正願。相對於自己的願生、以添福增壽、孝親報恩爲願，元賢以眾生同證菩提爲正願，不僅使淨土的求願心，超脫了現實利益，也更符合大乘佛教普渡眾生的精神。

元賢不僅只從念佛上說淨土，而是從信、行、願三方面說念佛法門，積極提出一套完整的實踐方式，將淨土的修行作爲整體宗教生命的實踐，爲淨土行者提供一條可以依循的有效進路。（圖 6-2）

〔註127〕《淨慈要語》卷上，頁 1005。
〔註128〕《淨慈要語》卷上，頁 1002。
〔註129〕《淨慈要語》卷上，頁 1006。

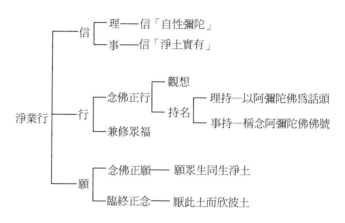

圖 6-2　元賢淨土行踐圖

三、禪淨關係的處理

　　元賢在《淨慈要語》中，對於淨土的大力提倡，是不爭的事實。然而身為禪師的他，要如何處理禪淨間的關係？如何安置禪淨的位置？

　　禪淨的優劣，向來是討論禪淨關係的重點所在。宗門禪師普遍認為，淨土法門是為頓根所設，淨土只是化城而非寶所；唯有究竟禪悟，才能徹底的解脫。因此對於淨土，禪師多取採貶抑的態度。至於元賢，他的態度則是較為開放，他認為：

> 蓋禪淨二門，應機不同，而功用無別。宜淨土者，則淨土勝於參禪；宜參禪者，則參禪勝於淨土。反此，非唯不及，必無成矣。學者宜善擇之。〔註130〕

元賢以為參禪與念佛二門，都是權巧建立、應機方便，只有法門契機的問題，沒有優劣抑揚的差別。因此對於宗門以念佛為權、參禪為實的說法，他並不認同：

> 答曰：汝見念一句佛號，便喚作權。見持一句話頭，便喚作實。不知佛號可以言權，則話頭亦未可言實也。不見道三藏秘典五燈遺言，盡是臭爛葛藤纏，殺人空拳黃葉誆，止兒啼。故知三世諸佛，歷代祖師，開兩片皮為人，無不是權，即己所從入，亦無不是權。〔註131〕

雖然元賢出自宗門，但是並沒有揚禪抑教，對於佛教不同的應機法門，他視

〔註130〕《廣錄》卷29，〈寱言〉，頁770。
〔註131〕《淨慈要語》卷上卷上，頁1014。

內外典籍同爲入道方便、同爲邊義權說。他以三藏祕典五燈遺言爲臭爛葛藤纏，以一切法門均爲止兒啼而設。對於法門差別問題的處理，元賢有著極開放的胸襟。

　　雖說禪與淨都是佛門教法，但畢竟在宗趣上有所差異。禪宗講求心性的頓然轉化，強調在娑婆當下的自力解脫；淨土倚仗諸佛願力，以念佛爲行門，於臨終時往生他方極樂世界。如果要說禪淨不二，就必須解決一心與他方間的隔閡。關於這個問題的處理，元賢的回答是：「今念佛一門，以心念佛，全佛是心，以佛攝心，即心是佛，原無內外之分。」〔註132〕他在《淨慈要語》中，討論念佛正信時，就是以華嚴理事關係來說明一心與淨土之間的關係。這樣的觀點，很明顯的是受到雲棲袾宏的影響。〔註133〕袾宏在《彌陀疏鈔》中，將華嚴的法界圓融落歸於眞心妙有上，認爲只要入理一心便是入毘盧性海。在修行的層面上，他將事持的念佛匯歸於理持的一心，主張理事兼顧，由事入理，以理通事，強調理事不僅無礙，更須雙修，藉以挽救明末禪淨二宗的弊病。〔註134〕袾宏援用華嚴五教判《阿彌陀經》爲大乘頓教，充分表現出其匯禪歸淨的立場。

　　至於元賢禪淨的趨向問題，可由他的念佛行踐來討論。元賢的淨土修證方法，其實也是循著袾宏的腳步而來。袾宏亦以持名念佛爲主要修持方法。他將念佛分成理持與事持：理持爲體究念佛，與禪宗的舉話頭、起疑情相似；事持爲即稱持阿彌陀佛名號。在袾宏那裡，事持與理持是沒有優劣差別的。元賢採納了袾宏的說法，同意稱名念佛的事持，不失爲修證的有效方法。但是在他看來，事持與理持並非是對等的關係。事持是透過稱念佛名的工夫，以達到淨心攝心的目的，只不過是入門的方便而已。元賢就曾說：「事持者，……淨念相繼，自得心開，與前理持者，未嘗少異。」〔註135〕事持最後必須通向於理持，唯有理持才是究竟。至於理持，是以阿彌陀佛作爲話頭，實際上也就是禪門參究的工夫。可見得念佛對於元賢而言，只不過是禪法修

<hr>

〔註132〕《廣錄》卷13，〈淨土四經合刻序〉，頁551。
〔註133〕《淨慈要語》卷下，馮洪業〈跋〉：「永覺大師撰《要語》二萬餘言，以廣法乳，蓋纘雲棲大師之徽猷也。」（頁1026）
〔註134〕陳永革《晚明佛學的復興與困境》言：「理事雙修，一方面是爲了克服禪宗執理迷事的頓悟論所造成的如內在暗證之類的負面影響；另一方面則是爲了避免因執事迷理之漸修所帶來的身心不一的懶散傾向。」（頁126）
〔註135〕《淨慈要語》卷上，頁1005。

行的一環。

在有些地方，元賢甚至就直接把念佛的行踐釋爲禪法的參究。茲並列他對於參禪、念佛的兩則開示於下：

> 一句話頭切上切，萬別千差都撲滅。只教一路向前行，直得虛空腦亦裂。五千餘卷拭瘡紙，三世諸佛乾屎橛。趙州面目無藏處，破鑑原來是舊識。〔註136〕

> 一句彌陀切上切，千里萬里一條鐵。萬行旋歸不二門，大地茫茫成片雪。成片雪休自輞，更把石牛鞭出血。虛空突出一輪紅，彌陀是甚乾屎橛？〔註137〕

這兩首詩偈，無論是遣詞用語、參究方式、參悟過程、開悟境界，幾乎一模一樣。在念佛的開示中，除了「彌陀」兩字移自淨土思想外，完全是話頭的參究歷程。他還說在「虛空突出一輪紅」的徹悟後，彌陀也不過乾屎橛而已。在淨土教門而言，稱念佛名、願生佛土、希冀佛力的接引，彌陀教主是淨土行者的完全依靠，如何可以被視爲乾屎橛？以彌陀爲乾屎橛，純粹是禪宗式的理解。

再看元賢對於淨土修行歷程的說明：

> 淨土法門，惟是一心，能淨其心，則土無不淨。所謂淨心之法，但當將六字聖號，念念純持，將許多閑思雜想，消歸六字佛上。久之，閑思不生，雜想不發，則此一片潔白境界，便是生淨土時也。更能猛加精進，踏破此潔白境界，則花開見佛，又豈更有別時哉？〔註138〕

從「稱名念佛」以至於「花開見佛」的過程，元賢的解釋實具有相當濃厚的禪宗色彩。持名念佛是淨心的方便，當整個雜思頭都歸於六字佛號上，念念相續成「一片潔白境界」時已是「生淨土時」，但是元賢還要學人猛加精進，踏破此潔白境界，以期花開見佛。在「生淨土」後還要「踏破淨土」，這種說法是不見於淨土宗門的。況且淨土宗的往生是在他方他時菩薩的接引，而非現世當下心性的頓然轉化可得。然而對照於參禪看話的過程──看話頭是藉由疑情的升起止歇妄想，待疑情成一片後，分別意識不再作用，在此境上不斷用功後，就

〔註136〕《廣錄》卷22，〈示武林夏調生居士〉，頁651。
〔註137〕《廣錄》卷22，〈示松溪葉泰交茂才〉，頁651。
〔註138〕《廣錄》卷10，〈示石岐上人〉，頁517。

是疑團猛然爆裂的大徹悟——不難發現兩者之間的一致性。〔註139〕元賢認爲禪與淨土的無異轍，其實是建立在兩者都以悟心爲終極目標上。他說：「參禪要悟自心，念佛亦是要悟自心，入門雖異，到家是同。」〔註140〕在元賢看來淨土的花開見佛，實際上也就是禪宗的明心見性；而在心光發明後，當下成佛，天上人間隨意寄託，自然也就沒有欣羨往生淨土的必要。〔註141〕雖然他在《淨慈要語》中也勝讚彌陀淨土的殊勝，但只不過是引人入門的方便而已。

由於元賢以念佛爲禪的前行，因此他所提出的念佛四大要則便是：

> 念佛人要純一，出息還須顧入息，淨心相繼障雲開，摩著生前自家鼻。念佛人要心勤，懈怠從來長妄情，憤然一念常如此，寶蓮日日放光明。念佛人要志堅，滴水須知石也穿，念頭迸出燎天燄，管甚西方五色蓮。念佛人要端正，端正方能成正信，菩提種子自培成，便是彌陀親法胤。〔註142〕

在這純一、心勤、志堅、端正的念佛四大要則中，與他對於參禪看話者的警策如出一轍。〔註143〕完全是自心自力的要求與現世解脫的期許。

在元賢的〈淨土偈〉中，同樣的也有這樣的思想：

> 琉璃寶地黃金相，不在西方不在東，妄想盡銷歸一佛，自然身坐藕花中。纔生一念便生纏，攝念無如念佛先，直把娑婆全放下，毓神端在紫金蓮。人人自有古彌陀，十二時中莫放過，但得心光長不昧，不勞彈指出娑婆。彌陀一句無他念，萬念俱空見本然，便是塵塵成解脫，不須更問祖師禪。〔註144〕

在詩偈中不見對念佛殊勝的讚嘆、不見對佛力的仰仗、亦不見對西方淨土的嚮往。很明顯的，元賢的淨土是走「人人自有古彌陀」的唯心淨土路線。元賢的念佛修證，是自力的徹悟而不是他力的接引，是當下的開悟不是西方的嚮往，是現世的解脫不是臨終的往生。在淨土偈中所呈現的，完全是禪宗式

〔註139〕參見第四章第三節。
〔註140〕《廣錄》卷29，〈續寱言〉，頁770。
〔註141〕《廣錄》卷29，〈續寱言〉：「但參禪到家者，無淨土之緣，似爲稍異。然心光發明，已與諸佛氣分交接，何必淨土乎？天上人間，隨意寄托，絕諸欣厭，何不淨土乎？況欲親近供養諸佛，亦祇在一轉念之間而已，何難淨土乎？」（頁770）
〔註142〕《廣錄》卷22，〈念佛偈（四首）〉，頁654。
〔註143〕詳見第四章第三節。
〔註144〕《廣錄》卷23，〈淨土偈（四首）〉，頁665。

的自力淨土。「心淨土自淨，此理萬難移」、「佛法從來不在多，只須體究自彌陀」〔註145〕是元賢淨土思想的根本立場。因此他對於念佛行者的開示，也充滿了禪法自體參究、自性開悟的色彩：

> 一念彌陀渾似鐵，閒忙動靜離生滅，此土西方成粉去，說甚無生湯裏雪。崛然一句若金剛，百煉千鎚未肯忘，直透威音那畔去，不離方寸即西方。劍輪揮處夜光寒，山色溪聲未可瞞，直待金雞親唱曉，五色蓮華映寶欄。持名不用更求玄，一句頓超聲色先，萬境融成一片月，何分東土與西天。〔註146〕

「閒忙動靜離生滅」、「直透威音那畔去」、「直待金雞親唱曉」、「一句頓超聲色先」都是禪觀行的看破疑團、徹悟心性。對於掌握禪理、頓入禪境的禪者而言，自然沒有東西土的分別，更沒有往生他方的必要。元賢的淨土，完全是以自力為鑰匙、以當下解脫為目標。

　　儘管元賢再三的強調禪淨沒有優劣，不斷地從理事關係、本體工夫上去說縫合禪淨之間的差異，但是禪宗的自性解脫與淨土的他力往生，還是存在著根本的差異。元賢也看到了兩者間的不同，所以對於明末流行的禪淨兼修，他並不表贊同，他認為：

> 參禪之功，只貴併心一路。若念分兩頭，百無成就，如參禪人有一念待悟心，便為大障，有一念恐不悟心，便為大障，有一念要即悟心，亦為大障，況欣慕淨土諸樂事乎？況慮不悟時不生淨土，已悟後不生淨土乎，盡屬偷心，急加剗絕，可也。但於正參之外，一切禮佛念佛等，隨緣兼帶，任運不廢，如尋常穿衣喫飯焉，則淨土乃不兼而兼矣。若大事發明之後，志欲親覲諸佛，或接引群機，發願往生，無有不可，蓋無生而生也。〔註147〕

對於禪修者而言，不存偷心、不將心求悟、不以心待心，始為正確的用功態度。念佛目的為求西方，雖說「以心念佛，全心是佛」在理上可以通，但實際上卻是有捨從之情。〔註148〕參禪者兼修淨土，難免會有生與不生的困惑，徒增許多障礙，因此元賢不贊成禪淨雙修。但是對於禪者的念佛，他也不像初期禪師一

〔註145〕《廣錄》卷22，〈示順侍者〉，頁651；卷23，〈示鄭用弼居士〉，頁664。
〔註146〕《廣錄》卷22，〈示淨土社諸善友〉，頁654。
〔註147〕《廣錄》卷29，〈續寱言〉，頁770。
〔註148〕釋聖嚴，《明末佛教研究》，頁154。

般，聽念一聲就要漱口洗耳的，禪觀行者隨緣兼帶的念佛禮佛，他是不反對的。修禪不宜兼修淨土，反之，淨土行者可否兼修禪法？其實這個問題，在元賢思想中是不存在的。因爲他將淨土的終極目標收歸於禪宗的明心見性，淨土念佛只是入門方便，散心念佛要收於事持的專心念佛，事持念佛歸於理持念佛，理持念佛其實也就是話頭的參究，念佛到最後也就等同於修禪了。元賢雖提倡念佛，但是目的卻是引向禪門的自性開悟，這也是爲什麼元賢在說「念佛正信」時，提出在信事的同時，還強調必須信理；也就是要淨土行者在信「西方果有淨土、西方果有彌陀」的同時，也要堅信「我心便是淨土、我性便是彌陀」的原因。﹝註149﹞自性彌陀與西方淨土的「理事無礙」，是針對修念佛法門者而言；對於禪修行者，元賢強調的還是不生偷心、不求悟心的自性解脫。

　　元賢對於當下淨土、自力解脫的強調，與雲棲袾宏：「參禪人雖念念究自本心，而不妨發願，願命終時往生極樂。所以者何？參禪雖得個悟處，倘未能如諸佛住常寂光，又未能如阿羅漢不受後有，則盡此報身，必有生處。與其生人世，而親近名師，孰若生蓮花而親近彌陀之勝乎？然則念佛惟不礙參禪，實有益於參禪也」，﹝註150﹞淨土不可言無、得悟人正宜往生淨土﹝註151﹞、禪淨不礙的說法，實有很大的差別。

　　關於禪淨的關係，特別常爲人所提起的是〈四料揀〉。〈四料揀〉中的「有禪無淨土，十人九蹉跎」、「有禪有淨土，猶如戴角虎」﹝註152﹞向來是淨土宗徒批評禪行者的利器。元賢畢竟是個禪師，所以當他面對「永明四料揀，謂淨土可以無禪，禪必不可無淨土，似參禪不及淨土矣？」的問題時，他的回答是：「永明四料揀，亦是抑揚讚歎，勸歸念佛耳。」元賢雖然沒有正面批評四料揀的錯誤，但是他迂迴和緩地爲禪宗提出了辯駁。他說：

﹝註149﹞ 元賢《淨慈要語》卷上：「所信佛言，凡有二門，一信其理、二信其事。信其理者，信我心便是淨土、我性便是彌陀也。信其事者，信西方果有淨土、西方果有彌陀也。雖有其理而全理成事，如海印之能現萬象。雖有其事而全事，是理如萬象之不離海印，亦一亦二、非一非二。」（頁 1005）

﹝註150﹞ 《雲棲法彙‧竹窗二筆》，「念佛不礙參禪」條，頁 50。

﹝註151﹞ 「淨土不可言無」、「得悟人正宜往生淨土」是袾宏《竹窗二筆》的二篇篇名，（詳見《雲棲法彙》，頁 51、52。袾宏更積極的以「念佛人見性，正上品上生事」鼓勵參禪者念佛。（詳見《雲棲法彙‧竹窗二筆》，「念佛參教」條，頁 49。）

﹝註152﹞ 延壽的著作中沒有四料簡的收入《雲棲法彙‧竹窗二筆》，「念佛不礙參禪」條，頁 50。，疑爲後代由禪歸淨的禪師托名而作。但無論如何，四料簡的出現，揭示的是禪淨發展的一個重要趨向。

> 有禪而習氣尚重者，固有陰境可虞，然其功在平日，常加提醒，使
> 佛知見不昧而已，非以靠著淨土也。念佛而得見彌陀，誠不愁開悟，
> 然未見之前，豈無陰境可虞哉？蓋正見未開，則陰境不破，陰境不
> 破，則業障難脫。〔註153〕

元賢以爲永明延壽的勸歸念佛，不過是作爲去除習氣、識境的方便罷了！並
非是眞正的棄禪歸淨。這和他提倡淨土念佛行門的原因，可以說是同出一轍。
雖然元賢的淨土思想，頗受株宏的影響，但他並沒有走向攝禪歸淨或禪淨不
二的路向，他始終堅守著禪門的立場。（表6-1）

表6-1　雲棲株宏與永覺元賢淨土思想比較表

永覺元賢	雲棲株宏
參究念佛	稱名爲主
自力	自力＋他力
淨礙禪	淨助禪
禪淨不雙修	禪淨可雙修
唯心淨土	西方實有
禪爲頓法	淨爲頓教
現世解脫	他方解脫
攝淨歸禪	攝禪歸淨

四、小結——元賢淨土思想的特色

　　身爲正統宗門禪師，元賢對於淨土的態度顯得較開放而客觀。他不僅不
排斥淨土，還試圖從理論上去論證禪淨之間的無等差，甚至在一定程度上提
倡念佛。但是他的念佛，他方淨土色彩是相當淡薄的。雖然他也要念佛行者
信淨土實有、彌陀可仰，但實際上只不過是引人入門的方便而已。他要學人
深信淨土，透過願生的願力以堅固道心，再以此堅固的道心轉換成對自己畢
竟成佛的信心，進而達到禪宗自力解脫的目標。元賢從淨土出發，很巧妙地
又將淨土引回禪門，他只是把念佛的方法用於禪者的需要。對於元賢而言，
佛法四萬八千法門，唯有參禪才是最有效的方法。他說：

〔註153〕《廣錄》卷29，〈續寱言〉，頁770。

> 禪那一法，遍在諸乘，悉從修證，並落格量。唯達摩直指一心，強
> 號爲禪，無修證格量之可言。……倘舍此而他務，雖苦行積劫，終
> 墮半途，非善術也。〔註154〕

　　如果淨土只是作爲方便，禪修才是佛教最究竟的法門，元賢何以不直接
提倡參禪，而要多一個念佛的轉折而後再轉入禪修呢？除了受雲棲袾宏的影
響、江南念佛風氣的盛行外，探究其主要原因應該有二。其一是元賢以念佛
爲入道淨心的方便法門，他不止一次提到：

> 淨心無別法，一佛破群疑。〔註155〕

> 所謂淨心之法，但當將六字聖號，念念純持，將許多閒思雜想，消
> 歸六字佛上。〔註156〕

> 淨心之法，佛有多門，求其簡徑易行，直出輪迴者，無若念佛之一
> 門也。〔註157〕

再者，當時禪門風氣的疏狂，亦是重要的原因，他說：

> 此之法（淨土法門）最爲徑簡，人多以好奇之心，自失殊利。……
> 祇如近日雲棲大師，其把定題目，不肯少開別徑，豈其智有不及哉？
> 至於近日參禪者，半成外道，罪過彌天，有何益乎？蓋參禪而不求
> 妙悟，專圖拂子以欺人，皆地獄業也。雖已得妙悟，尚當剗除見病，
> 深加保養，方可少分相應，可容易乎？〔註158〕

> 茲者法當末造，教化陵夷，眾生之根性日劣，修諸法門，鮮克成就，
> 必藉我佛之深慈弘願，庶可破魔網而出苦輪。是念佛一法，實爲今
> 日之最急者也。〔註159〕

參禪並不是一件容易的事，不僅要有相當的意志力，還需有高度的悟性，非
是利根上智、非經一番寒徹骨的努力，實在難以達到徹悟的境界，更遑論開
悟後，尚有剗除習氣與保任的工夫要做。他認爲與其失去見性目標的禪修，
還不如專修善業來得穩妥。〔註160〕與貢高我慢的狂禪、多瓜相印的僞禪相

〔註154〕《廣錄》卷19，〈達本論〉，頁618。
〔註155〕《廣錄》卷23，〈示鄭用弼居士〉，頁664。
〔註156〕《廣錄》卷10，〈示石岐上人〉，頁517。
〔註157〕《廣錄》卷10，〈示汪子野居士〉，頁512。
〔註158〕《廣錄》卷10，〈示石岐上人〉，頁517。
〔註159〕《廣錄》卷13，〈淨慈二書序〉，頁549。
〔註160〕《廣錄》卷18，〈達本論〉：「至於國朝，則慧林久凋，正脈已失。學禪之士，

比，還不如老實念佛、認真修行來得踏實。元賢向來對於以知解爲是、逞口舌爲能的文字禪反感至極，念佛剛好可以克制這樣的弊病：「念佛一門，最爲直截。不須多知解，不用巧言說，祇要一句佛，崛然如寸鐵，管甚恩與愛，管甚怨與結，諸念俱不生，娑婆影自滅。」〔註 161〕再加上念佛入門容易，具有簡易直截、廣攝眾生的特質，就如他所說：「此門不須多學問，不須多才幹，不論是老是少、是貴是賤、是男是女、是僧是俗，祇要你會念得一句阿彌陀佛。」〔註 162〕所以他才會說：「求其修持最易、入道最穩、收功最速者，則莫如淨土一門也。」〔註 163〕元賢不直接以禪觀行爲入，而在參禪開悟的歷程上，多加了一個念佛的入門方便，禪師攝化眾生的悲心由此可見，明末禪門風氣的敗壞也由此而知。

元賢的淨土行，不僅在精進念佛上實踐，還納入施、戒、修三福業，可以說是一整體性的宗教生命實踐。宗門禪者何以談念佛放生諸善業？因爲：

> 念佛放生，其所求者何？謂還其心之本淨、本慈也。

> 世運衰微，俗尚殘忍，眾生之殺機日長，惡業日深。故致干戈滿地，生靈塗炭，此非挽之以仁慈，又安能已殺機而轉殺運乎，是放生一法，又爲今日之最急者也。吾人生當此時，目擊世變，修此二法，固宜如救頭然，如沃焦釜，豈可少緩然。〔註 164〕

元賢將世運的衰微歸咎於人心的殘忍嗜殺，於是改變人心、增養仁慈，成爲挽救世風的首要目標。元賢的淨土思想，不僅不是他方佛土的臨終往生，還突破了宗教解脫目的的侷限，多了一層現世社會的關懷。

第三節　元賢的經典注疏

一、明末注經風氣的興盛

陽明的良知學，直指心性，強烈反對八股道學，一改程朱學者恪遵先儒

指不多屈，即有一二稱善知識者，要皆認奴作郎，守鼠爲璞，反不若專修白業者之爲得也。」（頁 618）
〔註 161〕《廣錄》卷 22，〈示吳善友〉，頁 656。
〔註 162〕《廣錄》卷 10，〈示汪子野居士〉，頁 512。
〔註 163〕《淨慈要語》卷上，頁 1004。
〔註 164〕《廣錄》卷 13，〈淨慈二書序〉，頁 550。

章句、莫敢改易的學風。這股開放的心學風氣，往下發展，形成了束書不觀、純任心性的疏狂學風。隨著王學末流的弊病叢生，學界反省批判的聲音也跟著出現，於是儒學界也掀起了一股「尊經」與「崇古」的思潮。讀書的重要重新被提出，經典的地位也重新被確立。佛教界也呼應了學風轉變。

明末禪學趁心學思潮而起，但王學末流的猖狂之氣，卻也跟著帶入禪門。滿街開悟的宗師，狂蕩失控的僧行，使人們開始對宗門的傳法產生的懷疑；公案的支離與棒喝的顢頇，同為僧俗二界所不滿。於是教界重新檢討純正禪法、實踐禪悟的可能進路。禪門宗風的疏狂，因過渡高昂教外別傳所致，於是禪教合一重新被重視，希望藉由經教的回歸，以重建踏實的宗風。禪宗的嫡門正派，不再是佛法純正的保證，於是藉教悟宗重新被提出，希望藉由經教的溯源，以確保禪悟的內容。於是經教的提倡，成為晚明佛教復興工作的一環。

蓮池袾宏曾說：「參禪者，藉口教外別傳，不知離教而參，是邪因也，離教而悟，是邪解也。饒汝參而得悟，必須以教印證，不與教合，悉邪也。是故學儒者，必以六經、四子為權衡；學佛者，必以三藏十二部楷模。」〔註165〕紫柏真可言：「宗教雖分派，然不越乎佛語與佛心。傳佛心者謂之宗主，傳佛語者謂之教主。若傳佛心，有背佛語，非真宗也。若傳佛語不明佛心，非真教也。故曰：依經解義三世佛冤，離經一字，即同魔說。」〔註166〕憨山德清也表示：「佛祖一心，教禪一致。宗門教外別傳，非離心外別有一法可傳，只是要人離去語言文字，耽誤言外之旨耳。今禪宗人動則呵教，不知教詮一心，乃禪之本也。」〔註167〕萬曆三大師一致認為禪不能離教而參，並大力的提倡性相雙融與禪教並重。紫柏真可不僅在理論上強調文字經教的重要，更實際投入於大藏經的募刻工作，為經藏的普及提供了有利的條件。〔註168〕

對於明末回歸原典的思潮，陳垣說道：「明季心學盛而考據興，宗門昌而義學起，人皆知空言面壁，不立語文，不足相攝也。故儒釋之學，同時丕變，

〔註165〕《雲棲法彙》，〈竹窗隨筆・經教〉，頁32
〔註166〕《紫柏尊者全集》卷6，〈法語〉，頁738。
〔註167〕《憨山老人夢遊全集》卷6，〈示徑山堂主幻有海禪人〉，頁287。
〔註168〕紫柏真可所募刻的《嘉興藏》，改易了傳統佛經的裝潢形式，以「方冊」為「梵筴」，在降低印製成本的同時，因價格的低廉與重量的減輕，使得經藏流通更為方便，也利於讀者的閱讀。再者，《嘉興藏》邊印製、邊發行的策略，也提早了經藏的傳播時間。這對明末佛學的興盛，提供了相當有利的條件。詳見范佳玲，《紫柏大師生平及其思想研究》，頁114～123。

學問與德性並，相反而實相成焉。」〔註169〕儒佛二教的學風同時轉變，居士佛教也對呼應了這股時代風潮。以士大夫爲主體的明末居士，對於佛教極具觀察力與批判力。以護教者自居的錢謙益就曾說：「居今之世，而欲樹末法之津梁，救眾生之狂易，非返經明教，遵古德之遺規，其道無由也。夫佛法如大地之在眾生，從地到者須從地起。經教爲藥草之療百病，中藥毒者還用藥攻。」〔註170〕他認爲挽救明末禪風的「豁達莽蕩」，〔註171〕非文字經教不可。明末居士對於經教的重視，不僅止於經藏的研讀，更實際於刻藏事業的贊助，〔註172〕以及經典的註疏詮釋上。鍾惺所倡導的「以文士之筆代替僧伽之舌」，成爲晚明佛教居士的共識。〔註173〕

由於明末佛教復興事業先驅者的提倡，再加上經藏流通的方便，以及儒學環境與居士的呼應，經教獲得了高度的重視，論書著作、解經義疏的風氣大盛。不僅教門著述之風盛行，就連禪者、居士也積極投入於撰述注經的工作中。釋聖嚴根據《卍續藏》資料的統計，明末禪者禪籍以外的著作，共計有六十五種；居士的佛學著述見於《卍續藏》與《居士傳》者，除了禪史傳記與禪門語錄外，也有二十七種之多。〔註174〕足見當時佛教僧俗二界對於經教的重視。

元賢雖然是禪師，但有相當豐富的著作。在經疏方面，計有《法華私記》、《楞嚴翼解》、《楞嚴略疏》、《金剛略疏》、《四分戒本約義》、《般若心經指掌》六種。《法華私記》、《楞嚴翼解》二書今已遺佚，《四分戒本約義》在前文〈戒律思想〉中已論及。至於他的《楞嚴略疏》，由於《楞嚴經》屬眞常唯心系，其對於眞心妄識的討論，以及即妄顯眞的修證方式，都與禪宗思想有共通的地方，較難顯現元賢注經的特色。〔註175〕故以下將以《金剛略疏》與《般若

〔註169〕陳援庵，《明季滇黔佛教考》卷2，〈藏經之遍布及僧徒撰述〉，頁86。

〔註170〕清·錢謙益，《牧齋初學集》（上海：上海古籍出版社，2003年）卷81，〈北禪寺興造募疏〉，頁1729。

〔註171〕清·錢謙益，《牧齋有學集》（上海：上海古籍出版社，2003年）卷41，〈募刻大藏方冊圓滿疏〉，頁1399。

〔註172〕袁了凡、馮開之、陸光祖、馮夢禎、瞿汝稷、于玉立、王宇泰、曾鳳儀、唐文獻、徐琰、傅光宅、管志道、曾乾亨、周季華等，都實際投入於《嘉興藏》刊印工作的贊助與推行。詳見明·密藏道開，《密藏開禪師遺稿》（《嘉興藏》23冊）卷首的〈刻大藏發願文〉，頁3～6。明·陸光祖等著《明徑山方冊本刻藏緣起》（收入《書目類編》（臺北：成文書版社，1978）50冊）一書。

〔註173〕參見陳永革，《晚明佛學的復興與困境》，頁222。

〔註174〕釋聖嚴，《明末佛教研究》，頁35～39、281～286。

〔註175〕《楞嚴經》說常住眞心性清淨體，與天台、華嚴、禪宗三家宗旨相合，歷來爲

心經指掌》二書，作爲討論重點，以分析元賢注經的思考理路，並彰顯其注經特色。至於元賢注經的原因、看經的態度、禪教關係的處理等問題，將留待於下一章節〈宗教關係的安置〉中一併討論。

二、元賢的釋經及其特色

　　般若系的經典，主要在闡發諸法空寂無相之理。透過遣蕩兩邊、不執著有無的方式，以緣起空觀，觀一切事物的自性不可得。般若眞空觀，在證人空法空之後，是徹見畢竟空的智慧。這是般若中觀的主要思想。

　　至於元賢，他對於般若的詮釋是：

　　　（《般若心經》）專破有無二執，有無盡而實相可顯，色空合而妙義方圓。〔註176〕

　　　「行深般若」者，謂所修行之般若，乃是人法雙空，惟一實相，非同二乘偏淺所觀也。〔註177〕

　　　初破我相、次破法相、後破非法相，此三相既破，即是實相。〔註178〕

元賢指出修行般若，是破除一切分別相狀的執著，在超越所有相與非相的對待後，得到一個眞正的相，即所謂的「實相」。如何是實相？元賢的解釋是：

　　　實相者，眞空之體。

　　　而實相無相，究竟無所得而已。〔註179〕

　　　般若無知，諸法本寂，根由一眞之妙體，影現二諦之浮名。〔註180〕

實相是眞空之體，這是就實相的內容而言；以無相爲相，是就實相的性質而言。般若無體，以空爲體，杜絕空有之相對，即是眞空。畢竟眞空，待緣而起，無有自性，所以說實相無相。在這個範圍之下，元賢的解釋都不離般若空觀的意義。但是元賢的實相，卻不是立基於緣起性空的眞空，而是在破除

此三家所重，台、賢、禪者各以不同的詮釋立場詮釋。元賢自是以禪宗爲詮釋《楞嚴經》的立場，但是他不作考證論辯的工作，像是七大、七趣、五十七位、十種外道論等與其他經論不符的論點，都不是他經註的重點。元賢的《略疏》是以禪觀修行的角度作爲詮釋。《略疏》的思想，其實也就是他禪觀思想的展現。

〔註176〕元賢，《般若心經指掌》（《卍續藏》42 冊），〈序〉，頁 14。
〔註177〕元賢，《般若心經指掌》，頁 15。
〔註178〕元賢，《金剛經略疏》（《卍續藏》39 冊），頁 306。
〔註179〕《金剛經略疏》，頁 317、306。
〔註180〕元賢，《般若心經指掌》，〈序〉，頁 14。

人我二執、空諸所有之後所顯的「妙體」。而這個妙體，指向於「一心」：

> 此經（指《金剛經》）初恐人執相，故破相，次恐人執空，故破空。
> 有空俱空，始契實相，是謂無爲之法。〔註181〕

> （《金剛經》）其旨歸於破人法之妄執，了一心之實相。〔註182〕

> 般若之所詮者二空也，二空之所顯者一心也。〔註183〕

> 心境俱泯，惟一實相而已，是爲般若之極功也。〔註184〕

元賢以「二空顯一心」作爲般若經典詮釋的思考路向，然而般若空觀在勝義畢竟空後面，並沒有再安立一個佛性或如來藏清淨心之類的體。如來藏是大乘晚期才出現的思想，在早期中觀的般若經系中是不存在的。元賢顯然沒有注意到這個問題。所以他在釋《金剛經》的「若有人言：如來若來、若去、若坐、若臥，是人不解我所說義。何以故？如來者，無所從來，亦無所去，故名如來」時，就解爲：

> 蓋法身不動，猶若虛空。化身如影，隨機應現。〔註185〕

依般若空觀的理解，如來是「即諸法如義」的正覺，坐臥來去，都是應化隨緣，性空如幻，無一法可得。〔註186〕內證不變之體爲如，外現隨緣之名爲用，不論是內證的法身或外現的化身，皆隨緣而起，「眞空法亦空」，〔註187〕所以說「無所從來、亦無所從去」。〔註188〕然而元賢的法身卻是「不動」的，相對於化身的隨機如影，法身是不依緣而生的。這個不動的法身實際上具有「體」的意義，也就是「以此爲人人本來天眞佛」〔註189〕的佛性義。

何以元賢會認爲在般若空之後，還有個妙有的佛性存在？其實這是禪宗

〔註181〕《金剛經略疏》，頁311。
〔註182〕《廣錄》卷14，〈金剛略疏序〉，頁553。
〔註183〕《廣錄》卷14，〈題般若無知論後〉，頁563。
〔註184〕元賢，《般若心經指掌》，頁17。
〔註185〕《廣錄》卷14，〈金剛略疏序〉，頁553。
〔註186〕參見釋印順，《般若經講記》（臺北：正聞出版社，1991年），頁131。
〔註187〕引見明‧朱棣集註，《金剛經集註》（臺北：文津出版社，1992年），〈智者禪師頌〉，頁270。
〔註188〕參見陳燕珠，《金剛經要義》（臺北：覺苑出版社，1999年8月），頁266。
〔註189〕釋印順《般若經講記》言：「梵語多陀阿伽度，漢譯如來，也可譯如去。來去是世俗動靜云爲相。因此，外道等即以如來爲流轉還滅——來去者：如來現身人間，一樣的來去出入，一樣的行住坐臥，佛法中也有誤會而尋求來去出入的是誰，而以此爲人人本來天眞佛。」（頁131）

對般若經典的普遍看法。之所以會造成這樣的誤解，釋印順曾經說到：

> 若法門的「一切皆空」，天台學者說得好：「或見其為空，或即空而
> 見不空。」換言之，《般若經》所說的空，有一類根性，是於空而誤
> 解為不空的；這就是在一切不可得的寂滅中，直覺為不可思議的眞
> 性（或心性）。大乘佛教從性空而移入妙有，就是在這一意趣下演進
> 的。達摩以《楞伽》印心，而有「般若」虛宗的風格；道信的《楞
> 伽》與《般若》相融合，都是誤解般若為即空妙有，而不覺得與《楞
> 伽》如來藏性有何差別的。〔註190〕

達摩以《楞伽》為心印，《楞伽經》為唯心論，是早期宣說如來藏思想的經典；
六祖慧能重《金剛經》，《金剛經》為空宗重要典籍，般若思想於是被帶入禪
宗。〔註191〕佛性與般若成為禪宗兩大思想主軸。慧能以般若空觀論心性，使
得禪宗的心性論更具有空寂虛靈的意味。然而無論如何，對於禪者而言，佛
性是理論基礎，空觀是方法手段。這與般若經系中，般若同時具有體用二層
意義，是有很大的差別的。〔註192〕所以禪宗即便在結合般若經典後，仍舊是
屬「眞常唯心」，並沒有轉向「性空唯名」。〔註193〕也因此元賢會認為，般若
空觀在遣蕩兩邊、破有無二執後，有一個實相可顯。以「般若為即空的妙有」，
正是元賢對般若系經典的詮釋理路。

　　在般若空觀下，諸法緣起性空，沒有一法可立，不論是世間法與出世法，
都以無自性為自性，都必須依靠其他條件存在。如果硬要說個「實相」、說個
「體」的話，般若所得的實相，是以空為體的眞空妙象。但是禪宗的眞如、
佛性，是一超越相對，沒有生滅、垢淨、增減等分別相狀，絕對的獨立存在。
眞如不隨緣，像佛性這種絕對獨立存在的體性，在般若思想下是不可存在的。

〔註190〕釋印順，《中國禪宗史》，頁55。

〔註191〕竺摩，〈泛論般若〉，《現代佛教學術叢刊》45，頁20；釋印順《無諍之辯》（臺
　　　　北：正聞出版社，1992年），十〈禪宗是否眞常唯心論〉，頁171～174。

〔註192〕般若以諸法無自性的空慧為體，同時也以這個空慧為用而得解脫。所謂般若
　　　　的體用，是就這個層面而言。

〔註193〕釋印順將大乘佛學分為三大系統，一是性空唯名系、二是虛妄唯識系、三是
　　　　眞常唯心系。性空唯名「龍樹依中道的緣起說，闡揚大乘的（無自）性空與
　　　　但有假名。一切依於空性，依性空而成立一切；依空而有的一切，但有假名
　　　　（受假）」、虛妄唯識「大乘不共的唯識說，依虛妄分別識為依止」、「在如來
　　　　藏我的基石上，融攝了瑜伽學——阿賴耶識為依止的唯識學，充實了內容，
　　　　成為『眞常（為依止的）唯心論』」（《印度佛教思想史》（臺北：正聞出版社，
　　　　1989年），頁131、275、308。）

《般若心經》說「諸法空相」，這裡的法包括了一切的法，在這樣的思維體系下，真常佛性是無處安置的。但在禪宗的思維體系下，要如何在安立真如佛性的同時，解決諸法空相的問題？元賢的解釋是：

> 「是諸法」指前五蘊也。
>
> 「空相」即五蘊空之相狀，乃二空理顯也。今法既亡，唯一真空。
>
> 〔註194〕

元賢以諸法為五蘊所生的有為生滅法，因五蘊緣緣生滅，所以說是空相。這裡的諸法，排斥掉了離蘊而獨立存在的真如體性；這和般若思想對於諸法的定義是不同的。「今法既亡，唯一真空」，人我法執去掉後，是一個恆存不滅、無有增減的如來佛性。

順著這個思考理論，元賢對於「不生不滅、不垢不淨、不增不減」的理解便成為：

> 蓋有法，則有生滅、有增減。今法既亡，惟一真空，豈復有生滅等
>
> 之可言哉！〔註195〕

依照元賢的理解，「不生不滅」並非是「諸法空相」的描寫，而是對空相後所得的理體的敘述。然而就般若思想而言，般若空觀從諸法緣起為觀察，因空有是相依相成的關係，所以無自性可得。依緣起觀空，觀空不壞緣起，由此引發實相般若，達到「般若將入畢竟空，絕諸戲論」的中道實證。畢竟空性，離一切相，法爾如此。不生不滅三句，實際上是對空相的描寫。〔註196〕元賢因為認為在空相後，另有一個真如理體的顯現，所以誤解不生不滅是對此理體的描述。這樣的思考，也出現在他對《金剛經》的詮釋上。

元賢釋《金剛經》「何以故？如來者，即諸法如義。若有人言：如來得阿耨多羅三藐三菩提，須菩提！實無有法佛得阿耨多羅三藐三菩提。」句時言：

> 諸法性空，全是真如。自古自今，本來現成，別無聖凡，染淨生滅
>
> 來去之相，又安有得不得耶。〔註197〕

何以說如來得證又說無有法佛？在般若體系的理解，是因為如來所證得的是諸法如義的畢竟空；在勝義畢竟空中，一切的法自性皆不可得，並非另外有

〔註194〕元賢，《般若心經指掌》，頁16。
〔註195〕元賢，《般若心經指掌》，頁16。
〔註196〕參見釋印順，《般若經講記》，頁183。
〔註197〕《金剛經略疏》，頁322。

法可證可得，因此說「實無有法佛得阿耨多羅三藐三菩提」。〔註198〕元賢把一切法的「平等空性」，誤植爲「眞如佛性」，禪宗的佛性具有現成、具足、恆存等絕對的超越性特質，所以他才會用「本來現成」來說如來的無有可得。

禪宗依著《大乘起信論》一心開二門的理路，將心分成眞心與妄心，眞心是指眾生本來清淨的自性，而妄心則是因無明妄起的識心。眞心與妄心，雖然在層次和性質都有所不同，但彼此是體用一如的關係，因此不應離妄另去求眞。故禪宗以即妄顯眞，作爲禪法的實踐。〔註199〕這樣的觀點，也被元賢運用在般若經典的詮釋中：

> 所謂照見五蘊皆空者，非是離蘊之空，乃即蘊之空也。汝宗中但知蘊中無人，而不知蘊亦非實，必欲滅色方可見空，是取斷滅空也。……
> 豈可於色外取空，滅色見空哉！〔註200〕

般若講色空不異，依舊從緣起性空上說。因爲色的本質是空，空因色而顯，所以說色空不異、色空相即。而元賢以五蘊爲妄，強調空是即蘊之空，非離蘊之空。這實是禪宗「即妄顯眞」、「不離妄有，而得眞空」的理解。

再看他對於《金剛經》「須菩提！莫作是念：如來不以具足相故，得阿耨多羅三藐三菩提」句的解釋：

> 蓋色相雖非佛，佛亦不離色相也。〔註201〕

如來應化身具足之三十二種殊勝形相，這三十二種相，都是依緣而起，性空無性，所以不應即相執著。但是如果以離相見佛，則是惡取諸空、斷滅諸法。〔註202〕無論即相或離相，兩者均不能得見佛性。在這裡《金剛經》是以雙邊遣蕩的方式，說明不執取、不斷滅的中觀思想。〔註203〕然而元賢的「蓋色相雖非佛，佛一不離色相也」，卻具有即妄顯眞、眞妄一體，以至於本體與現象互涵的意味。

元賢的心性思想，強調心體虛靈而寂的空寂意，因此心性的體悟、禪道的實現，只能從「無心合道」的冥契來說，只能以「離相」作爲契心的路線。

〔註198〕參見釋印順，《般若經講記》，頁107。
〔註199〕參見方立天，《中國佛教哲學要義》上（北京，中國人民大學出版社，2002年12月），第十六章〈慧能《壇經》的性淨自悟說〉，頁402～404。
〔註200〕元賢，《般若心經指掌》，頁15。
〔註201〕《金剛經略疏》，頁327。
〔註202〕參見釋印順，《般若經講記》，頁127。
〔註203〕參見陳燕珠，《金剛經要義》，頁253～261。

〔註204〕他將這個觀念植入於般若的實踐中，他說：

> 直下炤破染淨有無諸法，冥契實相也。

> 以心境雙空，能所俱寂，法本無法，故得亦無得，但心與理冥。

> 如來之法，無實無虛，然欲正此法，必以離相爲方便。〔註205〕

真妄心之間，是頓然轉化的過程；消解放下所有的執見，妄心妄識俱泯，就是真心與真理的相契，或者說就是本心的自我呈現。疏文中以「離相」、「冥契」作爲般若的實踐，可見元賢是將《心經》空觀的觀照，視爲禪家的禪悟體驗。然而《心經》中的觀慧，是在解行相應下行甚深般若慧時，了知五蘊無我、當體即空之理；其與禪家本來面目的相契合是不同的。

禪宗的見性，是一個妄心與真心頓然轉化的歷程。所以妄心的對治、妄心的斷除，或者說是真妄的轉化，就成爲禪修過程的重要關鍵。然而般若中觀，是不立真如佛性的，它對於畢竟勝義空的闡發，是以緣起性空爲觀法，並不是從真妄的角度去論說。元賢並沒有注意到這樣的差異。所以他將《金剛經》的「住相」與「不住相」釋爲：

> 佛意以住相即是妄心，不住相即是降服妄心。〔註206〕

《金剛經》的不住，是因觀諸法無自性，以空爲性，所以能不執著、不住相，不住而住的住於空性。〔註207〕元賢以其真妄心性論爲修證核心，因此會有以住相爲妄心、不住相爲降服妄心的理解。

文字語言無法造成開悟的結果，以妄修妄無法契合真理，這是元賢禪法的堅持。因此他對於《金剛經》「須菩提白佛言：『世尊！如我解佛所說義，不應以三十二相觀如來』。爾時，世尊而說偈言：若以色見我，以音聲求我，是人行邪道，不能見如來」的解釋是：

> 真如法身，非見聞所及，乃真正之境，唯證相應。故色相不可觀，
> 而觀亦不可用矣。觀者，詳視也。〔註208〕

這段經文，就般若空義的理解，應是說法身與色身都是無性緣起，不應從形象上執取如來，不論是從三十二相中求如來、六十梵音音中求如來，都是不

〔註204〕參見第四章第二節第一目。
〔註205〕《金剛經略疏》，頁310、321、318。
〔註206〕《金剛經略疏》，頁309。
〔註207〕參見釋印順，《般若經講記》，頁69。
〔註208〕《金剛經略疏》，頁326。

達性空之理，無法眞正見到如來。〔註209〕但是元賢將其禪法思想導入，以妄識之心無法契於眞如爲理解，再次強調眞理必需以「證」爲進路。

元賢在釋石霜五位王子時，特別以見性與否來說明內外紹，且強調唯有見性後起修的內紹才能就位〔註210〕，不見性的修道工夫爲外紹，無論如何都無法轉功就位。〔註211〕因此見性成爲修行的首要，所以他對於《金剛經》修法，有如是的闡發：

> 不可以生滅心聽實相法也。……則所住即是妄境，降伏轉成妄心，
> 又安能得無上菩提哉？
>
> 以無分別智，契無分別理。智與理冥契、與神會，豈有取說之朕哉？
>
> 波羅密有六，前五若無般若，即是有爲，不能到彼岸。若有般若，
> 即成妙行，方能到彼岸。〔註212〕

以無分別智才能契於無分別理、以不生滅心聽實相法才能得證無上菩提、以般若爲前行才能到達眞理的彼岸，這些無不是元賢以開悟爲第一、以見性爲首要的強調。（圖 6-3）

眞妄心性論：不住 → 般若慧 → 修諸善 → 契悟 → 本心佛性

圖 6-3　元賢禪法契悟圖

至於般若的修法，要兩大法門同時兼具：一是以般若空慧，通達法空平等性，不取著我等四相；二是修習施、戒、忍等一切善法，積集無邊福德。所修的一切善法，以般若無我慧，能通達三輪體空，無所取著，所以自利利他。般若攝導方便，方便助成般若，莊嚴平等法性，圓證畢竟勝義空。〔註213〕（圖 6-4）〔註214〕

〔註209〕參見釋印順，《般若經講記》，頁 128。

〔註210〕「就位」指成就菩提。

〔註211〕參見第五章第二節第三目。

〔註212〕《金剛經略疏》，頁 308、314、318。

〔註213〕釋印順，124～125。

〔註214〕圖 6～4 般若修證圖中，因般若空慧，最後所證得的是畢竟勝義空，一切法無自性，實無有所得，所以以虛線表示。雖說禪悟的悟亦無所悟，但終究安立了一個眞如佛性，所以圖 6～3 的禪法修證圖中以實線表達本心的契悟。

圖 6-4　般若修證圖

　　般若的空慧修證與元賢的禪法證悟，不僅是修證的理論基礎不同，法門進路亦不同，甚至所得的實相也不一樣。對於元賢而言，般若遣蕩兩邊的空性義，只是禪修過程中的方法而已，並非是禪悟的終極目標。由上文的論述可知，元賢並非是就般若而論般若，而是在般若後另立一個真常佛性，以空觀作爲禪修的指導及禪思的註腳。

　　對於注經元賢曾有如下的評論：

> 近世談經者夥矣，愈精而愈晦，愈巧而愈謬，豈經之果不可明哉？蔽在以己談經，而不以經談經也；亦蔽在以經談經，而不以己談經也。能以己談經，而不蔽於己；能以經談經，而不蔽於經，庶幾可與談經矣。〔註215〕

> 治經之難也！即疏鈔以求之，失之局；離疏鈔以求之，失之蕩。失之局者，神機弗廓，而我爲經困。失之蕩者，正軌罔由，而經爲我裂。〔註216〕

元賢或許可以「不蔽於經」、「不失之局者」，但其「六經注我」的特色卻展現無疑。這應該也是他所謂「善治經者，諸疏咸爲我助」〔註217〕之意吧！或許對於元賢而言，註經的目的並不在於經典教義的闡發，而是作爲自己禪觀的發揮，以及教學的方便。元賢無疑繼承了禪宗自由解經的傳統。〔註218〕

第四節　元賢的「宗」「教」關係論

一、元賢論「宗」「教」關係

〔註215〕《廣錄》卷 13，〈法華私記序〉，頁 539。
〔註216〕《廣錄》卷 13，〈楞嚴翼解序〉，頁 539。
〔註217〕《廣錄》卷 13，〈楞嚴翼解序〉，頁 539。
〔註218〕杜繼文等，《中國禪宗通史》，頁 573～574。

　　「宗」是無言之宗，指離卻經教、以心傳心的禪宗。「教」是有言之教，指依大小乘經論而立之宗派，如唯識宗、天台宗、華嚴宗等。隋唐教派之間，彼此門戶見深，不相融攝；待禪宗興起後，以「不立文字」之旨立宗，更是與教門壁壘分明。〔註219〕然而隨著融合思想的發展，〔註220〕中晚唐以降，宗與教的關係不再涇渭分明。雖然宗密禪教一致的主張，〔註221〕曾經遭致一定程度的批評，但是隨著歷史的演進，以及禪師如永明延壽的大力提倡，「禪教一致」幾乎成為佛教界的共識。〔註222〕到了明末，宗教之間的融通，更成為主流思想。雖說是宗教融合，但是每個人對於禪教關係的安置，不論是就體系的建構或實踐進路而言，都各自有不同的見解，如雲棲袾宏以禪教律同歸於淨土、紫柏眞可則主張以文字般若契於實相般若。

　　值得注意的是，在明末倡言宗教融通、禪教合一者，大多是沒有法派背景的「尊宿」，雖然他們都有禪悟的體驗，但是「禪」並非他們唯一的方向。相對於沒有宗門色彩的尊宿，嫡門正宗的臨濟，對於自己的禪法，就有著相當的堅持。臨濟禪師嚴謹把持門戶，既不唱禪教合一、也不說宗教融通，甚至極少涉及禪籍以外的著述。〔註223〕至於禪門另一大派曹洞，對於經教的態度就顯得較為開放。宗教融通、禪教律齊揚的言論，履見於曹洞宗師的語錄中，甚至相關於經教律的著述也多有所見。身為禪門嫡派的宗師，在倡言經教的同時，是否代表失卻了對本身禪法的信心，必須重新回歸藉教悟宗的路線，才能確保禪悟的實踐以及禪法的純正？是否就此否定了禪宗「直指人心」

〔註219〕根據湯用彤認為所謂宗派，具備有下列三個條件：（1）教理闡明、獨闢蹊徑；（2）門戶見深，入主出奴；（3）時味說教，自誇承繼道統。（詳見《隋唐佛教史稿》（臺北：木鐸出版社，1983年），頁134）由於宗派具有上列三種性格，因此彼此之間的關係應當是壁壘分明，不相融攝。

〔註220〕融合乃是中國人的思維特徵之一，詳見釋恆清，〈禪淨融合主義的思惟方式——從中國人的思惟特徵論起〉，《臺大哲學評論》1991年，頁229～248。

〔註221〕《禪源諸詮集都序》即是宗密禪教合一思想的代表作。

〔註222〕詳見冉雲華，《宗密》，頁224～227、244～253；蔣怒海，〈唐五代「禪教一致」思想的深層結構〉，《中國文化月刊》1999年8月，頁5～18；王鳳珠，《永明禪師禪淨融合思想研究》，臺北：臺灣師範大學國文研究所博士論文，2003年，頁50～80。

〔註223〕明末臨濟宗師禪籍以外的著作，見於《卍續藏》者只有三人六種，分別是費隱通容的《般若心經斷輪解》，漢月法藏的《弘戒法儀》、《傳授三壇弘戒法儀》、《密滲施食旨概》、《修習瑜伽集要施食壇儀》，晦山戒顯的《現果隨錄》。法藏一系後被逐出宗門，戒顯為法藏法孫。如此明末臨濟宗門的非禪籍著作只有一種，足見門戶把持之嚴謹。

的宗旨？禪門宗師如何安置禪教的位置，是一個值得關切的問題。

對於宗教的關係，元賢曾說：

> 禪教律三宗，本是一源。後世分之爲三，乃其智力弗能兼也。以此
> 建立釋迦法門，如鼎三足，缺一不可。無奈後學，以我執之情，起
> 生滅之見，互相詆呰，正如兄弟自相戕賊。而曰：「吾能光大祖父門
> 庭。」不亦愚乎？！〔註224〕

他認爲禪教律源一，後世的輕禪、呵教或毀律，都是由於智力不及所致。禪
宗、教派、律門彼此間的爭鬥，只會造成佛教衰頹的結果，不會成就佛法興
盛的事實。元賢試圖由歷史的根源，說明三教鼎足而立、缺一不可的重要，
以尋求佛門的和諧與發展。

由於後人根契的淺薄，所以無法兼通三學，故將佛法一分爲三而成禪教
律。那禪教律有難易之分嗎？對此元賢說到：

> 三宗之中，難莫難於禪，教次之，律又次之。以禪則超情離見，玅
> 契在語言文字之表，非若教之可以揣摩而得、講習而通，故獨難也。
> 至於律，則事相淺近，皆有成法，稍有智者，皆可學習。非若教理
> 之圓妙精微，非大智莫能窮也。〔註225〕

戒律的嚴持本來就是佛徒的最基本要求，因此禪教關係的安置，才是元賢的
討論重點。元賢以爲禪難與教，禪以何爲精神，何以獨難？教以何爲內容，
何以講習可通？禪教同出於佛陀，有何差異？對此元賢的回答是：

> 禪語之不同於佛者，言句也，其旨則無有不同。即佛所說三乘之外，
> 最上一乘也。其原出於世尊拈華，迦葉微笑，佛已自謂是教外別傳，
> 既稱別傳，豈強同於諸經哉？他如文殊之白槌、彌勒之彈指、迦葉
> 之倒刹竿，以至達摩之不識、二祖之拜起依位而立、六祖之舉網張
> 風，其語不一，皆與諸經迥別，又非待後人始爲之也。大都禪語，
> 不可作奇險看、不可作幽深看、不可作隱謎看，乃是直指此事，令
> 人當下領會耳。〔註226〕

> 但佛語有淺深，普接三根，宗語單接上根，即佛所謂，最上一乘，
> 及教外別傳也。六祖以前，不尚機鋒，平實開示，緣人於口吻下承

〔註224〕《廣錄》卷30，〈續寱言〉，頁780。
〔註225〕《廣錄》卷30，〈續寱言〉，頁780。
〔註226〕《廣錄》卷11，〈與曾二雲大參〉，頁529。

當，則祖道遠矣。故馬祖以後，乃用機鋒，只是從旁敲顯，使人自悟。於正旨上，未敢一言措及，恐人依語生解也……此乃斷絕渠解路，令渠無作活處。若是箇中人，便超出牢籠去也。〔註227〕

在引文中，元賢提到幾個重點。首先，禪與教都是以開悟證道爲目的，在宗旨上是沒有差別的。禪教的不同，在於表現手法上。元賢沒有直接說明教門的方式，而是透過對禪宗方法的解說，以凸顯兩者的差別。元賢認爲禪宗的殊勝，在於不對悟的內容作直接的說明，而是透過應機的動作、弔詭的言語，開啓學人證悟的契機，使人可以當下領會、自悟禪理。而教下則剛好相反，它是透過言語文字的表達，直接且明白的揭示出佛教的眞理。然而眞理具有不可說的性質，非分析思辨可得，禪宗不以言語、教門用以經論，禪語斷人思路、佛語徒增異解，禪委曲而教直示，兩者孰憂孰劣，不言可喻。由於宗門以「直指人心」爲方法，在「言語道斷、心行處滅」時方有消息可尋，非是上根利智很難契入。因此禪語單接上根，佛語則具有廣被三根的特質。

如果說「禪之與教，非有二也」、「教爲禪詮，禪爲教髓」，〔註228〕那麼經教的深入，是否可以達到契悟眞理的目的？經教的研習是否有助於禪悟的開發？禪與教之於修行解脫是怎樣的關係？關於經教與禪悟的關係，元賢認爲：

蓋緣所據經文，並是方便權說。若祇依語生解，則墮在道理障中、是非窠裏。大丈夫漢，決不如此。須是離窠出格，道得一句，始有參學分。不然，向殘編斷簡中，以聰明領略。說得滴水不漏，亦安能敵生死哉？〔註229〕

又祇在文字上分別，道理上推窮，乃是讀書人第一箇深病。全不知文字道理，亦祇是境。此心有非文字所可攝、道理所可言者，豈可以識見擬議哉？〔註230〕

經教是方便詮說而非究竟涅槃，文字只是境而不是心。禪悟非分別意識可得，但在經教深入的過程中，又不免於思維分析，於是心識便停留在文字義理的推究上，離眞理的契悟也就越來越遠了。文字不等於般若，元賢認爲透過經教，並沒有辦法達到開悟見性的目的。即便依於一部經典，不在文字上作分

〔註227〕《廣錄》卷11，〈與曾二雲大參〉，頁528。
〔註228〕《廣錄》卷11，〈與僧論不許參禪〉，頁520。
〔註229〕《廣錄》卷11，〈與沙縣曹智齋文學〉，頁521。
〔註230〕《廣錄》卷12，〈復周芮公吏部〉，頁534。

別，切實的虛己考究，也只能達到修養人格的世俗目的而已。〔註231〕

　　經教雖然無法契悟真理，是否可作為參禪的先行，以幫助禪悟的促成？元賢以為：

> 問：「有師云：『參禪者，先須看教，識得大意，方可用工。不然，恐墮於邪僻。』有師云：『參禪不必看教，看教恐增解路，障自悟門。』二說未知孰是？」曰：「或宜看教，或不宜看教，此在機器不同，未可執一而論。如英明之士，何須看教，方可參禪。如愚鈍之流，看教尚恐難通，況參禪乎？又或有障重者，必先假教力薰陶，去其麤執。若障輕者，便可單刀直入，何必思前慮後，自生障礙乎？但參禪誠有墮於邪僻，或坐在半途者，此則貴得宗匠接引，非看教者所能自捄也。」〔註232〕

雖然元賢說：「或宜看教，或不宜看教，此在機器不同」，但是教力的作用，只對業障重者，具有薰陶的效果。業障輕的人，直接參禪即可；聰明的人不需看教即可參禪；愚頓的人，教已難通，更無須再說禪。至於禪修所產生的各種障礙，也只能靠明眼宗師接引，對於禪病，經教是無能為力。可見看教的功用有限，效果也不大，看教之於參禪並非必須。元賢甚至曾直言：「參禪而不悟，實為悟因。看教而得益，只增解路。參禪則用心於內，實兼治心之功。看教則用心於外，全無返聞之力。」〔註233〕經教不僅無助於禪修，甚至有礙於禪悟。所以元賢每每告訴學人，參禪人「須是將此等語言知解，一坐坐斷」〔註234〕、「須將三載所閱，放教無半點字腳」〔註235〕、「須是將生平所學的所解的，一刀兩斷。」〔註236〕在開悟見性的過程中，元賢實際上已經完全將經教摒除在外。

二、注經說教的必要

　　元賢認為經教的深入，並無法造成開悟的結果；不僅無益於禪修，還有

〔註231〕《廣錄》卷12，〈答謝介菴文學〉：「從頭依著一部《大慧語錄》，親參實究一番。如不能，且依一部《楞嚴經》，虛己考究，亦得一箇真正人品也。」（頁535）
〔註232〕《廣錄》卷29，〈寱言〉，頁769。
〔註233〕《廣錄》卷11，〈與僧論不許參禪〉，頁521。
〔註234〕《廣錄》卷10，〈示靈生上人〉，頁526。
〔註235〕《廣錄》卷9，〈示若水上人〉，頁503。
〔註236〕《廣錄》卷11，〈與沙縣曹智齋文學〉，頁522。

礙於見性。但是他又有注經說教的事實，既然參禪才是契悟眞理的唯一道路，何以元賢不走臨濟禪師的路線，單提向上一事？而要贅言文字經教？是否迷礙了學人的出離之路？關於這個問題，可由幾方面來討論。

　　元賢是個積極入世的禪師，他將世運與法運結合思考。他認爲世道的衰微，是由於法運的凌夷所造成。〔註237〕因此他積極於宗教的改革與復興，除了重新落實禪法的實踐意義外，擴大宗教教化功能，改變日漸澆薄的人心，亦是他的目標。如果要發揮佛教普渡的精神，就不能無視於眾生根器的差異與現實環境的需求。因此對於宗教，元賢再三的強調：

　　　　若曰參禪一法，非上根莫受。中下之流，且從漸入。則應根施教，
　　　　千佛一轍也。〔註238〕

元賢對經教的提倡，實是爲應機需要而出。他對於淨土的提倡就是最好的說明：江南地方自宋以來，結社念佛之風就特別興盛，再加上雲棲袾宏的倡導，淨土思想更是流行。〔註239〕元賢如果要擴大宗教的影響力，就不能不考慮世俗社會的需求。

　　雖然開悟證道才是禪宗最終極的目標，元賢也鼓勵出家禪衲必定要以取證菩提爲大志。〔註240〕但是對於一般大眾而言，參禪開悟終究不是容易的事；元賢也承認宗語之難，非上根莫受。在這樣的情況下，如果只堅持以參究爲佛法、經教爲外道，佛教勢必將只成爲少數人的殿堂。雖然說眾生都有成佛的可能，但要期望每一個人在現世即能成人師、來生皆可作佛祖，是不太可能的。因此廣開方便法門，以攝受眾生是必須的。或許今生不能成就涅槃果，但可以爲來世種下菩提因。佛法講究因果，在佛法的薰陶，以善爲念，至少可以降低個人爲非作歹的惡念，進而改變整體社會風氣。因此元賢才會有淨土、放生的提倡，說散心念佛、說戒殺福報。更何況學人在受方便接引後，亦有趨向參究、直契眞理的可能。

　　再者是元賢「用經」的問題。明末社會對於僧侶空言禪理、自誇禪悟的

〔註237〕詳見第三章第二節第一目。

〔註238〕《廣錄》卷11，〈與僧論不許參禪〉，頁521。

〔註239〕宋代《夷堅志》即說福州「其俗多修淨土」，結社念佛是江南佛教最突出的表現。詳見《江南佛教史》，頁236～251；日・望月信亨著、釋印海譯，《中國淨土教理史》，頁263。

〔註240〕《廣錄》卷11，〈與僧論不許參禪〉：「出家立志，便當誓取菩提，而安意於義解之學，非釋子之發心也。」（頁521）

疏狂，產生極大的反感。〔註241〕僧眾對於佛法已失去「導師」的地位，士人與僧伽的談禪論理，是「討論」而非「請益」。〔註242〕元賢在與士人討論禪法的書信中就提到：「數承來論，並據經文，佛旨可憑，灼然非錯。然山僧終不相肯，豈自生我慢，強相委曲哉？」〔註243〕語氣雖然和緩，但不難看出居士意識的高張，以及僧伽對於佛法不具有絕對主導權的事實。禪者空言禪理不被接受，引證經教於是成為必須。元賢就常援引《楞嚴經》以論心性。〔註244〕禪衲的引經論典，其實也無可厚非，《壇經》中就有多處經典的援引。

　　元賢不僅「用經」還「注經」。關於元賢注經的動機，依照各注的序文可知，原因有二：一是他自己認為對於經典有特別的體會，所以發為著作，如《法華私記》與《楞嚴翼解》。二是他以為眾家諸疏，迂迴隱昧，不得經旨，為使學人有所依歸，所以他注經，如《楞嚴略疏》、《金剛經略疏》、《般若心經旨掌》之類。〔註245〕由前文的討論可知，元賢的治經，並非就經而論經，而是以自己的禪悟體驗為出發，將經典作為禪修的指導。對於疏經的內容與功用，元賢曾說：

> 故疏經者，不妨各出一見，互相發明。要在綱宗不失，不違於佛而已。初學之士，借之以為階為梯。何不可？〔註246〕

因此注經對於元賢而言，並非是就經論經的教義闡揚，而是應機方便的施設。雖說文字不能契悟真理，但卻是接引士大夫階級的最好方法。元賢自己身為士子時，亦因看經而受佛理的深奧所吸引，進而出家參究大事。再者，當時

〔註241〕以護教者自居的錢謙益就曾說：「末法陵夷，禪門瀾倒，妖尼魔眷，上堂示眾，流布語錄，皆一輩邪師瞽禪，公然印可。油頭粉面，爭拈錐拂，旃陀摩登，互作宗師。」(《有學集》卷15，〈李孝貞傳序〉，頁726～727)對於宗門的自大狂妄，他亦深感不滿：「余不喜宗門作夜郎王」。(《有學集》卷22，〈贈覺浪和尚序〉，頁908。)

〔註242〕由居士佛學論著，如李卓吾《華嚴經合論簡要》、曾鳳儀《楞嚴經》、王肯堂《成唯識論》、焦弱侯《楞嚴經精解評林》、莊廣還《淨土資糧集》、袁宏道《西方合論》等作品數量的豐富，以及後來《居士分燈錄》與《居士傳》的出現，都說明著居士佛教逐漸獨立於僧侶佛教而發展的事實。

〔註243〕《廣錄》卷11，〈與沙縣曹智齋文學〉，頁521。

〔註244〕《廣錄》中，元賢〈示黃爾巽居士〉、〈復曾二雲大參〉、〈復周芮公吏部〉等給居士的書信中，就以《楞嚴經》作為自己禪修理論的註腳。(詳見，卷10、12，頁513、528、534。)

〔註245〕詳見第二章第二節第一目第三項。

〔註246〕《廣錄》卷29，〈寱言〉，頁764。

學風已變，文字經教獲得世人普遍的重視，治經著書，無疑是元賢與士人溝通的最佳方便。

　　明末居士佛教高漲，士大夫階級熱衷於禪修的同時，亦用力於佛教典籍的編修研究。士大夫不同於一般的庶民，他們具有深厚的文化素養，又有一定的社會地位，對佛教的發展有著相當大的影響力。元賢就曾說：「至卓吾乃謂二老（龍溪、近溪）之學，當別傳之旨。凡為僧者，頭不宜少此書。」〔註 247〕可見得宗門對於禪宗思想的領導地位，已經逐漸被白衣居士所替代。這些深入經藏的士大夫，都具有深厚的儒學為背景，不免以儒學的觀點來詮釋佛學，以儒釋佛的結果，佛法宗旨也就日益泯滅了。〔註 248〕對此元賢相當的感慨：「昔人借禪語以益道學，今人反借儒語以當宗乘。」〔註 249〕禪衲如果完全放棄經典的註疏與研究，不僅放棄了與居士佛教溝通的橋樑，同時也將喪失領導佛教發展的地位。這也是元賢注經的主要原因。

三、禪的徹底堅持

　　元賢雖然講戒倡淨，但是強調持戒必須由有相戒至無相戒、念佛必須由稱名念佛至參究念佛；否則都是有漏因，永遠也無法成就無漏果。就連諸善的奉行也一樣，唯有從有相到不住相，才能成就聖功德。〔註 250〕在元賢的思想中，所有戒行、教相、甚至一切的行為，都必須深化到禪悟的階段，否則都只是不出生死流轉的業因而已。從持戒到無戒、從念佛至成佛、從住相到無相，只有見性一途。而見性只有一個方法、唯一的一個方法，就是禪法的參究。對於禪師而言，唯有禪才是究竟，持戒與念佛，終究不過是參禪的前行方便而已。（圖 6-4）

〔註 247〕《廣錄》卷 29，〈寱言〉，頁 763。
〔註 248〕元賢對於儒佛混雜的憂心與異議，詳見第七章。
〔註 249〕《廣錄》卷 29，〈寱言〉，頁 763。
〔註 250〕元賢對於放生的開示是：「祇如古人道，護生須是殺，殺盡始安居。既是護生，作麼生用殺？莫是本自無生，安得有放麼？莫是生即無生，放即無放麼？莫是據南泉斬貓之令，用歸宗斷蛇之機麼？若恁麼會去，卻似隔山取火，月下挑燈，大沒來由。畢竟作麼生？呵呵！湖南羅漢長相對，直為宣通古至今。」（《廣錄》卷 14，〈題招慶放生卷〉，頁 564。）

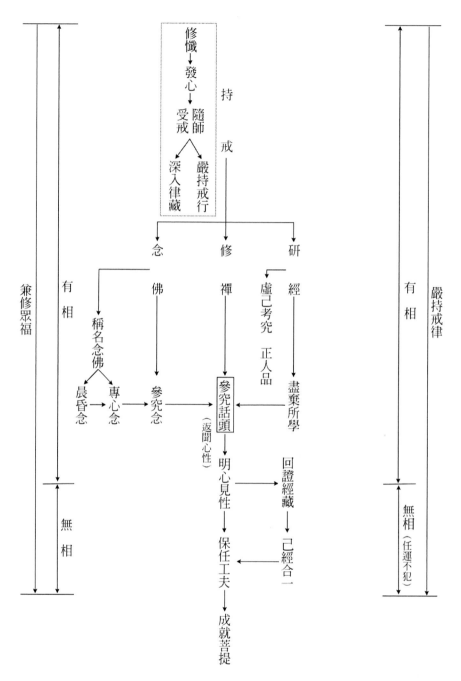

圖 6-4　元賢宗教行踐圖

　　元賢提倡經教，用心於治經，著作等身，除了是應機方便與回應社會需要外，亦與他自己的特殊體驗有關。元賢曾自述入道機緣與開悟因緣：

> 余初讀易嶽山，聞僧誦法華偈。曰：「我爾時爲現清淨光明身。」忽
> 喜躍不自勝，即索經讀之，無所發明。然知周孔外，別有此一大事
> 也。嗣是博求之疏鈔，遍探之群籍，冀欲卒聞乎此，而困於葛藤。
> 不能自拔。越十有餘載，因參壽昌先師，聞舉南泉斬貓話，忽有省。
> 遂棄所習，從先師學枯禪。復十有餘載，一日聞僧舉《法華經》：「云：
> 『一時謦欬，俱共彈指，是二音聲，遍至十方諸佛世界。』」豁然撲
> 破疑團，始知無己非經，無經非己。〔註251〕

元賢因聽經而入道，又因聽經而徹悟，可見得他與經教因緣的特殊。雖然元
賢的求道以經始以經悟，但是經教並非是他契悟眞理的直接原因。在研經看
教以至於開悟見性的過程中，元賢經歷了「盡棄所學」、「專心參究」、「返聞
聞自性」的歷程，這才是他開悟證道的關鍵。文字經教使人疏離了本性，無
法直接促成開悟的結果，是元賢的切身經驗與一貫主張。所以他苦口婆心勸
人要盡棄所學，在一個無義味話頭上，如貓捕鼠般的用力參究。〔註252〕他認
爲唯有如此，才有獲得證悟消息的可能。元賢在徹悟之後，他所證悟的是「無
己非經，無經非己」的己經合一境界。而這「己經合一」，很明顯的是以「我」
爲絕對的主體，不僅不是「我注六經」，更超越了「六經注我」的境界，而直
指向於「我就是六經」的絕對自信。元賢對於經教的體悟，眞有禪師殺佛殺
祖的氣魄。因此就元賢而言，經藏的功用並不在於開悟結果的促成，也非悟
後起修的進路，而是在見性之後，禪悟體驗的註腳。所以他說在徹悟後「回
親一大藏教，無一非單傳直指，西來大意矣。」〔註253〕元賢的禪教合一，是
就著這個立場而說的。這與宗密、延壽認爲禪與教在第一義諦的理體上是不
二的禪教一致理論，顯然有很大的不同。〔註254〕

　　雖然元賢治經說教，但並不能因此說他是個禪教合一者，或者說是文字
禪的提倡者。他徹始徹終都堅信，只有參究能夠造成開悟的事實。在積極回
應宗教世俗化的同時，做爲禪宗正脈的禪師，元賢並沒有失去自己的基本立
場，對於直契頓悟的禪法，始終有著堅定的信心。

〔註251〕《廣錄》卷13，〈法華私記序〉，頁539。法華私記序
〔註252〕詳見第四章第三節第三目。
〔註253〕《廣錄》卷9，〈示若水上人〉，頁503。
〔註254〕冉雲華，《宗密》，頁225；王鳳珠，《永明禪師禪淨融合思想研究》，頁55。

第七章 永覺元賢的三教思想

第一節 明末儒釋的互動〔註1〕

一、佛學與心學的交流

明末佛教的復興，乃是乘著陽明心學而起。在陽明之前，獲得官方支持的朱學，一統天下的學術，任何非朱子系統的學說都被視爲異端。程朱學者對於佛學採取堅決的反對立場，理學與佛學間，彼此壁壘分明、嚴守立場，絲毫沒有任何溝通的可能。〔註2〕佛道二教的發展，在朱學獨盛的南宋到明中期，幾乎成爲停滯的狀態。學風的轉變始自陳白沙，大成於王陽明。〔註3〕陽

〔註1〕 由於明末三教的互動，主要以儒釋二家爲主——以儒者與釋氏的參與爲主、以儒佛二家思想的會通爲主，當時的道家爲相對的弱勢。當然在其中也涉及到佛道的互動，然而所謂的道家是指老莊而非金鼎符籙的道教，況且元賢對於老莊問題的析辨，大多也都是因儒者質疑老莊的類禪而起，例如在〈賸言〉中有：「宋儒曰：佛氏將老莊文飾其教，此宋儒之妄也。」又：「宋儒曰：庚桑子一篇，都是禪，其他篇亦有禪語，但此篇首尾都是。嗚呼！此宋儒之所謂禪也。豈識禪哉？」（頁761）故本章雖是論三教思想，但此節不立「三教的互動」，而作「儒釋的互動」。

〔註2〕 自唐韓愈以降至宋代的儒者，幾乎沒有不闢佛者，朱熹更是宋儒闢佛的中堅人物。儘管朱熹的一生與佛學有著密不可分的關係，但是做爲理學集大成者的他，對於佛教的批判是不遺餘力的。朱子站在儒學本位的立場，從宇宙觀、本體論、教育學、倫理學、存養工夫上，將佛教批評的一無是處，直視爲洪水猛獸。出於程朱門下者，也幾乎無一不是排佛論者。（詳見熊琬，《宋代理學與佛學之探討》（臺北：文津出版社，1991年5月），頁145～362）

〔註3〕 清・黃宗羲，《明儒學案》卷5，〈白沙學案上〉：「有明之學，至白沙始入精微。……

明學開放的特質，使得儒佛之間有了對話的空間，沈寂已久的佛教，因陽明學的興盛而有了復興的契機。

　　陽明自言出入佛老三十餘年，〔註4〕他對於佛道，特別是禪宗，無論是心性理論、修養工夫，甚至是思維方式都有一定的擷取。〔註5〕陽明自己也不諱言的說：「夫禪學之學與聖人之學，皆求於盡其心也，亦相去毫釐耳」〔註6〕、「覺悟之說，雖有同於釋氏，然釋氏之說，亦自有同於吾儒，而不害其爲異者，惟在於幾微毫息之間而已」〔註7〕、「大抵二氏之學，其妙與聖人只有毫釐之間」〔註8〕儒佛之差只在幾希、只在毫釐，因此「亦何必諱於其同，而遂不敢以言？」〔註9〕所以陽明對於佛教的用詞、典故，甚至是思想內涵，亦有諸多的肯定與借用。例如他以「本來面目」講良知，〔註10〕以「常惺惺」、「無所住而生其心」說致良知，〔註11〕以及用「方便法門」作爲懇切爲道的強調等等。〔註12〕根據統計，陽明光是在《傳習錄》中以禪宗的「虛靈」、「不昧」

至陽明而後大。」（頁78）

〔註4〕陽明曾說：「吾亦自幼篤志二氏。自謂既有所得，謂儒者爲不足學。其後居夷三載，見得聖人之學若是其簡易廣大。始自嘆悔錯用了三十年氣力。」（引自陳榮捷，《王陽明傳習錄詳註集評》（臺北：臺灣學生書局1988年）卷上，〈薛侃錄〉，頁148。）

〔註5〕陽明學深受禪宗的影響，是學界所公認的事實。陳榮捷在〈陽明與禪〉一文中即言：「陽明之深受禪宗影響，爲學者所共知。」然而他認爲陽明的「良知」，乃是出自於孟子。江燦騰在〈李卓吾的生平與佛教思想〉（《中華佛學學報》1988年10月）中則言：「陽明的良知說，本身就是禪的產物。」（頁281）賴永海在《佛學與儒學》裡更直說：「王陽明的『良知』與禪宗的『心』或『佛性』，二者除了稱謂上不同外，還能有什麼區別呢？」（臺北：揚智文化事業股份有限公司，1995年4月，頁249。）

〔註6〕《王陽明全集（一）》（臺北：正中書局，1954年）卷4，〈重修山陰縣學記〉，頁216。

〔註7〕《王陽明全集（二）》卷4，〈答徐成之〉，頁74。

〔註8〕陳榮捷，《王陽明傳習錄詳註集評》卷上，〈薛侃錄〉，頁148。

〔註9〕《王陽明全集（二）》卷4，〈答徐成之〉，頁74～75。

〔註10〕陽明言：「本來面目，即吾聖門所謂良知。」（陳榮捷，《王陽明傳習錄詳註集評》卷中，〈答陸原靜書〉，頁228。）

〔註11〕陽明言：「隨物而格，是致知之功，即佛氏之『常惺惺』，亦是常存他本來面目耳。」又言：「聖人致知之功，至誠無息。其良知之體，皦如明鏡，略無纖翳。妍媸之來，隨物見形。而明鏡曾無留染。所謂情順萬事而無情也。無所住而生其心，佛氏曾有是言，未爲非也。」（陳榮捷，《王陽明傳習錄詳註集評》卷中，〈答陸原靜書〉，頁148、頁237。）

〔註12〕陽明言：「大抵吾人爲學緊要大頭惱只是立志……自家痛癢，自家須會知得，自家須會搔摩得。既自知得痛癢，自家須不能不搔摩得。佛家謂之『方便法

作為心性特質的說明，就多達四十次以上。〔註13〕

程朱學者向來斥禪者為異端、視為洪水猛獸，相對之下，陽明就顯得較開放而友善。對於「異端」，王陽明的看法是：「仙佛到極處，與儒者略同。但有了上一截，遺了下一截。終不似聖人之全。然其上一截同者，不可誣也。後世儒者又只得聖人下一截。分裂失真。流而為記誦，詞章，功利，訓詁。亦卒不免為異端。是四家者，終身勞苦於身心，無分毫益。視彼仙佛之徒，清心寡慾，超然於世累之外者，反若有所不及矣。」〔註14〕在他看來，佛道在「上一截」有與儒者相同、不可誣之處；世儒的用心於舉業，以訓詁、辭章為事者，才是真正的異端。在陽明處，異端已由傳統世儒的佛道轉向於「與愚夫、愚婦異的」。〔註15〕他更在「道一」的基礎下，將佛道範圍於儒之下。〔註16〕陽明的這些論點，為後學的三教會通，開啓了方便之門。

王陽明雖然不如程朱學者般，拒佛道於千里之外，但是儒者本位的他，依然是闢佛的，他極力區別儒佛之間「幾希」的差異。釋氏的揚棄人倫、視心為虛幻空寂、不能用於世的自私自利，再再都是他批判的重點。〔註17〕學

門』。非是自家調停斟酌。他人總難與力。亦更無別法可設也。」（陳榮捷，《王陽明傳習錄詳註集評》卷中，〈答周道通書〉，頁201～202。）

〔註13〕 詳見陳榮捷，〈王陽明與禪〉，收入《王陽明與禪》（臺北：臺灣學生書局，1984年），頁75。

〔註14〕 陳榮捷，《王陽明傳習錄詳註集評》卷上，〈陸澄錄〉，頁87。

〔註15〕 陽明曰：「與愚夫愚婦同的，是謂同德；與愚夫愚婦異的，是謂異端。」（陳榮捷，《王陽明傳習錄詳註集評》卷下，〈黃省曾錄〉，頁329。）

〔註16〕 王陽明言：「道一而已，仁者見之謂之仁，智者見之謂之智。釋氏之所以為釋，老氏之所以為老，百姓日用而不知，皆是道也，寧有二乎。」（《王陽明全集（二）》，卷3，〈答鄒謙之〉，頁46）又：「二氏之用，皆我之用，即吾盡性至命中，完養此身謂之仙。即吾盡性至命中，不染是累謂之佛。但後世儒者不見聖學之全，故與二氏成二見耳。」（《王陽明全集（四）》卷1，〈年譜〉，頁133）陽明在道一不二的基礎下，將佛道統攝於儒學的體系下。這種儒釋道並行不悖的思想，在學術發展史上具有相當重要的意義。

〔註17〕 陽明對於禪學自覺的保持一份距離，甚至一再公開批評、反對禪學。他說：「而禪之學，起於自私自利，而未免於內外之分，斯其所以為異也。」（《王陽明全集（一）》卷4，〈重修山陰縣學記〉，頁216）；又「佛氏著在無善無惡上，便一切都不管。不可以治天下。聖人無善無惡，只是無有作好，無有作惡。不動於氣。然遵王之道，會其有極。便自一循天理。便有箇裁成輔相。」「吾儒養心未嘗離卻事物，只順其天則自然就是功夫。釋氏卻要盡絕事物。把心作幻相看。漸入虛寂去了。與世間若無些子交涉。所以不可治天下。」「佛氏不著相，其實著了相，吾儒著相，其實不著相。」（陳榮捷，《王陽明傳習錄詳註集評》卷上，〈薛侃錄〉，頁123；卷下，〈黃省曾錄〉，頁329；卷下，

者甚至認爲，陽明對於禪宗中心學說的攻擊，比宋儒更進一步。〔註18〕然而無論如何，陽明的近禪是個不爭的事實，特別是他對於心性義涵「無善無惡」的界定，更使得陽明學是否爲禪學的問題，成爲後人激辯的焦點。因爲以無善無惡爲心之體，所衍伸出的問題是，無善無惡是否與儒家所堅持的性善說相違背？或爲告子的性無善惡論？抑或者就儒者的立場而言，已「淪爲」佛教「不思善」、「不思惡」的本來面目？陽明是否爲禪的問題，在陽明時就已屢屢被問及，〔註19〕陽明後學亦多爲這個問題一再的提出申辯。〔註20〕陽明近禪的特質，雖然成爲後世——特別是明末清初程朱學者，撻伐的焦點所在，但這同時也成爲儒佛會通的重要津梁。總而言之，由於陽明以心立學〔註21〕、心性本質的類於禪宗、以及他對於禪佛兼容並蓄的態度，都爲儒佛的溝通提供了方便與可能。

陽明後王學分化成多派，雖然學界對於所謂「陽明嫡傳」有不同的看法，〔註22〕但傳播陽明學最有功者，爲浙中龍溪及泰州學派，則幾乎沒有異議。

〈黃直錄〉，頁309。）
〔註18〕陳榮捷，〈王陽明與禪〉，頁77～78。
〔註19〕如薛侃問：「佛氏亦無善無惡，何以異？」（陳榮捷，《王陽明傳習錄詳註集評》卷上，〈薛侃錄〉，頁123）顧東橋質疑陽明的良知說：「但恐立說太高，用功太捷。後生師傅，影響謬誤。未免墮於佛氏明心見性定慧頓悟之機。無怪聞者見疑。」（卷中，〈答顧東橋書〉，頁164）陸原靜對「佛氏於『不思善不思惡時，認本來面目』，於吾儒隨物而格之功不同」的疑問。（卷中，〈答陸原靜書〉，頁228）
〔註20〕詳見林惠勝，《王陽明與禪佛教之關係研究》（臺北：臺灣師範大學國文研究所博士論文，1996年7月），頁372～380。
〔註21〕明‧陶望齡《歇庵集》即言：「今之學佛者，皆因良知二字誘之也。」（臺北：偉文出版社，1976年，頁2361）陽明學與禪宗，同樣都是以心立學，無形中即爲儒佛間，建立起溝通的橋樑。詳見日‧荒木見悟，《佛教と陽明學》（東京：第三文明社，1979年），第七章〈陽明學出現の意義——新心學の誕生〉，頁64～67。
〔註22〕清‧黃宗羲，《明儒學案》（《黃宗羲全集》第7冊，杭州：浙江古籍出版社，1992年）卷16，〈江右王門學案一〉：「姚江之學，惟江右爲得其傳。」（頁377）呂思勉亦有相同的看法，他認爲：「江右最純。」（《理學綱要》（北京：東方出版社，1996年），頁188）至於李卓吾則以爲：「當時陽明先生門徒遍天下，獨有心齋爲最英靈。」（《焚書/續焚書》（臺北：漢經文化事業股份有限公司，1984年5月）卷2，〈爲黃安二上人〉，頁80）嵇文甫也相同的見解：「眞正能繼承陽明學者，當推時時越過陽明藩籬的王學左派。」（《左派王學》，（臺北：國文天地雜誌社，1990年4月），頁69）牟宗三也認爲：「唯王龍溪與羅近溪是王學之調適而上遂者，此可說是眞正屬於王學者。」（《從陸象山到劉蕺山》

黃宗羲言：「陽明先生之學，有泰州、龍溪而風行天下，亦因泰州、龍溪而漸失其傳。泰州、龍溪時時不滿其師說，益啓瞿曇之祕而歸之師，蓋躋陽明而爲禪。」〔註23〕龍溪與泰州最大的特色就在正面收編佛道的虛無空寂於心體中，並主現成良知說，強調道在日用、一念靈明的工夫進路。這些論點無疑與佛教的空觀、禪門應機棒喝，以及頓悟成佛有一定程度的相通。〔註24〕隨著對「無善無惡心之體」的高度肯定與充分發展，王學與禪學之間的距離，一步步被拉近，甚至公然引禪入儒而不諱。〔註25〕

　　就明代中晚期的心學者而言，闢佛的問題已經不存在，禪佛共修更成爲一種思想傾向：「僧而不兼外學者，懶且愚薄；儒而不就佛典者，庸而僻不通。」〔註26〕在這種思潮下，不僅儒生多出入佛老，佛教界的僧侶也多攝世學。透過僧俗頻繁的往來、儒佛思想的交涉，彼此推波助瀾的結果，在心學大盛的同時，禪學也跟著復興。〔註27〕黃宗羲言：「明初以來，宗風寥落。萬曆間儒者講習遍天下，釋氏亦遂有紫柏、憨山因緣而起，至於密雲、湛然，則周海門、陶石簣爲之推波助瀾。而儒釋幾如肉受串，處處同其義味矣。」〔註28〕

（臺北：臺灣學生書局，1984年11），頁297）。

〔註23〕清·黃宗羲《明儒學案》卷32，〈泰州學案一〉，頁821。嵇文甫、岡田武彥亦認爲王門左派最具活力、最爲隆盛。詳見嵇文甫，《晚明思想史論》，頁26；日·岡田武彥著、吳光等譯《王陽明與明末儒學》（上海：上海古籍出版社，2000年），頁104～150。

〔註24〕詳見嵇文甫，《左派王學》一書及《晚明思想史論》，頁15～72；陳來，《宋明理學》（瀋陽：遼寧教育出版社，1991年12月），頁343～397；孫中曾，〈明末禪宗在浙東興盛之源由探討〉，《國際佛學研究》1992年12月，頁141～176；彭國翔，《良知學的展開——王龍溪與中晚明的陽明學》（臺北：臺灣學生書局，2003年6月），頁91～238。

〔註25〕黃卓越《佛教與晚明文學思潮》言：「……其最明顯的一種態勢，則是越往後去，入佛也就越深。如果陽明還是一個甚具儒學色彩的人物，至二、三、四代則不僅在理論上佛禪要素更爲濃重，多方面引佛入儒，而且大多帶有強烈的反叛性。……到了第五代諸人，則幾乎都身涉佛門，成爲所謂的『宰官居士』，並公開倡導儒、釋合一，完全揭去了陽儒陰佛的護身面紗。左翼王學的步步發展，幾乎與引佛入儒步步深入的趨勢完全一致，這也是『晚明思潮』的基本運動態勢。」（北京：東方出版社，1997年，頁7。）

〔註26〕明·幻輪，《釋氏稽古錄續集》，〈序〉，頁187。

〔註27〕明末佛學的復興，有其政治、社會，及佛教本身發展等多重因素，但不可諱言的，陽明心學的發展，是其中一個重要的推動力量。詳見荒木見悟，〈陽明學與明代佛學〉，收入《中國近世佛教研究》（臺北：華世出版社，1985年8月），頁375～413。

〔註28〕黃宗羲，《南雷文定後集》卷4，〈張仁庵先生墓銘〉，頁1。

明末東南心學與禪風的同為鼎盛，即是儒佛相資相成的最佳說明。〔註29〕

明隆慶、萬曆時期東南的心學家，幾乎沒有不談禪者，〔註30〕也幾乎無一不是三教融合論的提倡者。〔註31〕《四庫全書總目提要》：「蓋心學盛行之時，無不講三教歸一者」即是最好的註解。而士大夫直接從事於佛學研究的也大有人在，如袁宏道的《西方合論》、李卓吾的《華嚴經合論簡要》、王肯堂的《成唯識論》、焦弱侯的《楞嚴經精解評林》、莊廣還的《淨土資糧集》等等，此外尚有《居士分燈錄》與《居士傳》的成書，足見當時居士佛教的興盛。在《居士傳》與《明儒學案》中，所收錄的人物亦有互見者，可見居士之於儒者，特別是陽明學派，二者之間有一定的重疊。〔註32〕

明末僧界由儒而入釋者比比皆是，〔註33〕僧眾深厚的儒學素養，使得教界具有與儒界對話的能力，關於三教思想的詮釋，也屢屢出現於衲僧的語錄著作中。對於儒釋的關係，佛教界亦多主調和的態度。明末教界對於三教會通最用力、影響最大者，莫過於以雲棲袾宏為首的明末四大師。四大師在一定程度上，都贊成三教同源之說。袾宏以為三教「理無二致，而深淺歷然；深淺雖殊，而同歸一理，此所以三教一家也。」〔註34〕真可認為「且儒也、釋也、老也，皆名焉而已，非實也。實也者，心也；心也者，所以能儒能佛能老也。噫，能儒、

〔註29〕詳見第三章第一節第二目。

〔註30〕清・李桓輯《國朝耆獻類徵初稿》（收入周駿富編《清代傳記資料叢刊》（臺北：明文書局，1991 年）第 58 冊）卷 439，彭繼清〈汪縉〉言：「至陽明王氏，倡良知之學，一再傳後，折而入佛者，殆不可悉數。其最著者大洲趙氏、復所楊氏、海門周氏、石簣陶氏、憺園焦氏、東溟管氏、正希金氏。」（頁 701）除此之外，羅汝芳、耿定向、何心隱、李卓吾等人，都於禪學有一定的關係。泰州學派旗下的學者，幾乎人人都涉佛。

〔註31〕關於晚明陽明學者對於三教融合的提倡，詳見彭國翔，《良知學的展開──王龍溪與中晚明的陽明學》，第七章〈中晚明的陽明學與三教融合〉，頁 471～552；陳寶良，〈明代儒佛道的合流及其世俗化〉，《浙江學刊》2002 年第 2 期，頁 153～157；越傳，〈晚明狂禪思潮的三教論〉，《青島大學師範學院學報》2005 年 3 月，頁 31～37。

〔註32〕詳見釋聖嚴，《明末佛教研究》，頁 267～270。

〔註33〕例如紫柏真可、憨山德清、漢月法藏、蕅益智旭等都是由儒入佛，或在僧侶生涯中飽讀儒書；甚至有些還出身於士子，雲棲袾宏、永覺元賢、晦山戒顯等都曾通過科舉考試。

〔註34〕《蓮池大師全集・證訛集》，〈三教一家〉，頁 4094。有關袾宏的儒釋思想，詳見日・荒木見悟著、周賢博譯，《近世中國佛教的曙光──雲棲袾宏之研究》，頁 243～274。

能佛、能老者，果儒釋老各有之耶？」〔註35〕德清則認爲「若以三界唯心、萬法唯識而觀，不獨三教本來一理，無有一事一法不從此心建立。」〔註36〕智旭也認爲：「大道之在人心，古今唯此一理，非佛祖、聖賢所得私也。」〔註37〕以理爲一、心無二，可以說是明末三教合一思想的基本理論架構。〔註38〕德清與智旭更進一步從事實際會通的工作，德清的《道德經解》、《觀老莊影響說》、《莊子內篇注》、《大學中庸直解指》、《春秋左氏心法》，以及智旭的《周易禪解》、《四書蕅益解》，都是這類創造性的詮釋著作。

總之，由於陽明後學不斷的向禪佛靠攏，以及禪界高僧儒學素養的深厚，晚明時期儒佛的互動更顯頻繁，三教會通的思想也愈發流行。儒佛的疆界不再，兩者相互資長的結果，心學與禪學同時興盛起來。

二、佛學對心學的反省

陽明學雖因龍溪與近溪而傳播天下，但也由於龍溪的「太高」以及近溪的「混俗」，〔註39〕使得王學的發展不斷的向左傾，弊病也日益顯發。對於心體「無善無惡」的高舉，難免走向空寂玄虛；對於良知現成的強調，也不可避免的淪於以情識論良知。劉宗周即言：「今天下爭言良知矣。及其弊也，猖狂者參之以情識，而一是皆良；超潔者蕩之以玄虛，而夷良於賊。」〔註40〕對於這段話，牟宗三有進一步的解說：「所謂『即于人倫日用，隨機流行，而

〔註35〕 《紫柏尊者全集》卷3，〈法語〉，頁716。關於真可的三教思想，詳見范佳玲，《紫柏大師生平及其思想研究》，頁277～288。

〔註36〕 德清的三教思想，詳見王開府，〈憨山德清儒佛會通思想述評——兼論其對「大學」「中庸」之詮釋〉，《國文學報》，1999年6月，頁73～99+101。相關問題，歷來研究頗豐，學位論文與單篇論文不下數十篇，亦可做爲參考。

〔註37〕 《靈峰宗論》（《大藏經補編》23冊）卷五之三，〈儒釋宗傳竊議序〉。頁11027。蕅益的會通思想，詳見杜保瑞，〈蕅益智旭溝通儒佛的方法論探究〉，《哲學與文化》，2003年6月，頁79～96。關於智旭儒釋會通的研究，目前學界亦有相當豐富的成果可供參考。

〔註38〕 儒釋二家對於三教的同一，基本上都是循著這個理論而來。但是細部分辨，雖是講同一，儒家所講的理、佛教所說的心，自是不完全相同。

〔註39〕 曾錦坤在〈從劉蕺山的慎獨之學看明末學風的轉變——學風轉變型態之一的介紹〉一文中言：「龍溪病在太高，近溪病在混俗：一者近於性空無爲，一種近於作用見性；體用認識不清，均之近禪而爲良知病。」（詳見《晚明思潮與社會變動》（臺北：弘化文化事業股份有限公司，1987年12月），頁162。）

〔註40〕 明·劉宗周，《劉子全書》（臺北：華文書局，1968年）卷6，〈證學雜解〉，頁411。

一現全現」，其一現全現者豈眞是良知之理乎？得無情識之雜乎？混情識爲良知而不自覺者多矣。此即所謂『猖狂者參之以情識，而一是皆良』。此流弊大體見於泰州派。至于那專講圓而神以爲本體，而不知切于人倫日用，通過篤行，以成己成物，則乃所謂『超潔者蕩之以玄虛，而夷良於賊』也。此流弊大抵是順王龍溪而來。」〔註41〕

　　所謂的左派王學，大抵而言是以良知的「四無」與「現成」爲論學重點。然而對於理學而言，善具有實踐理性的意味，無善即意味著理性內容的抽離，由此即易導向於以本然情識爲良知的弊病。以情識爲良知，是四無說及現成良知的引伸，伴隨而起的是理性的失落與非理性的膨脹。〔註42〕於是左派王門「從而陷入任情懸空之弊，以至於產生蔑視人倫道德和世紀之綱紀的風潮。」〔註43〕李卓吾「童心說」對於天理的剔除及個體原則的突出，即是最好的說明。〔註44〕在自我意識不斷擴張下，個體的反叛性也日益增強。故黃宗羲言：「泰州之後，其人多能赤手以搏龍蛇。傳至顏山農、何心隱一派，遂復非名教之所羈絡矣。」〔註45〕泰州學者將王學「狂者」〔註46〕的精神發揮到了極至，他們摒棄經書、純任心性、反對禮教，對於當時的社會造成極大的衝擊。就連發揚左派王學最力的嵇文甫，也不得不承認「以左派王學較陽明，則左派王學未免過激。」〔註47〕發展到極端的王學末流，已不能爲社會大眾所接受，反對的聲浪也隨之出現。

　　明末清初的新學風，可以說是爲拯救王學流弊而起。不論是明末的東林

〔註41〕牟宗三，《從陸象山到劉蕺山》，頁451～452。
〔註42〕楊國榮，〈晚明心學的衍化〉，《孔孟學報》1998年3月，頁115～134。
〔註43〕日・岡田武彥著、吳光等譯，《王陽明與明末儒學》，頁104。
〔註44〕楊國榮爲李卓吾童心說所下的標題即是：「天理的剔除與個體性原則的突出。」（《王學通論──從王陽明到熊十力》（臺北：五南圖書出版公司，1997年9月），頁190。）
〔註45〕清・黃宗羲著，《明儒學案》卷32，〈泰州學案二〉，頁821。
〔註46〕陽明對於狂狷者是讚許有嘉的：「聖人何等寬洪包含氣象？且爲師者問志於群弟子，三子皆整頓以對。至於曾點瓢瓢然不看那三子在眼。自去鼓起瑟來。何等狂態？及至言志，又不對師之問目。都是狂言。……聖人教人，不是箇束縛他通做一般，只如狂者便從狂處成就他，狷者便從狷處成就地，人之才氣如何同得？」（陳榮捷，《王陽明傳習錄詳註集評》卷下，〈黃省曾錄〉，頁321）他自己更以狂者自居：「我今繞做得箇狂者的胸次，使天下之人都說我行不掩言也罷。」（卷下，〈黃省曾錄〉，頁55）後來左派王學就專從「狂」一路發展下去了。詳見嵇文甫，《晚明思想史論》，頁50～72。
〔註47〕嵇文甫，《左派王學》，頁69。

學派的顧憲成、高攀龍，或堅守理學立場的劉宗周、黃宗羲，以至入清後的顧炎武、王夫之等人，無一不是王學末流的修正者或反對者。〔註 48〕左派王學的空疏無根、任情率性、頓悟廢修等，都屢屢爲學者所批評。顧憲成認爲王學末流總歸於「空」與「混」，他說：「空則一切解脫，無復掛礙，高明者入而悅之，於是將有如所云：以仁義爲桎梏，以禮法爲土苴，以日用爲緣塵，以操持爲把捉，以隨事省察爲逐境，以訟悔遷改爲輪迴，以下學上達爲落階級，以砥節礪行，獨立不懼，爲意氣用事者矣。則一切含糊，無復揀擇，圓融者便而趨之，於是將有如所云：以任情爲率性，以隨俗襲非爲中庸，以闒然媚世爲萬物一體，以枉尋直尺爲捨其身濟天下，以委曲遷就爲無可無不可，以狷狂無忌爲不好名，以臨難苟安爲聖人無死地，以頑鈍無恥爲不動心者矣。」〔註 49〕一個空、一個混道盡了王學末流的弊害。而這個空與混，指向於良知的無善無惡〔註 50〕──指向於儒與禪的交涉。

較中立者，以儒禪相濫評之，如袁宏道言：「近代之禪，所以有此流弊者，始則陽明以儒而濫禪，既則豁渠諸人以禪而濫儒。禪者見諸儒沒世情之中，以爲不礙，而禪遂爲撥因果之禪。儒者借禪家一切圓融之見，以爲發前賢所未發，而儒遂爲無忌憚之儒。不惟禪不成禪，而儒亦不成儒。」〔註 51〕管東冥所謂：「今日當拒者，不在楊墨，而在僞儒之亂眞儒；今日之當鬪者，不在佛老，而在狂儒之爛狂禪。」〔註 52〕錢謙益亦認爲當世學術風氣之敗壞，其關鍵在於陽明心學的流弊與當時之禪學相互滋養而到了愈加不可收拾的地步。〔註 53〕他曾說：「姚江之良知，佐以近世之禪學，往往決藩踰垣，不知顧恤，風俗日以媮，子弟日以壞。」〔註 54〕

〔註 48〕 大抵而言，明末的學者多是王學的修正者；入清後，除承師說的黃宗羲外，則大多是王學的批判者。
〔註 49〕 清・黃宗羲著，《明儒學案》卷 58，〈東林學案一〉，頁 746。
〔註 50〕 顧憲成言：「見以爲心之本體，原是無善無惡也，合下便成一個空。見以爲無善無惡，只是心之不著于有也，究竟且成一個混。」（黃宗羲，《明儒學案》，卷 58〈東林學案一〉，頁 746。）
〔註 51〕 明袁宏道著、錢伯城箋校，《袁宏道集箋校》（上海：上海古籍出版社，1981 年）卷 21，〈答陶石簣〉，頁 790～791。
〔註 52〕 引自清・錢謙益，《初學集》卷 49，〈湖廣提刑按察司僉事晉階朝列大夫管公行狀〉，頁 1264。
〔註 53〕 連瑞枝，《錢謙益與明末清初的佛教》（新竹：清華大學歷史研究所碩士論文，1993 年 5 月），頁 68。
〔註 54〕 清・錢謙益，《初學集》卷 63，〈封兵部尚書李公神道碑〉，頁 1494。

至於堅守儒學立場者，則直接將茅頭指向於禪佛，以王學末流的近禪以至弊害無窮，給予嚴屬的抨擊。如劉宗周言：「只爲後人將無善無惡四字，播弄得天花亂墜，一頓搯入禪乘，於平日所謂良知即天理，良知即至善等處，全然抹殺，安得不起後世之惑乎？」〔註55〕顧憲成則言：「無聲無臭，吾儒之所謂空也；無善無惡，二氏之所謂空也。名似而實遠矣。是故諱言空者，以似廢眞；混言空者，以似亂眞。」〔註56〕除了對心體界定混禪的批評外，王學末流的狂妄亦被指向於近禪。東林學者何一本就說：「禪本殺機，故多好爲鬥口語。儒者每染其毒而不自覺，何哉！」〔註57〕黃宗義則言：「所謂祖師禪者，以作用見性。諸公（泰州學者）掀翻天地，前不見古人，後見來者。釋氏一棒一喝，當機橫行，放下柱杖，便如愚人一般。諸公赤身擔當，無有放下時節，故其害如是。」〔註58〕黃氏對禪宗與泰州的不滿之情溢於言表；其師劉宗周直稱當時的心學爲「陽明禪」。〔註59〕

明末清初的新學風，趁著王學末流的弊病而起，學者對於左派王學幾乎沒有不批評的，就連王陽明也成爲眾矢之的；更甚者還將明朝覆亡的全部責任，歸咎於心學的空疏。而對於王學末流的異端發展，學者一致將砲口指向於陽明心學的禪宗化。因此他們在大力抨擊陽明心學的同時，無不極力於區分儒佛之別；學者對於王學末流的不滿，實際上也就是對佛禪的批判。也因此明末清初的儒者，幾乎無一不是排佛論者。「狂禪」一詞雖是對於儒者的批判，但卻是以「禪」論之，就是最佳的例證。

心學的空疏狂蕩，在當時的社會引起一陣的撻伐。這也使得因心學而復興的佛教內部，有著相對性的反省：一是對於王學末流保持批判性的距離，二是趨向於沈穩持重的發展。〔註60〕例如袾宏就曾說：「如李卓吾作用，恐有害於佛法，無益於佛法。」〔註61〕對於良知的混同於佛性，他也有著一定的警戒：「良

〔註55〕《劉子全書三》卷19，〈答韓參夫〉，頁1386。
〔註56〕顧憲成《小心齋箚記》，引自黃宗義，《明儒學案》卷58，〈東林學案一〉，頁737。
〔註57〕何一本《竈記》，引自黃宗義，《明儒學案》卷59，〈東林學案二〉，頁811。
〔註58〕黃宗義，《明儒學案》卷32，〈泰州學案一〉，頁821。此外，他亦說：「先生（羅近溪）眞得祖師禪之精者。」（卷34，〈泰州學案二〉，頁4。）
〔註59〕劉宗周言：「即古之爲佛者，釋迦而已矣。一變而爲五宗禪，再變而爲陽明禪。」（《劉子全書》卷19，〈答胡嵩高朱綿之張奠夫諸生〉，頁1373。）
〔註60〕夏清瑕，〈心學的展開與晚明佛教的復興〉，《宗教學研究》2002年第1期，頁50。
〔註61〕《雲棲法彙》，〈遺稿三‧雜答〉，頁146。

知門下諸君子，以有減無增、一切現成等語，便欲和會儒釋，而謂達摩直指之禪，亦止是如此，寧知佛法不是這箇道理。……自誤誤人，爲害不小。」〔註62〕祩宏亦極力於分別陽明「良知」與佛教「眞知」的不同。〔註63〕德清也認爲以悟廢修的王學末流，對於禪門造成極大的負面影響，他說：「近世士大夫，多尚口耳，恣談柄，都尊參禪爲向上事，薄淨土而不修。以致吾徒好名之輩，多習古德現成語句，以資口舌便利。以此相尚，遂到法門日衰。」〔註64〕有鑑於教外王學末流的自毀家門，以及教內棒喝機鋒所造成的負面效應，明末佛教的復興，朝向與左派狂禪相反的沈穩路向發展。明清之際的佛門高僧，都重視修持在宗教解脫中的重要性，禪法的眞參實修與經教的重新回歸，成爲明末佛學的主要發展路向。〔註65〕

　　對於陽明心學，明末佛教界有著既是接納又是警戒的雙重態度。儒佛之間的關係，自古以來即密切，晚明時更有著剪不斷理還亂的糾葛。以儒士背景出身，在明末清初的學術氛圍下，元賢如何看待三教問題？如何處理三教關係？如何回應時代思潮？這些都將是本文所要討論的重點。對於三教問題，元賢並沒有創造性詮釋的會通著作，亦沒系統性的論述，僅有以條列形式呈現的《寱言》與《續寱言》二書。故以下對二書作一整理，彙整相關的筆記資料，以主題方式論述元賢的三教思想。

第二節　元賢對儒學理論的批駁

一、論心性良知

　　明代學風的轉變，中期因王陽明的心學而起，晚期又因心學的流弊而變，因此「心性論」始終是學界論學的重點。明末學者的論心性，有一定程度集

〔註62〕《雲棲法彙》，〈遺稿三・答江山朱居士〉，頁144。
〔註63〕雲棲祩宏言：「新建創良知之說，是其識見學力深造所到，非強立標幟以張大其門庭者也。然好同儒釋者，謂即是佛說之眞知，則未可。何者？良知二字，本出子輿氏，今以三支格之，良知爲宗，不慮而知爲因，孩提之童無不知愛親長爲喻，則知良知者美也，自然之知而非造作者也。而所知愛敬涉妄已久，豈眞常寂照之謂哉？眞之與良故當有辨。」（《雲棲法彙》，〈竹窗隨筆・良知〉，頁30。）
〔註64〕《憨山大師夢遊全集廣錄》卷8，〈示西印淨公專修淨土〉，頁319。
〔註65〕夏清瑕，〈心學的展開與晚明佛教的復興〉，頁50～51。

中在對陽明良知學的討論。而其中東林學派，對於王學末流的「無善無惡」
之論，最是不能忍受，一再的提出批評。〔註66〕東林學者在大肆抨擊無善無
惡的混爛與近禪時，〔註67〕重新高揚孟子的性善理論，主張復性之說，以心
性合一、天人合一爲道德實踐的終極目標，孟子的性善於是成爲明末心性論
的重點之一。元賢對於心性論的問題有相當多的討論，以下即從他評孟子的
性善說起。

> 問：「孟軻謂人之性，與犬羊之性異。然則性有二乎？」曰：「性無
> 二也。」曰：「然則物得其偏，人得其全乎？」曰：「性無偏全也。」
> 曰：「然則人物同乎？」曰：「不變之體，靡不同也。隨緣不用，靡
> 不異也。經云：『法身流轉五道是也。』」〔註68〕

就佛教而言，「性」是指「眞如佛性」，此佛性人人具足、個個圓成，一切眾
生皆平等無異。《大乘起信論》所謂：「如實知一切眾生，及與己身，眞如平
等，無有異別。」〔註69〕眞如理體雖隨緣染淨，但恆常不失自性清淨。就如
海水和波浪，雖因風動而有波浪，但海水的本性不生變化。佛性不僅是眾生
成佛的依據，亦是萬法的根源的。元賢以此說人之性與犬羊之性的無有差別。

然而就孟子而言，他給予人「性善」的本心，最主要的用意在於區隔人
獸。〔註70〕由於孟子看到人獸之間的差異只在幾希，因此他堅決反對告子的
「生之謂性」，〔註71〕積極捍衛「性善」之說。孟子強調人具有以仁義禮智爲
內容的先驗道德，以這個內在道德作爲人的特質，以爲人獸之辨的關鍵；並

〔註66〕其實就連走心學修證路線的劉宗周、黃宗羲師徒對於「無善無惡」也有諸多
的批評。詳見《明儒學案》之〈東林學案〉與〈蕺山學案〉。

〔註67〕東林學者對於陽明「無善無惡心之體」的抨擊，實際上也是對佛禪無念心法
的批評。參見陳永革，〈心學流變與晚明佛教復興的經世取向〉，《普門學報》
2002 年 5 月，頁 72～73。

〔註68〕《廣錄》卷 29，〈寱言〉，頁 754。

〔註69〕《大正藏》32 冊，頁 549b。

〔註70〕唐君毅《中國哲學原論·原道篇》言：「孟子之言人與獸之辨，雖必待將人
客觀化爲一類之存在，而後有此辨；然孟子此辨之目標，又不眞在客觀的辨
萬物之類之有種種，而要在由辨人與禽獸不同類，以使人自知人之所以爲人。」
（臺北：臺灣學生書局，1986 年 10 月，頁 218。）

〔註71〕《孟子·告子上》：「告子曰：『生之謂性。』孟子曰：『生之謂性也，猶白之
謂白與？』曰：『然。』『白羽之白也，猶白雪之白；白雪之白，猶白玉之白
與？』曰：『然。』『然則犬之性，猶牛之性；牛之性，猶人之性與？』」（引
自宋·朱熹集註、蔣伯潛廣解，《語譯廣解孟子讀本》（香港：啓明書局，不
著出版年月），頁 259。）

進一步建立作爲「具體的實踐生活之本源或動力」，〔註72〕使人的心靈自覺要求道德的實踐，從而確立人的尊嚴與凸顯人的價值。孟子性善的提出，目的並不在於安立形上根據。

告子的性是先天的物性，孟子的性是先驗道德的心，元賢的性是眾生根源的心。告子的性即生言性，這個性是屬於先天的物性，所以他認爲沒有不同。孟子的性是即心言性，是人之所以爲人的道德特性，所以強調人與禽獸的差別。〔註73〕元賢的性是即佛言性，是眾生成佛的內在依據，所以說平等沒有差異。三者所指涉的內容都不一樣，論理的層次也不相同。

至於孟子的性善是否爲不與惡相對的「本然的善」這一問題，元賢的理解是：

> 唯孟軻言性善，東林謂其指本然之善，不與惡對。朱晦庵亦曰：「此與卻是。」由是五百年，儒者宗之，無敢違越。……如孟軻之辨性善也，以水性之必下，喻人性之必善。則所謂善，非本然之善，乃與惡對之善也，既與惡對，則與荀楊諸論有何別乎？蓋四子之論性（指孟子性善、荀子性惡、揚雄性混善惡、韓愈性分三品），皆指其用而已。譬之水焉，善則水之下行也，惡則水之上行也，善惡混則兼上下也，三品則上下而兼不上不下也。用有四種之殊，故論者亦有四種之殊。倘能識水之體，則不離四種，亦不即四種，而四種之論，不攻而自破矣。〔註74〕

孟子言性善，爲的是人性尊嚴的確立，因此他不斷的強調這個善是本善，先天具足，不假學而成，具有先驗、應然的特質。但是這個善如果是經驗世界、相對於惡的善，則善的判斷，就可能參雜了人的意志，不能作爲道德終極目標的「最高善」或「圓善」。〔註75〕因此孟子的善，是否爲「本然的善」、不

〔註72〕牟宗三，《道德的理想主義》（臺北：臺灣學生書局，1985 年），頁 125。

〔註73〕袁保新，《孟子三辨之學的歷史省察與現代詮釋》（臺北：文津出版社，1992年 2 月），頁 47～48。

〔註74〕《廣錄》卷 29，〈寱言〉，頁 771。

〔註75〕吳康，《哲學大綱》（臺北：臺灣商務印書館，1992 年版）言：「最高善（拉丁文爲 summum bonum，英譯 the highest good）是希臘哲人蘇格拉所提出」（頁512）、「古今倫理學之學說，自其大體而言，皆在求所謂某最後的與普遍的價值，即在求終極的、廣包的善——最高善 summum bonum（至善），此一最高目的之觀念，乃倫理學之基本原理。」（頁 499）牟宗三將之譯作「圓善」。（牟宗三，《中國哲學十九講》，第十七講〈圓教與圓善〉，頁 369。

與惡對的「最高善」，就成為孟學討論的焦點，這也是宋明理學心性思想的關鍵所在。〔註76〕元賢所言的「東林」，是指東林總禪師，與宋程明道弟子楊時為友。他雖是禪師，但認為孟子的性善是不與惡對的本然之性。〔註77〕這樣的理解不為佛教界所接受，卻深為儒者所贊同。

然而元賢並不這麼認為。「人無有不善，水無有不下」〔註78〕水性自然向下，因外力而向東向西——孟子以此類比論證人先天性善，惡為外在環境所致，非人的本性無善或以惡為內容使然。元賢依此作進一步的邏輯推演：如果性善是水向下，性惡也就成了水向上，性善惡混則可視為水兼向上向下性，三品說則是向上向下而兼不上不下。〔註79〕既然孟子的性善，與性惡等說具有相對性的關係，則孟子的善就是相對的善。元賢順著水性之說，否定了孟子性善的無待義、絕對義。

孟子以人性喻水，是接著告子「性猶湍水」而來，水性何以可以類比人性？嚴格的說，這樣的類比推理，論證力量並不強，甚至是有缺陷的。〔註80〕告子的論證是從經驗層面上說，而孟子則以進一步超越經驗價值，直接就「水之性」來說「水無有不下」，孟子的人性概念是立足於先驗層面，相對於告子之說實已向上翻一層。〔註81〕所以在孟子而言，人性本善的善，是屬於超越的真理層面，和經驗上的善或不善，是屬於兩個層面的問題。〔註82〕在孟子

〔註76〕朱熹對於理的建構，王陽明心即理的發揮，都可視為「最高善」的追求。

〔註77〕楊時與總禪師的對話為：「時又問曰：『孟子道性善，是否？』師曰：『是！』時又問：『性何以善言？』師曰：『本然之善，不與惡對。』」（引自明·岱宗心泰，《佛法金湯編》（《嘉興藏》111冊）卷13，頁742。）

〔註78〕《孟子·告子上》：「告子曰：『性猶湍水也，決諸東方則東流，決諸西方則西流。人性之無分於善不善也，猶水之無分於東西也。』孟子曰：『水信無分於東西，無分於上下乎？人性之善也，猶水之就下也。人無有不善，水無有不下。今夫水，搏而躍之，可使過顙；激而行之，可使在山，是豈水之性哉？其勢則然也。人之可使為不善，其性亦猶是也。』」（引自宋·朱熹集註、蔣伯潛廣解，《語譯廣解孟子讀本》，頁258。）

〔註79〕韓愈的人性三品論，以為人性是與生俱來，分成上、中、下三品。上品之性是至善的，中品之性是可善可惡的，下品之性則是惡的。參見江國柱等，《中國人性論史》（鄭州：河南人民出版社，1997年2月，頁262～266。）

〔註80〕陳大齊，《孟子的名理思想及其辯說實況》（臺北：商務印書館，1983年），頁136。

〔註81〕牟宗三，《圓善論》（臺北：臺灣學生書局，1985年8月）：「人性問題至孟子而起突變，可說是一種創闢性的突變，此真可說是『別開生面』也。此別開生面不是平面地另開一端，而是由感性層、實然層，進至超越的當然層。」（頁22）

〔註82〕袁保新，《孟子三辨之學的歷史省察與現代詮釋》，頁50。

處人性本善，罪惡起於本心的喪失，是後天的妄作與習染，是善的不顯，並非以惡爲本性。〔註83〕就此一層面而言，孟子的善確實有「本然之善」的意涵；〔註84〕當然這「本然的善」並不同等於佛教的眞常佛心。

元賢順著孟子論理的缺陷，將性善論置於二元對立的邏輯思考，再以此爲基礎，作爲性惡混與三品論的說明。如此所有的人性論說，都不可避免的陷入了相對的論說關係中。有相對就不能是第一義，孟子的善也就不可能是本然的善。但就孟子而言，人受後天環境影響，所表現出的善與不善，這一部份才有相對性。人性的本善，與後天的善與不善，在孟子處，分別屬於先驗層與經驗層，是不同層面的問題。孟子對於性善的思維，實應是超越於經驗層次的，是先驗的絕對存在。

但是孟子論理的不完善卻也是事實，元賢即抓住此缺陷，而將孟子的性善判爲相對意義的善。孟子的性善論，在宋明理學中具有「宗主」的崇高地位。元賢否定了孟子善爲「本然之善」，其實也就跟著否定了宋明理學——特別是孟子所發展出的陸王一系的心性思想。如果孟子的性善不屬於「無善無惡」的心之體，就是落於經驗的道德之善，也就是「有善有惡」的心之用。用是理的顯發，不是理體的本身。於此進一步要推展出的是：唯有寂滅佛性、不變眞如，才可以稱的上是「本然之善」。

> 問：孟軻言性善，學禪者多非之，唯東林總公是其說，謂本然之善，不與惡對。是否？曰：性體寂滅，不落名言。凡有指注，俱乖本色。非獨孟軻不宜以善稱，即堯舜稱之曰中、大學稱之曰明、中庸稱之曰誠，乃至諸佛稱之曰眞如、曰圓覺，詎可以言性哉？至於方便開示，則亦不廢言詮。因其不偏謂之中，因其不昏謂之明，因其不妄謂之誠，因其不妄不變謂之眞如。因其統眾德，爍群昏，謂之圓覺。則因其本然無惡，謂之善，亦何不可？且所謂善者，即所謂中、所謂明、誠者而善之也。第能知善爲權巧設施，則孟軻乃仲尼之徒。若執善爲眞實法義，則孟軻亦告子之屬矣。〔註85〕

如果前面是就儒佛之辨而言，這裡則是就儒佛會通而說。元賢以「眞如不變，

〔註83〕參見王開府，《儒家倫理學析論》（臺北：臺灣學生書局，1986 年 3 月），頁117～122。

〔註84〕牟宗三《中國哲學的特質》稱之爲：「道德的善本身。」（臺北：臺灣學生書局，1994 年 8 月，頁 84。）

〔註85〕《廣錄》卷29，〈寱言〉，頁 754。

不礙隨緣」作為會通的鑰匙。真如理體超絕言詮,即便如佛教內部所說的真如、圓覺都不得安立;一落言詮,即非實義,這是就法的超越性而言。中道實相雖然絕言說,但發為應機方便,還是得靠語言文字。元賢以「權巧設施」說,將儒家的概念作為真如佛性的方便詮說。

然而不論是中、明、誠、善,就儒家而言,都有其具體的內涵,而非只是寂滅性體的「權巧施設」說。「堯舜稱之曰中」,堯舜的相關史料並不多,堯舜稱中,應該是指《論語》〈堯曰〉篇:「堯曰:『咨!爾舜!天之曆數在爾躬,允執其中!四海困窮,天祿永終。』舜亦以命禹。」「中」皇侃的疏作「中正之道」,朱熹集註作「無過不及之名」。〔註86〕故知堯舜的中,是指中正之意、標準、合適。孔子進一步發展「中」為「中庸」,而成為道德的最高標準。〔註87〕堯舜的中,即便還沒有道德的意涵,也是以人間的標準為標準,以人世間的合適為合適。《大學》講「明明德」,其所要「明」者是「明德」,也就是從道德立己、道德立他,以至於建立止於至善的道德世界。《大學》的精神就是透過道德的實踐,以修身治國平天下;人生開始是道德,最高理想也是道德,人自始自終都在道德中。〔註88〕「誠」在《中庸》是一個具有多義性的詞彙,〔註89〕而其所開展出來的是一套包括本體、工夫、境界完整的道德行踐體系。就本體而言,誠在天道處是道德及自然原理;在人處即是作為一個超越存在的道德與實踐的動力。就工夫而言,人以誠為動力,透過自覺努力「誠之」,以朗現本體。就境界而言,「至誠」是盡人性與盡物性、天人合德的境界。〔註90〕誠一方面由下而上開啓天人合一之道,另一方面又由內而外,成就內聖外王之道。〔註91〕「誠」不僅是《中庸》的根本,更貫穿了整

〔註86〕 引自宋·朱熹集註、蔣伯潛廣解,《語譯廣解論語讀本》(臺北:啓明書局,不著出版年月),頁300。

〔註87〕 《論語》〈雍也篇〉:「子曰:『中庸之為德也,其至矣乎!民鮮久矣。』」(引自宋·朱熹集註、蔣伯潛廣解,《語譯廣解論語讀本》,頁84。)「中庸」意的完全發揮成包含形上形下的儒家倫理實踐系統,要待《中庸》的成書,以至於宋明理學的進一步發揮。

〔註88〕 王開府,《四書的智慧》(臺北:萬卷樓圖書有限公司,1995年11月),〈學庸之基本精神〉,頁388~393。

〔註89〕 「誠」在中庸裡,具有動力義、真實義、實現義、充盡義、不息義、純粹義等多義性。詳見王開府,《四書的智慧》,頁341。

〔註90〕 參見王開府,〈由《中庸》探討儒家倫理的基本信念〉一文,收入《四書的智慧》,頁449~482。

〔註91〕 吳怡,《中庸誠的哲學》(臺北:東大圖書股份有限公司,1976年),頁50。

個《中庸》思想的精神。無庸置疑的，這個誠無論是作爲本體、工夫、境界，都是以道德爲內涵，以儒家的仁善作爲內涵的道德屬性。

就先秦儒家而言，「內聖外王」是最大的宏願，「內聖」是自我道德的修養，外王是道德事業的實現。〔註 92〕因此不論是中、明、誠、善，全都具有實質義，都是以道德爲眞實法義。〔註 93〕然而在元賢的觀點，善卻是不可執爲眞實法義的權巧施設。他以儒家的概念作爲寂滅性體的方便詮說，表面上看似爲儒佛的會通，實際卻上是對儒家以道德爲性體的全盤否定。

順著對孟子性善的理解，元賢對於宋儒的性與良知就有了如下的批評：

> 或問：五常可以言性否？曰就體指用，約用歸體。故以五常言性，而性實非五常也。蓋性乃一體渾然，本無名相，自一理隨緣，斯有五常之名。……宋儒不達此理，乃以五常爲性，謂性中有此五者之分別。……釋則只是箇渾崙底事物，無分別、無是非。夫謂全體中有許多道理者，非名相而何？不知理無名也。故能爲名之祖；理無相也，故能爲相之宗。若有墮於名相者，皆此理隨緣應用。因事而立其名，現其相者也。豈可以議其本寂之眞體哉？本寂之眞體，不可以言言、不可以識識，則一尙不可得，況分之爲五乎？性尙強名，況名之爲仁義禮智乎？故以仁義禮智言性者，謬也。〔註 94〕

宋儒以五常說性，實際上也就是孟子的性善，堯舜的中、大學的明、中庸的誠。宋儒的以五常說性，雖然使得原本具有本體義涵的道德意識變成結構性的思維，〔註 95〕但自是對儒家人倫本位思想的發揮。道德意識是儒家思想的基調，如果說儒家有信仰，那就是以道德爲信仰，抽離了道德的內涵，儒家就不成儒家了。但是就佛教而言，「一切法從本已來，離言說相，離名字相，離心緣相；畢竟平等，無有變異，不可破壞，唯是一心，故名眞如。」〔註 96〕眞如絕言語、絕思維，所有的言說、文字，都是依分別妄念而起，只要落於言詮、有指有涉，就不能是第一義，這是是元賢對終極理體的最根本堅持。

〔註 92〕參見王開府，〈宋明儒學的基本關懷及其再開展〉，《國文學報》1998 年，頁143～145。

〔註 93〕東林學者顧憲成說的好：「自習聖賢論性，曰帝衷、曰民彝、曰物則、曰誠、曰中和，總總是一個善字。」（《小心齋箚記》，引自《明儒學案》卷 58，〈東林學案一〉，頁 735。）

〔註 94〕《廣錄》卷 29，〈寱言〉，頁 758。

〔註 95〕杜保瑞，〈永覺元賢禪師援禪闢儒道之基本哲學問題探究〉，頁 450。

〔註 96〕《大乘起信論》，頁 576b。

對於孟子的以善言性，費盡心思的為道德實踐尋求內在依據、積極捍衛人性尊嚴的努力，元賢就已覺得是執於善法而非究竟，更不用說是落於以數目規範、窄化性體內涵的以五常說性了。無論是以善惡論性、或以五常說性，在元賢看來，全都違背了佛教性體寂滅的宗旨，都是犯了誤用為體、言用不即體的錯誤。

　　順著前面的論證邏輯下來，如果性體不可以有仁義禮智規範，那是否代表著可以以「無善無惡」為性之體？以有善有惡為性之用？元賢的回答是：

> 曰：性雖無善惡，而順性者必善，逆性者必惡。惡之用起於我執法執，善之極歸於無思無為。無思無為者，順性之道也；我執法執者，逆性之障也。故君子必舍執以致於道。或曰：性非五常中無定，則莽莽蕩蕩，何以應機而曲當乎？曰：應物有則，出一心。心虛而靈，心寂而妙，物至斯應，無不炳然。譬之鑑空無形，萬形所以現其影；衡空無物，萬物所以定其平。若使鑑衡不空，又安能隨物而曲當哉？
> 〔註97〕

這一則論述中，元賢回答了兩個問題。首先是以「無善無惡」為性體之說。元賢不否認發於行為的善，但並不認同以倫理道德義的「無善無惡」為性之體。他將惡歸於我執，以善的極致為「無思無為」。元賢的無思無為，是禪宗不思惡不思善的本來面目、是離一切相的無心之心。對於元賢而言，言心性總必要歸於寂靜的真如性體。接著的問題是對明末儒者，特別是東林學人論性的辯駁。東林學者以為「見以為心之體原是無善無惡，合下變成一個空；見以為無善無惡只是心之不著於有也，究竟且一個混」，〔註98〕因此強調性必歸於五常、良知當表現於四端之中，高揚心性的道德內涵。對此元賢的看法是：真心因虛寂而靈妙，自然能夠應萬物無累、任運成事；且唯有「虛寂」才能「靈妙」，就如溈山所謂「以思無思之妙，返思露焰之無窮。」〔註99〕以人倫道德為性體，即是對於善的執著，性體既有所偏執，如何能隨物任運？唯有真如的空慧，才能真正應物無累。元賢以心性之「虛寂靈妙」，回應了儒者對於禪佛性體空無莽蕩的批判，同時也駁斥了以五常為性的說法。

　　道德意義的儒家心性，就元賢禪師的立場而言，總是有執有染，終究是

〔註97〕《廣錄》卷29，〈寱言〉，頁758。
〔註98〕黃宗羲，《明儒學案》卷58，〈東林學案一〉，頁746。
〔註99〕《袁州仰山慧寂禪師語錄》（《大正藏》47冊），頁582b。

妄情意識。因此對於王陽明的良知，元賢即有如下的批評：

> 佛氏論性，多以知覺言之。然所謂知覺者，乃靈光獨露，迥脫根塵，
> 無待而知覺者也。陽明倡良知之說，則知待境起，境滅知亡，豈實
> 性之光乎？程朱論性，直以理言之，謂知覺乃心，心中所具之理爲
> 性，發之於四端爲情，陽明之良知正情也。即欲深觀之，則此情將
> 動未動之間，有靈靈不昧，非善非惡者，正心也，豈實性之理乎？
> 大都陽明之學，主之以儒，而益之以禪。故覺其精深敏妙，驚駭世
> 俗。而不知止坐此昭昭靈靈之中，此昭昭靈靈者，乃晦庵已揀之砂，
> 而釋氏深呵爲生死本者也。乃以之睥睨今古，誇爲獨得，不亦謬乎？
> 〔註100〕

就朱熹的理學系統而言，人性稟自天理，天理作爲人內在未發的本質爲性，
在外部表現的已發作用爲情；而以心作爲性情的統攝。在陽明學中，良知即
是最高的道德主體、成善的依據。王陽明言：「良知是心之體，即所謂性善也，
未發之中也，寂然不動之本體也，廓然大公」。〔註101〕這個作爲良知的「未發
之中」，必須以天理爲內涵，即所謂「而此心全體廓然，純是天理，方可謂之
喜怒哀樂未發之中。」〔註102〕天理的內涵即是道德意識、故說：「良知只是箇
是非之心」。〔註103〕良知是本體、是天理、是道德意識，是人人所本具、凡聖
等同、不假外求者。陽明的良知，是先驗的道德存在，不僅是道德的主體，
亦是道德的發用、天理的感通。這是儒者所津津樂道的道德主體的創生、良
知天理的貫徹。

　　良知不僅具有道德的創造意義，又具有善的直覺能力──即對於意念有
監督作用、對於是非有判斷能力，這是良知的一體二用。對於以道德作爲內
涵的良知而言，必定要有善的直覺，以此直覺的是非之心，才能肯定道德，
達成自律。〔註104〕但是元賢以爲這個善的直覺，既能是非、能判斷，就是朱
子心的「已發」狀態。在朱熹的心性論下，心之未發爲性，已發則爲情；朱
子對於情的描述，多從人欲的負面去詮釋，強調存天理去人欲。所以元賢說

〔註100〕《廣錄》卷29，〈寱言〉，頁763。
〔註101〕陳榮捷，《王陽明傳習錄詳註集評》卷中，〈答陸原靜書〉，頁217。
〔註102〕陳榮捷，《王陽明傳習錄詳註集評》卷上，〈陸澄錄〉，頁105。
〔註103〕陳榮捷，《王陽明傳習錄詳註集評》卷下，〈黃省曾錄〉，頁341。
〔註104〕參見王開府，〈良知、見聞與善的直覺〉，收入《陽明學學術討論會論文集》
　　　　臺灣師大人文教育中心1988年，頁78～83。

「陽明之良知正情也」、「乃晦庵已揀之砂」。元賢對於良知的理解，自是忽略了良知的多面向。陽明雖然有意將道德的良知範圍擴大以涵蓋非德性的見聞之知，但良知的內容絕不僅於此，良知不僅具有道德實踐的心性意義、亦具有作為形上最高意義純粹至善的無對性、超越性的宇宙論主體意義。〔註105〕

然而就佛教而言，萬法無咎、本來廓如，所有的是非善惡，都是因根塵妄執而生。因此元賢認為良知既是判斷是非之心，既是「當下感應之是非之決定」，〔註106〕就是有能有所、有相有待，就不能是絕待究竟的真知。至於佛教的知則是「靈光獨露，迥脫根塵」，是超越根塵意識，無待而知的「空寂之知」。〔註107〕「真知」不因境而有，不與塵對，沒有性情之分，也沒有已發未發之別。〔註108〕陽明的知出於根塵意識、隨緣而起滅，無論如何都不能是佛教的真知。元賢於此嚴辨禪與陽明的不同。

雖然元賢以朱熹的理學指摘陽明的良知說，但這並不表示他認同程朱之學。在元賢看來，朱子理學最大的錯誤就在於將理置於心外，並誤以理為實。他說：

> 至一無一，故萬應而不窮；真空不空，故萬變而靡礙，此所以大本立而達道行也。宋儒不達此理，乃曰：佛說萬理俱空，吾儒說萬理俱實。理是實理，他卻空了，所以大本不立。彼謂萬理俱實者，乃指事物當然之也。此當然之則，有名可識、有相可指，故曰皆實。殊不知理在己，而不在物；理在心，而不在事。若事物之則，乃此理妙應之影，因事物而受其名者也，倏忽變遷，全無實體。故彼謂之實，吾謂之空。……況有能分別之心，是謂人執；有所分別之理，是謂法執。二執並與，眾咎斯作。雖勉強為善，而叛道愈遠矣。嗚呼！宋儒失本求末，認末為本，其顛倒若此，豈曰大本之能立耶？
>〔註109〕

以道德作為形上本源的儒家，不論是以理為根源或以心為依據，不論是孟子

〔註105〕參見王開府，〈良知、見聞與善的直覺〉，頁70～77。

〔註106〕牟宗三，《從陸象山到劉蕺山》，頁222。

〔註107〕《廣錄》卷29，〈寱言〉，頁772。

〔註108〕《廣錄》卷29，〈寱言〉：「或問：中庸言喜怒哀樂之未發，謂之中。與吾釋一念不生之說相近否？曰非也。一念不生者，此心用而常寂，寂而常用。祇於自念上常離諸境，不因境生念而已。非有未發已發之辨，及為性為情之分也。」（頁758）

〔註109〕《廣錄》卷29，〈寱言〉，頁759。

的性善、宋儒的五常爲性、陽明的良知，只要是以理爲實、有名有指、有意念有判斷，在元賢看來，都是捨本逐末、都是顛倒妄執。儒家以佛教的般若爲萬理俱空，元賢反認爲宋儒不明緣起性空之理才會迷頭認影。儒佛的虛實之辨，由此展開。〔註110〕

　　儒者對於佛教的批評，元賢對於儒者的反駁，其實也就是儒佛的根本差異所在。儒家的道德意識、是非判斷，在佛教看來，正是善的偏執、無明的妄起，是生死輪迴的根本業因。佛教認爲作爲最高根源的眞如理體，是清淨寂然的，唯有「生滅滅已」才能「寂滅爲樂」。但是在儒家的立場，無論是順取之路或逆覺體證，無論是橫攝系統或縱貫系統，不管是道問學或尊德性，道德的實踐都是共同的強調——不論是主體天理的致知或道德的創生，天道都必須流行，良知也必要坎陷。佛教的般若眞智、涅槃寂靜，在儒家看來畢竟只是個空；儒家天道的流行、道德的創發，在佛教的眼中終究落於相對的偏執。「涅槃寂靜」的佛教與「道德生發」的儒家，要談融合會通，實在有一定程度的困難。

二、論太極與氣

　　周敦頤被譽爲理學開山、道學宗主。他的《太極圖說》爲儒家倫理道德建立了形上基礎，向來被視爲理學之源，在理學中佔有極重要的地位。闡發《太極圖說》最用力者，莫過於朱熹。朱熹不僅在《太極圖說註》中，字字推敲、用力鑽研，且在《語錄》中亦有相當多關於「太極」的討論。〔註111〕然而由於周敦頤的《太極圖說》本身過於簡約，對於重要的問題都未予以明確的定義，再加上朱熹以自身的學問系統範圍《太極圖說》，〔註112〕《太極圖

〔註110〕顧憲成即說：「善字打破，本體只是一個空。」（《小心齋箚記》，引自《明儒學案》卷58，〈東林學案一〉，頁735）儒家必定要言善，佛教也終究要說空，此正是兩者的根本差異所在。

〔註111〕根據日本學者山井涌的統計，「太極」一詞在《朱子文集》中，共出現二百六十次，在《朱子語類》中則有三百五十次，可見朱熹對於這個問題的關心。引見陳榮捷，《朱子新探索》（臺北：臺灣學生書局，1988年），頁225。

〔註112〕牟宗三認爲朱熹以直線分解爲思考進路，使周敦頤原本超越的動態的太極，變成超越的靜態的太極，而喪失創生妙運之神用。熊琬以爲朱熹乃是借華嚴的四法界說，以發揮周敦頤的太極圖說。（詳見《宋代理學與佛學之探討》，頁53～67）（詳見《心體與性體》第一冊（臺北：正中書局，1999年8月），頁404）陳來則以爲「（朱熹）明確地把周敦頤的《太極圖說》納入『理』的

說》於是成爲宋明學者反覆討論的重要議題。〔註113〕

陽明末流純任心性的弊病，在明末已顯露無遺，不僅激發學界對心性義涵的重新思考，也使得本體論的思想產生了轉變——由心轉向於氣，宇宙論於是成爲學界所共同關注的焦點。元賢對於太極與氣亦有相關的討論。

> 或問：太極圖註曰：太極者，本然之妙；動靜者，所乘之機。又曰：太極無動靜而動靜之者。若如此解釋，似可無過？曰：彼以太極爲能乘，動靜爲所乘，則動靜在太極之外，不得云：太極動太極靜。又云：太極有時乘靜機，有時乘動機。則太極乃一有分量有往來之物矣。非謬而何？且彼（朱熹）謂太極無動靜而動靜之者，謂太極之外，別有一氣，而太極動靜之耶？抑別無一氣，而太極動靜之耶？若謂別有一氣，則是氣不從太極生也。若謂別無一氣，則動之者動誰？靜之者靜誰？或曰：此即對後所生之陰陽言之也。曰若此，則是太極中忽自起能動之機，則動而成陽。忽自起能靜之機，則靜而成陰，非太極亦有動靜乎？夫太極者，一理渾然，無有朕兆，無有名相者也。使此中忽有動之靜之之機，則有朕兆可窺，有名相可指，安得謂之太極哉。〔註114〕

周敦頤在《太極圖說》中言：「無極而太極，太極動而生陰陽。」又《通書》中說：「二氣五行，化生萬物。」〔註115〕在這宇宙生成的論述中，元賢提出了兩個問題。一是太極動不動的問題。太極可否動？如何動？二是太極與氣的關係。太極先於氣而生氣？太極即是氣，兩者二而一？太極自是太極，氣自是氣，兩者各自獨立？元賢以爲既然太極爲宇宙生成之源，就不該有動靜的相對。如果說太極的動靜是乘機而起，就表示太極具有物質實體、有生滅往來的特性；而這些實存的特性，並不能成爲最高的形上根源。如果說是太極不動，那要如何安置太極與氣的關係？若將氣視爲太極之外，雖然解決

體系裡來。」（詳見《朱熹哲學研究》（臺北：文津出版社，1990年12月），頁4。）

〔註113〕除了朱熹外，陸梭山、象山兄弟、羅進溪、劉宗周、黃宗羲等人，都關注過這個問題。

〔註114〕《廣錄》卷29，〈寱言〉，頁756。

〔註115〕雖然陸梭三曾經因《通書》無「無極」一詞，而提出《太極圖說》與《通書》不類的質疑。但是經過歷來的研究，《太極圖說》與《通書》義理的一貫，幾乎已是學界共識。詳見牟宗三，《心體與性體》第一冊，345～368；王開府，〈太極圖與圖說考辨〉，《教學與研究》1979年，頁49～74。

了太極不動的問題，卻會造成太極與氣的割裂。太極不生氣、不生萬物，又如何能成為宇宙的根源？但若氣在太極之中，動靜就為太極自起，太極能夠自起動靜之機，則又陷入了動靜的相對作用中，亦不能做為萬物的形上依據。

凡是作為極至之理，總是無有窮極、無有極限，不落入有無、動靜的相對區別中，這是極為通常的思路。〔註116〕一個相對而限定之物，如何能成為最高原理？元賢對《太極圖說》的質疑即在此。元賢順著《太極圖說》字面次序作理解，則周敦頤的形上思想，為一直線式的宇宙演生論，不可避免的會陷入主體動靜、理氣先後的困境中；〔註117〕再加上他以真常唯心為基礎的思想背景，《太極圖說》在他看來永遠也無法臻於圓融之境。

作為最高的形上依據，還須具有不能言詮、不能思量的特質，元賢進一步泛引儒家典籍，作為太極有動靜、生兩儀的反駁：

> 儒家謂人物之性，本於天賦，學佛者多非之。不知儒所言天者，非實指天也。乃妄識未參之先，則曰天。人為莫與之曰，則曰天。擬議不及之處，則曰天。故《文始經》曰：「不可為、不可致、不可測、不可分，強而名之曰天、曰命。」孟氏亦曰：「莫之為而為者，天也；莫之致而至者，命也。」此善談天命者也。誠如此說，則儒者原性於天，未與佛異。特引而未竟，隱而未發，作方便之權說耳。如《書》云：「維皇上帝，降衷下民。」《詩》云：「天生烝民，有物有則」等，正所謂妄識未參之先。人為莫與之曰，擬議不及之處也。又如他言達天知命，及天意天心等語，俱不出此意。後儒不達厥旨，乃謂有主宰於冥漠之中，以為二氣五行之紐樞者，謂之天命。一切人物，稟之以成形成性焉。夫二氣五行之紐樞，實即吾人之妙心。故曰三界唯心，今捨心外，而謂別有主宰於冥漠之中，則是心外有因。心外有因，我佛闢為外道，以其因在一心之外也。又謂在天為命，合而未分，在人為性，分而非合，是以性為有分合也。氣聚而生，其性始有；氣散而死，其性即滅。是以性為有生滅也。有分合、有生滅，不可以言性。況謂之天命、謂之道乎？此決非儒家之本意也。〔註118〕

〔註116〕蔡仁厚，《宋明理學北宋篇——心體與性體義旨述引》（臺北：臺灣學生書局，1984 年 9 月），頁 62。

〔註117〕牟宗三認為朱熹對於太極的理解，即是犯了這樣的錯誤。詳見《心體與性體》第一冊，頁 357～404。

〔註118〕《廣錄》卷 29，〈寱言〉，頁 755。

元賢在論文一開頭，似乎有替儒家平反的意味，然而卻是以佛入儒，將佛學的義涵植入於儒家的經典中。《文始經》〔註119〕與《孟子》此處的天命說，實是對於經驗世界的發生與人的命運，認同其具有不可測性與不可得知性。《詩經》的：「天生烝民，有物有則」、《尚書》的：「維皇上帝，降衷下民」是儒家從天地造化、宇宙的流行上說，對於人間次序和道德價值的高度肯定。元賢片面截斷儒家經典的文句，將之強釋爲佛學的理體，以佛性的不可擬議、妄識未參之先，作爲道體非實體、不動寂然、不可言詮的證據；再進一步以先儒攻擊後儒，批評周敦頤太極圖的二氣五行說，大有入室操戈、假途滅虢的意味。

元賢表面雖是同意「宋儒原性於天」的主張，但實際上卻是消解儒學思想於佛學理論之中。周敦頤太極圖的宇宙生成論，立一太極，以氣的分合作爲萬物的生滅。捨心而另外說氣，氣又具實體意義與流轉作用，顯然與禪宗形上理體「心生萬法」、「性體寂滅」的基本思想相互違背。「儒者原性於天，未與佛異」的前提是儒者必須以眞如佛性爲第一義，棄守以道德實質爲形上內容的基本立場。

如何才是太極的終極義？元賢有進一步的創造性詮釋，他說：

> 太極之說，老莊指一氣之初名之，則可以言動靜。至宋儒直指，道體爲太極，則一理渾然而已，豈有動靜哉？或曰：太極無動靜，則不生兩儀乎？曰：不動不靜者，太極之體；有動有靜者，太極之用。用依體發，強名曰生，體超於用，實自無生，攝用歸體，生即無生，全體起用，無生而生。所以然者，以陰陽造化，一切如影，非有非無。非無，故造化不妨有生滅；非有，故實體畢竟永無生也。又陰陽造化，其與實體，非一非二。非一，故太極迥超於兩儀；非二故兩儀全即是太極也。〔註120〕

元賢將太極分爲老莊的「一氣」與宋儒的「道體」，前者屬現象，後者爲理體。作爲現象界的一氣，可以言動靜作用；但作爲形上的理體，就不能有生滅現

〔註119〕《關尹子》又名《文始眞經》，其中上卷〈一宇篇〉有「惟不可爲、不可改、不可測、不可分，故曰天、曰命、曰神、曰玄、曰合、曰道。」（引自蕭天石主編，《道藏精華》（臺北：自由出版社，1989 年）第三集之一，頁 5～6）雖然與引文所引不完全吻合，或爲元賢的刪截。故推論《文始經》應即是指《文始眞經》。

〔註120〕《廣錄》卷 29，〈寱言〉，頁 756。

象。若要以太極作爲形上本體，則不能有形質的限定、動靜的變易，故太極
不可分陰陽、不能言動靜——動靜的作用，不能從太極上說，必須從體用關
係上去理解。太極爲體，故言「實體畢竟永無生」；而用則依體而起，待緣而
發，無有自性，所以說「一切如影」、「造化不妨有生滅」。作爲體的太極，超
於兩儀之上，所以說是非一；作爲用的兩儀依太極而起，所以說是非二。太
極與兩儀，是體用相即不離的關係，故稱爲非一非二。〔註121〕元賢將周敦頤
的太極圖納入佛教的佛性思想中：唯有如眞如佛性清淨圓滿，無有動靜染污、
超越時間與空間的相對，才可作爲最高的形上依據；也唯有體用相即不離，
才能稱作一體。元賢以佛教「眞如寂滅」、「理事無礙」等關係來詮釋太極，
太極實際上已成爲眞如的別稱。〔註122〕

　　元賢無法認同周敦頤的太極二氣五行說，自然也不能接受張載的氣論。
他對於張載氣論的質疑是：

> 造化之生生不息者氣也，豈假既屈之氣以爲方伸之氣哉？若夫此心
> 之靈，則非氣也。雖稟氣受形，似有成壞，而妙體恒堅，歷劫不變。
> 所以能主張造化，而稱爲最靈最妙者也。若謂一死永滅，則同於草
> 木，豈可謂人心之靈，而與草木俱盡哉？夫人身一天地也，天地有
> 成壞，而爲天地之主宰者，未嘗滅也。故壞而復成，人身有生死，
> 而爲人身之主宰者，未嘗滅也。故死而復生，斯理昭昭如此。〔註123〕

　　雖然氣化宇宙論的觀念，在先秦時就已出現雛形，在漢唐均有相關理論
的提出；但是到了張載，才眞正賦予氣爲宇宙本體的哲學結構，並對這個概
念作了深刻的闡釋。〔註124〕張載氣論以「太虛即氣」展開，他根據《繫辭傳》

〔註121〕唯有從動態的體用關係上說，才能得圓融無礙的理境。牟宗三認爲這是玄理
　　　　的共同型態，他亦以此作爲「太極」的理解。（牟說詳見《心體與性體》第一
　　　　冊，頁357～368。）

〔註122〕郭朋認爲：「元賢用眞如來套太極，表明他是以佛釋儒；另一方面，他大講太
　　　　極，又表明了他是在援儒入佛。」（《中國佛教思想史》下，頁338）元賢的
　　　　太極說的確是「以佛釋儒」，至於「援儒入佛」之說則有待商議。元賢並不是
　　　　爲了張大太極而講太極，而是爲了批判太極說的缺陷，並進一部改造儒家的
　　　　太極爲佛家的眞如。更何況元賢本身對以儒解禪的學風，向來就不表贊同。（詳
　　　　見本章第四節）

〔註123〕《廣錄》卷29，〈寱言〉，頁757。

〔註124〕黃秀璣，《張載》（臺北：東大圖書股份有限公司，1987年9月），頁34：27
　　　　～112 張立文主編，《氣》（北京：中國人民大學出版社出版，1990年12月），
　　　　頁132。

的觀念立論,將太虛與氣同界定於形而上,太虛為體、氣為用,虛氣為體用不二的關係。太虛是真正的本體,因其顯用而有氣,氣又變動凝聚而成形象的世界。〔註125〕張載以其氣論作為批判佛老的論理標準,他認為佛教以心法起滅天地,是犯了以小緣大、以末緣本的謬誤;「氣」才是銜接有無、通於形上形下的關鍵。〔註126〕佛教以心為唯一實有,將萬物視為虛妄,否定了一切人事物的存在,架空了道德的實踐意義;是不知在氣化中,萬物皆有道、不知窮理盡性所致。再者他亦不能認同佛教的輪迴觀念,張載認為人死是氣之散、氣之歸,性體常存不滅,並沒有所謂的死亡,如果說有死亡也只不過是暫時的現象罷了,重要的是現世當下的努力而非來生的寄望。〔註127〕

　　從上面的引文中可以得知,元賢對張載氣論的理解,較偏向於「氣本論」與「氣一元論」的立場。因此他認為如果以氣為形上本體,具有造化生成意義的氣,就不應該落入屈伸的相對。以氣為萬物生成的根源,心與草木同為氣所生,心如何能成為萬物之靈?可以是天地的主宰?如果心同草木一死永滅,又如何能死而復生?遷轉輪迴?在元賢看來,張載的氣具有濃厚的物性,〔註128〕而這個物性並無法彰顯出心的特質,心並不是氣所能範圍的。表面上他雖然接受「心稟氣受形」之說,但卻是從心之應機隨緣去理解,稟氣受形是心之用,而非心之體;作為體性的真如是恆存不變的。張載將氣置於心之上,是元賢最主要反對的論點。

　　張載以「太虛即氣」為展開,駁斥佛教的萬法唯心、四大皆空、輪迴轉世之說。張載以氣論批評佛教的空虛,元賢以真如緣起觀反駁氣化宇宙論的

〔註125〕歷來學界對於張載的氣論有不同的詮釋,或為唯心論、唯物論、或為氣本論、或為泛神論不一而足。本文對於張載氣論的理解,是引用王開府的研究成果。因為王氏之說,不僅將張載的理論作了體系的還原,而且較能合理解決相關的爭議。詳見王開府〈張橫渠氣論之詮釋 —— 爭議與解決〉一文。(是文原收入《中國哲學論集》(日本九州大學中國哲學研究會印行) 2000 年,頁 20～41;本文所參見為網路版 http://web.cc.ntnu.edu.tw/~t21015/Chang-HC (9409) .doc)。

〔註126〕王開府,〈張橫渠氣論之詮釋 —— 爭議與解決〉,頁 7。

〔註127〕關於張載的對於佛教的批評,參見黃秀璣,《張載》,頁 27～112;蔣義斌,《宋代儒釋調和論及排佛論之演進》(臺北:臺灣商務印書館,1988 年 8 月),頁 60～67;彭文林,〈張橫渠闢佛的氣化論〉,《宗教哲學》1997 年 7 月,頁 117～131。

〔註128〕張載的氣,實際上並無法單純的視為物質或精神,勉強可以視為超越物質與精神二分的純粹存在純在、純粹流行。參見王開府,〈張橫渠氣論之詮釋 —— 爭議與解決〉,頁 10。

弊病，各有各的立場與堅持。張載之說，不足以撼動佛徒的信仰；元賢之言，亦是不能爲儒者所信服。

以氣爲宇宙生成本原的思想，在朱熹、王陽明學中，被定義在理、心之下，只爲形而下，而失去本體的地位。明末清初由於王學末流的過熱、朝廷的多事、國運的衰微等因素下，氣化宇宙論重新獲得廣泛的重視，用以對峙心學空疏的流弊。劉宗周、黃宗羲、方以智、王夫之、戴震都主張氣化宇宙論——幾乎當時重要的思想都是氣化論者。中國以氣爲範疇的哲學，在明清之際發展到了成熟、鼎盛的階段。〔註129〕然而就佛教而言，心是整個解脫學的核心，如果心性論不被認同，不論是眾生成佛的依據、修行實踐的動力，甚至整套佛教的理論都將被推翻。這應該也是爲什麼元賢對氣化宇宙論，再再提出批評的原因所在。〔註130〕

三、論格物工夫

「格物」爲《大學》所提出，北宋時二程等理學家已經論及，自朱熹作《大學章句》〈格物致知補傳〉，「格物」成爲宋明理學家往來討論的重要哲學命題。入明後，不僅陽明在龍場悟道提出與朱熹迥然不同的格物理解，就連中晚明陽明學系統內部，對格物的意見也不盡相同。〔註131〕劉宗周就曾說：「格物之說，古今聚訟有七十二家。」〔註132〕足見宋明儒者對於這個議題重視。關於宋明儒者的格物之說，元賢有如下的評述：

> 或問：格物之說。曰：諸儒或有訓格爲正者，謂正其意之動也。夫靈
> 心尚塞，則妄意橫興，強欲正之，不勝正矣。或有訓格爲扞格之格，
> 訓物爲物欲之物者，謂格去其物欲之障，則元明自彰也。夫正見未開，
> 理欲多混，認欲爲理，將安去乎？或有訓格爲扞格之格，訓物爲一切
> 外物者，謂屛絕外物，則心不受障也。夫事理不二，內外無間，今必
> 欲去物以明理，是撥波而求水，特偏枯之見耳。唯晦庵訓爲窮至事物
> 之理，庶幾近之。但彼所謂理，特指事物當然之則，所謂窮理，特逐

〔註129〕張立文主編，《氣》，頁206～275；陳福濱，《晚明理學思想通論》（臺北：環球書局，1983年9月），頁49～72。

〔註130〕除了周敦頤與張載外，元賢對於莊子的氣化論也有所批評。詳見本章第三節。

〔註131〕中晚明陽明學內部對於格物工夫的論辯，可參見彭國翔，《良知學的展開——王龍溪與中晚明的陽明學》，頁452～469。

〔註132〕《劉子全書》第一冊，〈大學雜言〉，頁771。

物而窮其當然之則，是此理乃名言之所及，思慮之所到。益增差殊之見，不達歸源之路。求其一旦豁然，果能之乎？愚謂格物者，須窮其實體，直徹根宗，《易》所謂精義入神也。精義而至於入神，則不落義路，契悟亦忘。形化爲性、氣化爲道、物化爲心。靈光獨露，迥脫根塵，無廣不照，無微不燭。格致之道，固如是也。視彼區區推測於形跡之間，又奚啻爝火之與日月哉？〔註133〕

「格物」是工夫具體落實的問題，不同的心性思想、不同的實踐進路，自然會產生不同的理解。二程兄弟的解釋不同、性即理的朱熹與心即理的王陽明亦不同、主氣化宇宙論的王夫之和唯用論的顏元看法也不一樣。〔註134〕但是無論是正意之動、去物欲之障、或棄絕外物，在元賢看來，都是捨本逐末的作法：意念馳放不定，如何能時時把持？去人欲存天理，理欲相混難免迷頭認影；事理相即，去事求理不異緣木求魚。這三種說法，代表著是陽明格物之說，及其後學將格物內縮於自我意識的詮釋；〔註135〕雖然工夫的著眼點都在自我心性的端正，但都不是元賢所能認同。他雖然贊成朱熹「窮至事物之理」的說法，〔註136〕但是朱子的「理」卻又落於執理爲實、乃至逐物窮理，亦不是真正契理的工夫進路。〔註137〕王夫之與顏元的格物論雖不在元賢的討論中，但「理在物不在心」已是元賢大力駁斥者，更不用說是在以氣爲理、以物爲實，所衍生出的格物義了。〔註138〕儒者所言的理、所窮究的心，在元賢的立場看來，都是有名有言的概念、都是染污執著的識心；以妄識心發爲工夫、尋求相對意義的道德，無論如何都不是究竟之路、永遠也無法契悟真理。〔註139〕

〔註133〕《廣錄》卷29，〈寱言〉，頁758。
〔註134〕王夫之生於萬曆四十七年（1619），顏元生於崇禎八年（1635），時間較元賢爲晚。此處並列王顏之說，主要表明格物思想在儒學體系中幾個關鍵的轉變。
〔註135〕彭國翔，《良知學的展開 —— 王龍溪與中晚明的陽明學》，頁469。
〔註136〕林惠勝以此稱元賢是「偏向程朱的僧徒」、「對朱子學的尊從」，這應是對元賢思想的一種誤解。（詳見《王陽明與禪佛教之關係研究》，頁420。）
〔註137〕《廣錄》卷29，〈寱言〉：「……宋儒因執此理爲實，故逐物以窮之。以分別之妄心，測度影響之幻境。自謂物可格，知可致矣。不知事物之變，機如閃電；事物之賾，紛若塵沙。不能洞其根源，而區區逐物，能盡照哉？」（頁759）
〔註138〕此由他對周敦頤《太極圖說》與張載氣化宇宙論的批評，即可得知。
〔註139〕《廣錄》卷29，〈寱言〉：「孔子曰：操則存，舍則亡；出入無時，莫知其鄉。此正指妄心言之也。解者曰：心豈有出入？特以操舍而言矣。既可操舍，非

如何才是眞正的格物？元賢的回答是：「須窮其實體，直徹根宗」，所謂的實體，即是眞如；所謂的根宗，即是自心佛性。唯有在「靈光獨露，迥脫根塵」後，才能「窮至事物之理」，也唯有在明心見性之後，才能任運自在。〔註140〕眞理的徹見，在能所相對的看破；而能所的看破，也只有參究一途。對於禪師而言，參禪是唯一的工夫入路，其他意義下的格物、其他進路的工夫，都無法冥契眞如實相。元賢將宋儒的格物替換爲佛教的去執，儒家的格物致知於是被消融在佛教的明心見性中。

第三節　元賢對老莊思想的異議

一、論虛無氣化

本源論是一個學說的立基處，如果三教要會通，也要由形上學中的本體論與宇宙論貫通起，這也是爲什麼儒釋道學者都非常重視形上學的原因。也因此關於三教問題的討論，元賢對本體論與宇宙論有特別的關注。以下論述元賢對於老莊形上思想的見解。

> 問：老子以虛無爲宗，釋氏非之，謂其爲無因外道。然嘗聞釋氏之
> 說，乃曰：從無住本，立一切法。又曰：虛空之本，爲眾生之原。
> 與老氏何異？曰老氏宗虛無者，頑空也。釋氏言虛空之本，乃謂一
> 切有爲之法，無不始於無明。而此無明，實無體性，無所住著，因
> 其實無體性，無所住著，故能隨緣成就諸法，熾然建立，故曰從無
> 住本，立一切法。又曰，虛空之本，爲眾生之原。豈老氏虛無自然
> 之義哉。〔註141〕

對於老子「無」的內涵，近代學者有著豐富的解釋，方東美以爲無乃是一種「超本體」，是一種「大有」的存在；〔註142〕牟宗三強調「無」作爲實踐的存

妄而何？」（頁767）

〔註140〕元賢曾說：「年少須窮理，心空理始親。能所如未盡，猶自隔迷津。忽然能所破，始見本來心。爲問宣尼老，何須說六經。」（《廣錄》卷23，〈示張克一茂才〉，頁661）這個詩偈很能作爲轉儒學爲佛學，以明心見性爲終極、以佛範圍儒道的註腳。

〔註141〕《廣錄》卷29，〈寱言〉，頁755。

〔註142〕方東美，《原始儒家道家哲學》（臺北：黎明文化出版社，1983年），頁167～168。

有論,「起徼向性」是其最大的特色;〔註143〕徐復觀則認為無是道的特性的形容,具有原理與動力二意義;〔註144〕唐君毅則將無分成「空無之無」與「非空無之無」,「非空無之無」所指的是萬物的根源,實有一物的混成。〔註145〕王開府則釋作「無物」,相對於物有之無,以此來說道體無之特性。〔註146〕不論這個無是落於客觀實有或主觀境界,〔註147〕都不僅只是空無的意義、也非頑空的停滯。不僅如此,在現代老學的詮釋系統下,「無」更具有能動的創造意義。如徐復觀的「宇宙萬物創生的過程,乃表明道由無形質以落向有形質過程」〔註148〕、「以道為人生哲學副產物」;〔註149〕牟宗三的「無不是個存有論的概念,而是實踐生活上的觀念」〔註150〕之說,嚴靈峰、方東美、唐君毅等人對於道多義性的詮釋等。〔註151〕無作為道的一個面向,更包含了工夫開顯、主體實踐的積極意義。

　　佛教的空是就緣起而說,由於諸法皆是待緣所生,沒有獨立的自性所以

〔註143〕牟宗三,《中國哲學十九講》(臺北:臺灣學生書局,1993 年 8 月),頁 105～106。

〔註144〕徐復觀,《中國人性論史》(臺北:商務印書館,1969 年),頁 329。

〔註145〕詳見唐君毅,《哲學概論》(臺北:臺灣學生書局,1975 年),頁 713。

〔註146〕詳見王開府,〈老子道體論初探〉,《國文學報》1979 年,頁 9～11。

〔註147〕道作為形上存在,唐君毅、嚴靈峰、方東美等人,以為乃是客觀實有;牟宗三則認為是主觀境界。相關分析討論,詳見袁保新《老子哲學之詮釋與重建》(臺北:文津出版社,1997 年 12 月),第三章〈當代老學詮釋系統的分化〉,頁 34～60。

〔註148〕徐復觀,《中國人性論史》,頁 337。

〔註149〕徐復觀,《中國人性論史》:「老學的動機與目的,並不在於宇宙論的建立,而依然是由人生的要求,逐步向上推,推求到做為宇宙根源的處所,以作為人生安頓之地。因此,道家的宇宙論,可以說是他的人生哲學的副產物。他不僅是要在宇宙根源的地方發現人的根源,並且要在宇宙根源的地方來決定人生與自己根源相映的生活態度,以取得人生的安全立足點。」(頁 325)

〔註150〕牟宗三,《中國哲學十九講》,頁 91。他又說:「道家的道是無,無起徼向性,從徼向性說生萬物。因此首先不能客觀地說世界有個東西叫無來創生萬物,而要收進來主觀地講,靠我們有無限妙用的心境,隨時有徼向性,由徼向性說明客觀事物的存在。」(頁 105)

〔註151〕嚴靈峰將之釋為:道體、道理、道用、道術四義。(《老莊研究》,臺北:中華書局,1966 年,頁 50)方東美亦將之分為:道體、道用、道相、道徵。(Chinese Philosophy-Its Spirit and Its Development, Linking Publishing, Taipei,1980.轉引自袁保新《老子哲學之詮釋與重建》,頁 145。)唐君毅則分為六義:處理之道、形上道體、道相之道、同德之道、修養之道、生活之道。(《中國哲學原論》,頁 348～365。)

說是空。老子的無不依緣起性空說，在元賢看來，終究不過是將萬物的根源，推向於一個空無，因此他批評老子的「虛無爲宗」乃是「頑空」。

關於元賢的論述，值得再提出討論的是他以「虛空之本，乃謂一切有爲之法，無不始於無明」之說。元賢並沒有直接就諸法的緣起性空而言空性，而是將空性推導於無明──因無明的空性，故無明所產生的諸法亦爲空性──以此作爲「虛空爲本」的詮釋。何以需要有這樣的轉折？推究其原因，應該在於元賢的心性思想。因爲禪宗屬眞常唯心，在般若眞空之後，肯定一超越之眞心爲佛性，唯一切染境諸法的憑依。如來藏清淨佛性畢竟是「妙有」，於此就無法對「虛空爲本」這個命題作完全的解釋。因此他將法，分成有爲法與無爲法，以空作爲有爲法的根本性質。無明並非恆存的妙有心體，因此說無自性；諸法生於無明，無明無自性，所以諸法以無自性爲自性，以此而言「以虛空爲本」。然而在眞常唯心思想中，「能隨緣成就諸法」的是「眞如理體」，而非「無明妄識」。不隨緣的眞如，因無明的妄起而產生諸法；作爲萬法根源者，是如來藏而不是無明。元賢在對老子「虛無爲宗」的討論時，將「虛無」視爲萬物根本的形上意義，並與「無明」作比較。然而無明在佛教而言，是眾生流轉的業因。以無明爲「虛空之本」、「眾生之原」的命題，對於佛教義理的規範，實有失精確。然而元賢的立意，或許只是爲了配合「虛無」的主題。因爲如來藏自體具有無漏清淨法，是不可以「空」、「無」範圍的；〔註152〕所以他才會立「無明」以對「虛無」。

然而元賢在將無明視爲有爲法的「本」時，要如何處理作爲無爲法第一義的心與有爲法第一義的無明間的關係？何以圓滿具足的心眞如，會產生無明？〔註153〕眾生起於無明，以無明爲本，如何能通向妙有佛性？〔註154〕元賢

〔註152〕《起信論》即說如來藏具有「空」與「不空」兩個性質：「一者如實空，以能究竟顯實故；二者如實不空，以有自體具足無漏性功德故。」（頁576a）

〔註153〕元賢曾說：「業由無明而有，無明依眞如而有，然無明實無始起之時。……眞之與妄，二俱無始。而眞體不變，妄體全虛。故曰：本來無妄，又妄依眞有。」（《廣錄》卷29，〈寱言〉，頁762）但是並沒有解答到相關的問題。《起信論》中以一心開二門，作爲心同時具有淨染兩個面向的說明。但究竟爲何原本清淨的心，會突然生起無明，以致於開始輪迴流轉，《起信論》並中沒有清楚的交代。釋印順以爲「這是如來藏的一個根本難以解答的問題。」（《以佛法研究佛法》（臺北：正聞出版社，1992年），十〈如來藏之研究〉，頁360）牟宗三則認爲這是不成問題的：「由於我們有感性，所以常爲物欲所引，因而有無明，有昏沈，這即表示人是有限的存在。……假定有人追問：人爲什們有感性、有私欲呢？這個問題是不成其問題的，否則眞是『難可了知』了。」（《中

並沒有進一步的回答。或許這些問題都不是他所關心，他主要的問題意識只在於強調老子的「虛無」與佛教的「虛空」是不相同的。若就這一點而言，兩者確實存在著差異。

再者是對於莊子「氣化」的討論。元賢言：

> 或曰：莊生非以寂寞爲性也，所以必推極於未始有物之先者，乃窮萬化之所自出，是即所謂性也。曰：萬化根源，不出一心。故曰：三界唯心，萬法唯識。今求之未始有物之先，則愈求而愈遠矣。夫未始有物之先，乃前劫之末，空劫是也。此界雖絕無形相，而一氣渾淪，默運不息，從微至著，生地生天，老莊即此空界。名之曰虛無，亦名之曰無極，即此一氣，名之曰太極，亦名之曰太乙。謂天地生於一氣，謂一氣生於空界，遂執此空，以爲萬化之根源，一眞之實性也。殊不知此空，從前壞劫而成，是有生也。天地既生之後，遂失其空，是有滅也。有生有滅，一幻妄法耳。安得爲萬化之根源乎？〔註155〕

莊子以「氣」作爲萬物的根據，「氣化」爲萬物生成的因素，因此被稱之爲氣化的宇宙論。〔註156〕由於這個氣具有變化生成萬物的能力，因此說「非以寂

國哲學十九講》，第十四〈大乘起論論之「一心開二門」〉，頁 295～296。）一路探究下去，這眞的是一個難可了知的問題。或許就如王開府所言，唯有排除第一因的問題，依緣起法談淨、染的生起，才能解決這個根本的困難。（詳見王開府，〈宗密〈原人論〉三教會通平議〉，《佛學研究中心學報》2002 年，頁 181。）

〔註154〕 這即是以阿賴耶虛妄識心無法作爲清淨法根源的問題。又關於佛教的體用關係，可以參見牟宗三〈佛教體用義之衡定〉（《心體與性體》一，〈附錄〉，頁 571～657）一文。

〔註155〕《廣錄》卷 29，〈寱言〉，頁 760。

〔註156〕 莊子「氣」的性質、氣與道的關係，目前學界還沒有一致的看法。嚴靈峰、鄭世根以爲莊子的氣具有物質性、實體性，是道的具體化。（嚴靈峰，《莊子選注》（臺北：正中書局，1993 年），頁 11；鄭世根，《莊子氣化論》（臺北：學生書局，1993 年），頁 61。）劉笑敢以氣爲「在無爲無形的道產生具體有形得萬物的過程中，需要有一個過渡狀態。」（《莊子哲學及其演變》（北京：中國社會科學出版社，1987 年），頁 137。）陳鼓應認爲莊子以氣的內在化來消解老子道的至上性。（〈論道與物關係問題：中國哲學史上的一條主線〉，《臺大文史哲學報》2005 年 5 月，頁 112。）張立文以爲莊子的道是具有凌駕一切、最高範疇的絕對性，氣以道作爲本體。（《氣》，頁 36。）葉海煙則認爲氣具有「自然主義、機體主義、現象主義或某種型態的精神主義與實存論意義」的綜合體。（《老莊哲學新論》，頁 196。）

寞爲性」。對於這樣的看法，元賢持反對的態度。此處他亦以三界唯心作爲思想核心，認爲唯有不變的眞如理體，才可以作爲形上第一義。萬法唯心，萬物皆不出一心的變現，心才是爲萬物的根源。以氣爲萬物的依據，無疑是就物而求物之先，根本是捨木逐末的作法。元賢更進一步以佛教「成住壞空」的思想範圍莊子的氣化宇宙論：以空劫作爲一氣的生界，空劫之前尚有壞劫，成住壞空四劫有生有滅，以此判定莊子的一氣爲生滅法，不足以作爲萬物之源。順著元賢的說法，杜保瑞接著提出：「唯識說使天地萬物成於虛妄意識之構作，然而此一構作又如何得爲一成住壞空之宇宙歷程呢？又其言於一氣之闔闢不窮生生不息者，復以何爲因？是否存在於一心之構作之外猶有一氣存在之物質因而爲心所構作之材料而變現世間？」〔註157〕元賢在援佛闢莊時，可能並沒有意識到這些問題，論理的嚴謹度確實有不足之處。

二、論齊物逍遙

莊子齊物、逍遙、化生等思想，與佛教中的物我同一、自在、輪迴等觀念，有一定程度的相近，甚至被劃上等號，而有「莊禪」之稱。莊子之說是否爲禪佛之言？又老莊的工夫是否即爲成佛的修養？以下是元賢對於相關問題的討論。

> 昔惠子造指物論，強辯以齊萬物，莊子非之，乃作齊物論。其旨在舍己而因物，則物自參差，我自齊平矣，此莊子近道之論也。然惜未能竟其旨，夫物之不齊者，妄形也；見物之不齊者，妄情也。以理破情，則無不齊之見；以性奪形，則無不齊之形。……今徒欲舍己，而己之情未破，徒欲因物，而物之形未虛，安得爲究竟之論哉？
>
> 〔註158〕

「齊物」是莊子的一種觀法，是人對於物、對於世界的看法。齊物不僅是認識論的一環，更是一種自我精神境界的呈現。如何達到齊物的境界？莊子以「喪我」、「無己」〔註159〕爲主要實踐進路。莊子認爲所有的對待與差別，都是因爲

〔註157〕杜保瑞，〈永覺元賢援禪闢儒道之基本哲學問題探究〉，頁459。

〔註158〕《廣錄》卷29，〈寱言〉，頁762。

〔註159〕喪我、無己，分別出自於《莊子》〈齊物論〉的「吾喪我」，以及〈逍遙遊〉的「至人無己」。（引自郭慶藩，《莊子集解》（臺北：華正書局，1982年8月），頁45、17）這裡同舉喪我與無己，是將兩者視爲一。徐復觀《中國人性論史·先秦篇》（臺北：臺灣商務出版社，1977年）中即說：「逍遙遊的所謂『無己』，

人站在自我立場，以「成心」衡量事物所造成的偏執。〔註160〕「以道觀之」的齊物思想，就是要破除偏執，用無所偏的心境觀照事物，以「明天地之理、萬物之情」。〔註161〕因此所謂的「喪我」、「無己」，是指我執的破除；透過執念的破除，依循著自然的規律，達到物我和諧、身心自由的狀態。〔註162〕這種和諧的狀態，並不是一種智性的人我關係的觀察，而是將自我的情意投射於外在世界，以與外物相互交感，所產生的感性同情；是主觀觀照的藝術境界、生命境界的超拔提升。〔註163〕

　　然而如果把「喪我」、「無己」解釋成自我的喪失、自我的遺落——「忘記了我的存在，忘記了我是世界的主體和中心，也就泯滅了物我的界限。」〔註164〕就會對莊子的齊物有「舍己因物」、「任天廢人」〔註165〕的理解了。莊子講齊物、說物化，實際上並沒有因此而「舍己」、「廢人」。「喪我」是成心的去除、小知的廢去，透過超越的反省，顯現出「真知」與「真我」，達到與道通為一的圓融境界。〔註166〕莊子在說「萬物與我為一」的同時，也說「天地與我並生」，〔註167〕就是「真我」意義確立的最好的說明。〔註168〕之所以能齊物、化物，實際上是以「道」作為溝通，是偏執的超越，而非自我的捨棄。

　　　　即是齊物論中所謂『喪我』。」（頁395）

〔註160〕莊子〈齊物論〉中，對「成心」的負面意義及破除之道，有相當篇幅的說明。

〔註161〕郭慶藩，《莊子集解》，〈秋水第十七〉，頁580。

〔註162〕「逍遙」與「喪我」、「無己」的關係，王邦雄在《中國哲學論集》（臺北：學生書局，2004年）中，有一段精采的詮釋：「就工夫言，生命主體所無掉的『己』，指的是人的形軀官能，與其牽引而出之心知的定著與情識的糾結。就境界言，無己無功無名，就是『天地與我並生，萬物與我為一』之境界的呈現，人之大，與自然之大，已契合為一，了無主客物我的對待，是為無待的逍遙。」（頁66）

〔註163〕陳鼓應，《莊子哲學》（臺北：臺灣商務印書館，1993年11月），頁136。

〔註164〕徐文武，〈論莊子齊物論思想的系統性〉，《學習與探索》2005年第四期，頁140。

〔註165〕郭向東，〈論莊子齊物觀的本質〉，《西北師大學報》（社會科學版）2004年5月，頁50。

〔註166〕參見吳怡，《逍遙的莊子》（臺北：東大圖書股份有限公司，1991年），第四章〈從知以入逍遙之境〉，頁79～84；高柏園，《莊子內七篇思想研究》（臺北：文津出版社，2000年5月），第三章〈齊物論的主要問題〉，頁55～100。

〔註167〕郭慶藩，《莊子集解》，〈齊物論第二〉，頁79。

〔註168〕吳怡在《逍遙的莊子》中即說：「莊子的思想，可以說徹頭徹尾是有我之學。」（頁107）

　　就佛教的迷悟觀而言，所有的人我對待，都是因無明妄執而起；只要徹見自心自性，就能觀得理事圓融、事事無礙，所有的等差對待，也就消弭於無形了。元賢以「舍己因物」作爲齊物的理解，在他看來，一味的捨己因物，是治標不治本的方法；妄情不除、我執深重，正是生死流轉的業因，如何能說是契理的境界？佛教以世界爲虛妄，以證悟眞常佛性爲永恆；莊子強調萬物自然，以和諧物我爲終極。莊禪論理的立基點不同，過程與結果自然也不會相同。元賢顯然沒有注意到兩者世界觀的根本差異，他對於齊物「舍己因物」的理解，並沒有契及莊子「以道觀之」的主旨。

　　再者是論莊子的齊生死，元賢言：

> 莊生安時處順，視生死爲一條，能齊生死而已，未能忘生死也。未能忘生死，又安能無生死哉？其言曰：父母於子，東西南北，唯命之從，陰陽於人，不啻父母，彼近吾死而我不聽，我則悍矣，彼何罪焉？是知其不可逆而安之也，其能忘生死乎？若吾釋之學則不然，一眞恒寂，生而無生也。妙體常存，死而無死也。生乃幻生，生即不生也；死亦幻死，死即不死也。夫如是直謂之無生死可也？
> 豈但曰人之不能勝天也，而安之哉？〔註169〕

在元賢的理解，莊子的齊生死是一種安時處順的命定生死觀，並不是眞正的超越解脫。因爲無法忘生死，就不能達無生死的境界。就佛教的立場，生死是帶業體不斷輪迴流轉的過程。但在莊子而言，生死是氣的聚散——氣聚合了則生，氣離散了則死，生死不過是氣的循環變化。就如同晝夜的更替、四時的交換般，〔註170〕「翛然而往，翛然而來而已」〔註171〕是再自然也不過的現象。〔註172〕而且莊子認爲生死是一種自然不可逆反的規律，非人爲意志可

〔註169〕《廣錄》卷29，〈寱言〉，頁762。

〔註170〕郭慶藩，《莊子集解》，〈至樂第十八〉：「察其始而本无生，非徒无生也而本无形；非徒无形也而本无氣。雜乎芒芴之間，變而有氣，氣變而有形，形變而有生，今又變而之死，是相與爲春秋冬夏四時行也。」（頁615）；又〈知北遊第二十二〉：「生也死之徒，死也生之始！人之生，氣之聚也；聚則爲生，散則爲死。」（頁733）

〔註171〕郭慶藩，《莊子集解》，〈大宗師第六〉，頁229。

〔註172〕莊子的「物化」或有以爲是輪迴的觀念，（如池田知久著、黃華珍譯，《莊子——「道」的思想及其演變》（臺北：國立編譯館，2001年12月），頁239～289）但這樣的解讀恐不恰當。因爲不論是〈齊物〉的化蝶，〈大宗師〉的鼠肝、蟲臂之喻等都是指現世精神的超脫形體、絕對逍遙而言，而不是指精神主體下世的轉生。

以轉移控制的，因此主張以安然隨順的態度面對。元賢對於莊子生死觀「安時處順」的總括，實含有「唯委心任運，以度其附贅縣疣之生，而待諸潰決已耳」〔註173〕的貶抑意味。

　　莊子把生死看做自然規律，主張安然隨順命運之一切變化，表面看起來，多少含有安命論的色彩。但實際上莊子的「齊生死」，並非只是宿命的接受，而是在「道」的無時間性和超時間性下，視生死爲一如。〔註174〕莊子的「萬物一府，死生同狀」、「死生存亡之一體」、「有无死生之一守」〔註175〕都是就「道通爲一」的立場而說的。生死的界線被超越了，不僅生可樂，死亦可樂，到此一境地，對於死亡自然可以無所恐懼的鼓盆而歌了。莊子的生死觀不只停於齊生死，更進一步以「不生不死」爲理想境界。從道的觀點出發，透過心齋坐忘的修證工夫，化除生死的執著、形體的限制，突破時間與空間對於心靈的桎梏，體悟「天地與我並生，而萬物與我爲一」，〔註176〕達到「入於不死不生」〔註177〕的超越境界。〔註178〕

　　對於莊子而言，在道的境界，生死是可以被超越的，人生是可以逍遙而安樂的；這與佛教以苦爲人生的真諦有很大的不同。就佛教的觀點，苦是人生構成的全部，生老病死是苦、貪嗔痴是苦，一切諸行亦皆是苦。而苦的根源指向於生死的流轉不息，因此苦的解脫，只能從「不生」、「無生」上說。佛教的整個人生觀、修行方法，都是爲了這個終極解脫的目標而立。生死的解脫是佛教的終極關懷，不生不滅的寂靜涅槃是佛徒的究竟追求。對於生死，佛教不從安時處順、灑脫超越上說，而是要人面對生死、面對恐懼，透過生死恐懼不斷的逼迫，促使人在修道的路上不斷的精進努力，以達到開悟見性、出離輪迴的目的。佛門中「是日已過，命亦隨減，如少水魚，斯有何樂」、「生死事大，無常迅速」、「臘月三十到來，手忙腳亂」等強調人生迅速無常的警語，一而再、再而三的被提出，目的都在於此。在佛教的解脫觀裡，只要有

〔註173〕熊十力，《讀經示要》（臺北：廣文書局，1960 年），頁 19。
〔註174〕參見葉海煙，《老莊哲學新論》（臺北：文津出版社，1999 年 10 月），〈論莊子的終極關懷〉，頁 166。
〔註175〕郭慶藩，《莊子集解》，〈天地第十二〉，頁 407；〈大宗師第六〉，頁 258；〈庚桑楚第二三〉，頁 802。
〔註176〕郭慶藩，《莊子集解》，〈齊物論第二〉，頁 79。
〔註177〕郭慶藩，《莊子集解》，〈大宗師第六〉，頁 252。
〔註178〕葉海煙，《莊子的生命哲學》（臺北：東大圖書股份有限公司，1990 年 4 月）一書，對於莊子生死觀等問題，有相當詳盡且精彩的論述。

生死輪迴，就有煩惱痛苦，在未契悟無生境界之前，是沒有任何逍遙可說的。〔註179〕佛教以無常為苦，莊子以物化為常，二者的心態是截然不同的。

因此元賢認為，莊子的齊生死，只不過是在面對死亡的必然時，一種不得已的妥協而已。只有透過對佛教真理的契悟，徹底的斷滅生死，才能真正達到無生死的境界。佛教以苦為生命真諦，莊子寄沈痛於悠閒；〔註180〕佛教出世而解脫，莊子入世而逍遙；佛教的涅槃是超越時間的永恆，莊子的不生不死是精神的解脫。兩者對於生命的終極關懷，有著南轅北轍的見解。

在元賢看來，不論是莊子的齊物或逍遙，都有著太多的造作與勉強。從觀法而言，無法真正的齊萬物；就境界而言，無法徹底的了生死。對於老莊的工夫論，他也有同樣的看法：

> 老莊祖昔之無，是未能超無也。厭今之有，是未能超有也。見既局於有無，乃思去今之有，歸昔之無。由是墮肢體、黜聰明、絕聖智、棄仁義，以修混沌之術，皆生滅法耳。故雖曰無思，非真無思也；雖曰無為，非真無為也。其用，止可以離人而入天，未可以離天而入聖。……莊生不能離有無之見，故窮有以入無，窮無以入無無，窮無無以入無無亦無。雖能深入重玄，而總之捨有取無，認無之極者為至，是終不能出無也。故其言曰：未始有物者，至矣盡矣！不可加矣，非局於無而何？且論性而必索之於未形未氣之先，則必失之於已形已氣之後，是偏認寂寞者為性也，非局於無而何？……悟性者，物即是性，何妨見於有物之後？雖有物未始有物也。迷性者，性即成物，何能窮於無物之先？雖無物是亦物也。……莊生之說，大率類是。故曰：局於無而已。〔註181〕

由上文的討論即可得知，老莊並非執於無上，「無」不僅具有超越的絕對義，更具有積極的能動性與創造性。「無」不論是作為客觀實有或主觀心境，人都必須透過主動的參與，以「墮肢體、黜聰明、絕聖智、棄仁義」去除掉所有的成心、機心，才能復返於道的本性，達到逍遙的境界。然而元賢一直認定老莊是以無為本、以無作為形上依據，而這個無的內容指向於「頑空」。由於

〔註179〕禪宗的任運自在，也是開悟以後的事。
〔註180〕「寄沈痛於悠閒」是陳鼓應之語。引自陳鼓應，《老莊新論》（臺北：五南圖書出版公司，1993 年 3 月），〈莊子的悲劇意識和自由精神〉，頁 259。
〔註181〕《廣錄》卷 29，〈寱言〉，頁 760。

本體已經誤認，以此發爲修行工夫，儘管在「無」上不斷的翻升，終究還是不能跳脫有無的相對境，依舊還是執著在「無」之上。也因此無論作多少的工夫，「墮肢體、黜聰明、絕聖智、棄仁義」，都還是落於相對的生滅法上，無法契及於絕對的真如理體。元賢的「莊生之說，大率類是」、「局於無而已」之說，不僅淺化的老莊思想，且大有貶抑的意味。

元賢以佛家思想爲框架，範圍老莊思想，其所提出的異議，自然無法獲得老莊學者的完全認同。

第四節　元賢論三教異同

關於元賢的三教思想，大都出於《瀼言》與《續瀼言》二書，他曾說作《瀼言》的目的在於「會通儒釋」。〔註182〕然而由前文的論述可以得知，元賢對於儒道二家的義理，無論是心性論、本體論、工夫論、解脫論等各個層面，都提出了相當程度的批評，並於此嚴辨儒與釋、佛與道之間的不同。他對於儒釋之辨、佛道之別的關注，實大於對會通的努力。

對於元賢而言，不論是儒學的論理或老莊的思想，都有太多的不足與缺陷。因此他並不贊同儒釋道的混融說，而是採取三教嚴分的態度，並以此突顯佛學理論的優越性與完整性。雖然明末佛學是趁心學而起，但是對於陽明學者的出入禪佛，元賢始終保持著清醒的觀察，並有著相當的危機意識，他認爲：

> 龍溪、近溪二老，講陽明之學，而多用禪語，非有得於禪，乃以儒解
>
> 禪也。以儒解禪，禪安得不儒哉？然自爲他家語，無足怪者。〔註183〕

在元賢看來，頻繁的儒釋互動，對於佛教而言，並沒有太大的益處。儒者之於禪學，充其量不過是文字義理的借用，儒者終究是儒者，儒學依舊也還是儒學。以禪証儒、以儒解禪的結果，並非儒學體質的轉變，而是禪學宗旨的泯沒。相較於程朱學者對於陽明學者近禪的一味攻擊，元賢的觀察，顯得更細膩而深刻。

因此對於當時儒佛相涉的學風，元賢就非常的不能認同，他認爲：

> 如今日一二士大夫，借儒解釋，援釋談儒，非不自謂新奇度越，其
>
> 於斯道，直是如醉如狂，而且廣煽邪說，誑誤後學，則其罪通於天

〔註182〕《廣錄》卷 29，〈瀼言〉，：「昔余居荷山，因諸儒有所問辯，乃會通儒釋，而作《瀼言》。」（頁 773）
〔註183〕《廣錄》卷 29，〈瀼言〉，頁 763。

矣。〔註184〕

王學末流的混亂禪旨，特別是泰州學者鄧豁渠〔註185〕的「以俗情揣摩」，〔註186〕元賢最是不能忍受。鄧豁渠的以機寂未發爲無生；睡著一醒，無有妄想時，就是父母未生前的本來面目；睡著不做夢時，便是無善無惡的境界、便是禪家所謂的大寂滅海等言論，都是元賢所極力辯駁的。〔註187〕鄧豁渠說法的荒謬，只要稍具佛學知識者即可一眼窺知。鄧氏的錯誤，實起於對現成良知的過份信任，因此會誤認昏昧無知的現實狀態爲寂滅無生的本來面目。於是無明變成眞如、妄識成爲佛性，誤用爲體的結果，禪宗必走向無修無證的疏狂。鄧豁渠之說，不僅只是徹底庸俗化禪佛思想，而是嚴重扭曲禪學宗旨。任由這樣混爛的禪解發展下去，其弊害之大是可想而知的。佛教界的確是該有人挺身力辯，而不是一味的空說融合。

　　同樣的，對於儒者的混同禪與老莊，元賢亦表不贊同。宋儒以《莊子》〈雜篇〉的〈庚桑子〉爲禪，元賢即提出強烈的反駁。他認爲莊子講虛無自然、超脫生死是非，表面上超凡絕塵，似乎與禪佛相同，但實際上，莊說並未超

〔註184〕《廣錄》卷 11，〈與李青郎茂才〉，頁 524。

〔註185〕鄧活躍於明隆慶年間（1489～1578）是李卓吾的先驅、狂禪派的代表，他言行的放蕩超俗，在當時即受到趙大洲、耿天台等人的批評。詳見日・荒木見悟著、廖肇亨譯，〈鄧豁渠的出現及其背景〉，《大陸雜誌》1998 年 10 月，頁 15～26。

〔註186〕《廣錄》卷 29，〈寱言〉，頁 769。

〔註187〕《廣錄》卷 29，〈寱言〉：「一友晨起，問豁渠曰：睡著一醒，無有妄想時如何？豁曰：這個就是父母未生前，說不得的。六祖云：不思善，不思惡，那箇是明上座本來面目？正謂此也。愚謂，睡起無想，或落無記，則全體無明也，可指之爲本來面目乎？且教中有五無心位，皆無善惡二念，可就指爲本來面目乎？至於六祖示明上座者，其旨甚別。當明請法之際，非無記也；當明返照之際，又非無記也。既非無記，則離善惡二念，非本來面目而何？」又：「西蜀鄧豁渠作《南詢錄》，指機寂未發謂之無生。此直一己之僻解，非我佛之正義也。我佛言無生者，因凡夫見法界之內，熾然有生，由是生機起惑，造業招報，輪迴不息，無有出期，故我佛說無生之法以破之。謂諸法不自生，不他生，不共生，不無因生，四俱不生，則實無生。言有生者，特緣目中有眚，故妄見空花耳。若以機寂未發爲無生，則必以機動已發爲有生，以機動已發爲有生，則無生者，卒至於有生，豈得爲眞無生乎？」又：「豁渠曰：睡著不作夢時，便是無善無惡的景界，禪家謂之大寂滅海，學者學此而已，諸佛證此而已。愚謂，睡著無夢時，須是識得眞主落處，識得眞主落處，則不管睡時不睡時，夢時不夢時，皆大寂滅海。高峰枕子落地，證及此也。今直指睡著無夢，謂之大寂滅海，則正認昏住無明爲實性矣。非謬而何？」（頁 768）

脫於虛無自然。因爲莊子的心未出於生死，以此根塵之心，無論怎麼說虛無、道自然，都是妄識執著的淪墮，終究無法脫離虛無的窠臼與自然的桎梏。而禪佛則不然，禪悟之心，不取著兩邊而契悟眞理；以此契悟眞如實相的心，才能眞正超越有無的相對、展現無窮的機用。〔註188〕元賢自是以佛釋莊，然而莊子的哲學自是莊子，禪學終究是禪學，強說莊子爲禪，確實是不恰當的。

再者是對於「佛氏將老莊文飾其教」的辯駁。元賢認爲佛教作爲外來宗教，借用本土詞彙是很正常的事，不能以此指摘佛教的不是。更何況詞彙的借用，並不等於思想的移植，相同詞彙可以展現出不同的義理內涵。儒者以詞彙的等同，而混融老莊與禪佛的思想，在元賢看來，是對於佛教的一種污衊。因爲無論如何，佛教超於有無的境界，總是高過執著於無的老莊。契達無生的佛教與囿於死生的老莊，是不可等同視之、齊頭而論的。〔註189〕

然而在明末清初的學界，「會通」畢竟是個普遍的學術傾向，元賢要如何回應這三教合一的問題？他的回答是：

> 教既分三，強同之者妄也；理實唯一，強異之者迷也。故就其異者而言之，則非獨三教不同，即同一佛教，而大小不同；即同一大乘，而權實不同。蓋機既萬殊，故教非一端。若就其同者而言之，則非

〔註188〕《廣錄》卷29，〈寱言〉：「宋儒曰：庚桑子一篇，都是禪，其他篇亦有禪語，但此篇首尾都是。嗚呼！此宋儒之所謂禪也，豈識禪哉？夫莊生之學，自謂窮玄極妙，而要其旨歸，不過安於虛無自然，以爲極致。夫道超有無，離於四句，則言虛無者，非道也，乃其境也。彼欲習虛無以合於道，而虛無翻爲窠臼矣。道無有自，云何有然？隨緣而然，然而非自；則言自然者，非道也，乃其機也。彼欲習自然以合於道，而自然翻爲桎梏矣。此莊生之所以爲外學也。若吾釋之學，則不然，不以有心取、不以無心合，其要在圓悟一心而已。悟此一心，則主宰在神機之先，不必言順其自然也。運用在有無之表，不必言返於虛無也。聰無不聞，而非駢於聰也；明無不照，而非枝於明也。智無不知，而非傷於鑿也；聖無不通，而非淫於藝也。豈局局然守其昏默，一以是終云乎哉？」（頁761）

〔註189〕《廣錄》卷29，〈寱言〉：「宋儒曰：佛氏將老莊文飾其教，此宋儒之妄也。彼老莊以太極之先爲無，以太極之後爲有。以無爲是，以有爲非，則有無之見未消；是非之情未泯，即此便爲輪迴之根、虛妄之本。而況欣之厭之、取之舍之乎？雖自謂遊虛合漠，體道之極，而墮於虛無之獄、縛於自然之韁。因成有爲，果招有漏。以之擬禪，不猶河伯之望海若哉？宋儒乃謂佛氏將老莊文飾其教。則何其敢於誣佛也。……但譯梵成華，必用此方言句。而此方談道之書，老莊爲最，故多取其文，而意義甚殊，不可不察。如老莊言無爲，我佛亦言無爲；老莊言無己，我佛亦言無己；老莊言道德，我佛亦言道德，詎可比而同之哉？」（頁761）

> 獨三教是一，即一切魔外，以及資生業等，皆順正法。蓋理外無教，
> 故教必歸理。如此方儒教，乃是此中眾生，形生神發，日趨於欲，
> 不約而防之，何所抵止？故聖人因時勢，察人情，爲之說仁義、立
> 紀綱，化之以禮樂、束之以刑罰，使不亂也。即使佛處震旦國，說
> 經世法，又豈過於周公孔子哉？然眾生既束於儒典，執著名相，則
> 名相之區，翻爲桎梏之地。豈儒家聖人之意哉？由是老莊出，而說
> 虛無自然之道，使聞者閒曠超越，不爲物累，庶幾爲入道之方便。
> 至於我佛所說，則超人越天之實法，而窮理盡性之實學也。昔夫子
> 所謂予欲無言、而端木氏所謂聞於文章之外者，又豈有異於是哉？
> 是知理一，而教不得不分；教分，而理未嘗不一。彼執異執同者，
> 皆戲論也。〔註190〕

關於三教一理的問題，元賢雖同意「一理」之說，但對於三教的差異，有著
更多的分判。無論是對儒道的起源、內涵，以及二者互補的中國文化型態，
元賢都有著深刻的觀察。他肯定儒家道德義涵對社會的安定作用，也同意老
莊的閒曠超越爲入道的方便，但畢竟都不是究極之意。在他看來，不論是講
道德的儒家或說虛無的老莊，都是淪於有無的偏執妄識，不是眞正超越天人、
窮理盡性的「實學」。儒者總是力斥釋家爲虛無之學，就禪師的立場而言，能
夠契悟眞如實相的佛學，才是眞正的實學，執於空有的儒道，反而是虛學了──
──無用於開悟解脫的虛無之學。元賢雖然說理一無二，但是此理是「夫子所
謂予欲無言」、「端木氏所謂聞於文章之外者」者，是不可言詮、超越相對的
眞如理體。元賢從機用上說儒道，儒道於是成爲佛教眞如理體的發用，且無
論如何，用都不會是體，而體終究是體。

除了對佛學虛無的批評外，無用於世的出世性格，亦是儒者批判佛家的
重點所在。對此元賢的看法是：

> 人皆知釋迦是出世底聖人，而不知正入世底聖人，不入世不能出世
> 也。人皆知孔子是入世底聖人，而不知正出世底聖人，不出世不能
> 入世也。〔註191〕

元賢試圖從出世與入世的統一，消融橫亙於儒釋間的壁壘。何以不入世不能
出世？不知出世不能入世？關於這個問題，元賢有更進一步的詮釋，他說到：

〔註190〕《廣錄》卷29，〈寱言〉，頁767～768。
〔註191〕《廣錄》卷29，〈寱言〉，頁754。

> 世謂：周孔之道，宜於經世；釋迦之道，宜於出世。各擇所宜而宗
> 之，是淺之乎論二教者也。夫使周孔無出世之實德，則所謂經世者，
> 非離於功利，必束於名相，何世之能經。使釋迦無經世之實用，則
> 所謂出世者，非墮於邪計，必局於自私，何世之能出？故知，經世、
> 出世實無二，道實無二心。周孔蓋得釋迦之妙用，以弘經濟；釋迦
> 蓋得周孔之密印，以證涅槃。世俗徒執其外跡而二之，如冰炭之不
> 相入，則亦未之深考也。〔註192〕

佛教的出家求道，對於注重人倫關係、強調道德實踐的儒家而言，確實具有
濃厚的「出世」意味。但是從一切菩薩在因位所發的四弘誓中，以利他的「眾
生無邊誓願度」為首，置利己的三願於後，佛教的入世性格就由此可見。大
乘佛教的確是入世的，甚至在一定程度上比儒道更為積極、更為入世。〔註193〕
元賢的釋家入世論，誠如學者所言：「一語道破了佛教的奧秘，揭示了佛教的
實質，出世正是為了入世。」〔註194〕然而佛教入世目的絕對不在於儒家的經
世濟民，入世還是為了出世──為使眾生都能得證菩提涅槃。就儒家對於入
世意義的界定，佛家畢竟還是出世的。至於儒家的出世經世，元賢在〈明儒〉
詩中曾說：「儒門盡道能經世，經世先須世相空，一點未消成禍種，多少西行
卻轉東。」〔註195〕然而孔子經世的不雜於功利，實是出於強烈的道德意識──
──在純化至一定程度的「內聖」後，不得不發為「外王」的道德使命感；而
不是佛教體證真空實相後的不執著空有。元賢雖然深入辨析了儒佛性體論思
想的差異，但還是必需解決二者在工夫論上的虛實之別，才能徹底擺脫宋儒
對佛教為淪空的指責。〔註196〕因此元賢強調儒釋二教的同為出世入世。

　　元賢從出世入世的統一，以說釋孔二聖的原來相同，表面上是儒釋合一，

〔註192〕《廣錄》卷9，〈示劉孔學茂才〉，頁502。

〔註193〕道家雖不言出世，但對於世俗始終保持著一定的冷靜與距離。至於儒家雖有
　　　　一股積極入世的情懷，但也不免要說安時處順──時機在我，盡為世所用；
　　　　時不我與，則修身以待。至於大乘佛教則是「眾生度盡，方證菩提；地獄未
　　　　空，誓不成佛」、「我不入地獄，誰入地獄」，如此無有任何條件的菩薩慈悲，
　　　　更能彰顯主動積極的入世精神。

〔註194〕郭朋，《中國佛教思想史》下，頁334；另外，李遠杰認為元賢這樣的說法：
　　　　「與其說他在抬高孔子的地位，毋寧說他在抬高佛教的地位。」(《近現代以
　　　　佛攝儒研究》(成都：巴蜀書社，2002年9月)，頁57)何以下如此的判斷？
　　　　李氏並沒有進一步說明，然而似乎有欠公允。

〔註195〕《廣錄》卷23，頁662。

〔註196〕陳永革，《晚明佛學的復興與困境》，頁284。

但實際上卻是「暗藏玄機」。〔註197〕從他「周孔蓋得釋迦之妙用，以弘經濟」、「釋迦蓋得周孔之密印，以證涅槃」之說即可見端倪。雖然周孔所得是釋迦的妙用，釋家所得爲周孔之密印，妙用爲「用」密印爲「體」，表面上似乎是以儒家之體爲體，也就是以儒家爲究竟，但是實際上並非如此。且看元賢對於儒家終極義的界定：

> 三教聖人，設教不同，而所以必同者，此無我也。孔子證之，故曰絕四。絕四者，一無我也。孔子之後，唯顏氏能克己；克己爲近之，故曰：有若無，實若虛，犯而不校。至孟氏則主之以我，主之以我，而無我之血脈斷矣。雖道性善、稱仁義，豈得爲孔子之徒哉？蓋仁義雖善，皆以無我成其德；使其我有我，則必強物以徇我；物有我，則必喪己以徇物。而所謂仁義者，非僞則偏也；縱曰不僞不偏，而勉強與外者，心非所安，謂之能仁義可乎？世儒不知我與物皆無我，而執之爲實，堅不可破，乃曰：我學孔我學孔，益悖矣。〔註198〕

以禪師的立場看來，儒家的道德起我執的判斷，這個我執是有漏的業因。依照元賢的見解，孔子學說本是以「無我」爲宗旨，自孟子的道性善、稱仁義後，儒學方才落於有我有執。元賢的三教一理、釋孔不二，是立基於「無我」之上的，而這個「無我」所指的即是禪者開悟見性後的境界。

他不只一次的強調：

> 休道三共一家，一三不立亦空花。正如繩因麻上見，啓堪繩上復言蛇。威音那畔開雙眼，何論孔老及釋迦。〔註199〕

> 年少須窮理，心空理始親。能所如未盡，猶自隔迷津。忽然能所破，始見本來心。爲問宣尼老，何須說六經。〔註200〕

> 年少須窮理，見理未能親，忽然無可見，始是渡迷津。不道亦不禪，非佛亦非心。卻笑宣尼老，空勞說六經。〔註201〕

唯有超越有無相對的眞空妙體，才是萬法的根源；只有般若的眞空，才是空的眞意；也唯有禪法的工夫，才能超脫有無、契悟眞理。元賢的三教一理論、

〔註197〕就儒家而言，實際上並不存在著入世與出世的問題，元賢以出世說周孔，其實也不外乎是在援佛入儒。參見郭朋，《中國佛教思想史》下，頁333。
〔註198〕《廣錄》卷29，〈寱言〉，頁771。
〔註199〕《廣錄》卷23，〈示謝介菴居士〉，頁660。
〔註200〕《廣錄》卷23，〈示張克一茂才〉，頁661。
〔註201〕《廣錄》卷23，〈示沈同青茂才〉，頁661。

儒釋同一說，實是以佛學範圍儒道、消融儒道。在三教合一的思潮下，元賢始終堅守佛學本位立場，嚴辨儒佛之別、釋道之異，堅持自家學說優越性與超越性。

第五節　小結——元賢三教思想的特色

　　雖然三教會通自佛教傳入後，就一直是重要議題，入明後主政者更是公開的表明同時支持三教。但是合一的思想始終都是以儒家為主，佛道為輔。更何況佛教作為外來宗教，在融入中國文化的過程中，難免要以「格義」的型態出現，也不可避免的要調整自我，以配合以儒家思想為基底的主流文化。因此在儒釋互動的過程中，儒家多是採取文化本位的強勢立場，而佛教則大都以主動迎合的柔軟姿態相對。像元賢這般以釋者身份，對儒道二家採取強烈批判者，則是較為少見。在明末三教合一的思潮中，元賢的嚴辨儒釋、嚴分佛道，表現出另一種學術思維的方向。

　　至於三教的會通，元賢採取的是批判、改造，進而統攝的路線。他先以佛教的立場批評儒道思想的不足，接著轉化儒道經典的語意，置入佛家思想，並進一步以真如本心範圍儒道。如此的批評、如此的會通，答案已在前提中，這樣的方式，無法獲得儒道二家的認同，自然是可以預見的。但元賢護教的熱誠、對於三教會通的嘗試，自有其思想史上的價值與意義。

　　對於三教關係的處理，元賢並非一味的講融合、混融的說會通，因此關於元賢三教會通思想的評論，以他的「歸理」為「禪學自身的沒落」〔註202〕、以其會通儒釋「使佛教多少沾染了入世的色調」，〔註203〕甚至認為他十分強調儒釋道的會通，一生不懈努力、致力於融合儒釋等說，恐怕都與事實有所出入。〔註204〕

〔註202〕洪修平，《中國禪學思想史》：「到了元賢那裏，禪教儒道就同歸于一個『理』了。……『歸理』的結果也就是禪學自身的沒落。」（頁330）

〔註203〕陳支平，《福建宗教史》，頁241。

〔註204〕洪修平，《中國禪學思想史》：「元賢還十分強調儒佛道的『三教一理』。」；陳支平，《福建宗教史》：「所以在他看來，應該儒釋互補。他於出家之後，就一直致力於融合儒釋。這正是他一生不懈努力、融合儒釋的寫照。」（頁241）

第八章 結 論

第一節 本文研究重點回顧

　　元賢在明末佛教史中佔有一席之地，雖然也受到學者的注意，但是一直缺乏完整性的研究。本文對元賢作了全面性的探討，以期較完整呈現元賢的生平思想，彌補過去相關研究的不足。

　　關於元賢的生平事蹟，本文除了對元賢自述，及其他傳記、寺志、燈錄等資料作全面考察外，並將當時的時空背景因素納入，一同作討論；使環境對於元賢的影響、元賢對時代的意義，都能有較明確的凸顯。至於元賢的作品，一般都依據傳記稱有「二十種一百餘卷」，但究竟為哪二十種，都沒有明確的書目表列。本文除了分類列出二十種書目外，並對每書題解內容大綱、考證版本源流，較系統的整理了元賢的著作。

　　從元賢生平事蹟的考察，可以得知，他是個積極入世的禪僧。元賢對於當時佛門的弊病，並不只於亂象的揭露與批評，更實際投入於佛教復興的工作。但這一部份卻是學者極少提及的。元賢何以是繼元來之後最有影響力的禪師？何以是中興曹洞宗的宗匠？又如何能稱為明末曹洞殿軍？除了精深的禪修經驗與思想的特色外，他對於復興工作的投入，自是不可忽視的重要部分。

　　元賢以鼓山為基地，展開他的佛教復興事業。他不以勢力擴充為目的，而致力於僧團素質的提升，不僅提倡戒律，也重視僧伽的佛學教育與德行啟發。除了建寺安僧外，元賢亦深謀遠慮於鼓山的永續經營。他改變傳統寺院以寺田為主的經濟型態，採多元化的方式經營鼓山。這使鼓山在以小農為主

的中國社會裡，避免了與民爭田的問題；同時也使鼓山更具開放性、更能切合民眾的宗教需求。對於具備禪特質者，施予禪修的鍛鍊；具有淨土傾向者，給予念佛法門的指導；期望皈依受戒者，開堂授法、傳授戒律；對經典教義有興趣者，印經流通、往復討論；希望捐輸納福者，接受布施；需要經懺助念者，應允承接；鼓山呼應著人們對宗教的不同需求，成爲一個綜合型態的寺院。這樣的一個道場運作方式，現代寺院經營的雛形，已然在其中。

至於對寺院與政治關係的處理，元賢在興復鼓山之初，就自覺的不捲入反清與擁清的政治鬥爭中。雖然擁有強而有力的護持者，對於佛教復興工作有莫大的幫助，特別是在戰亂的時代裡。但是卻也不免捲入爭鬥，失卻宗教超然的地位。元賢拒絕作政治意向的選擇，雖然因此無法獲得相關的資助，但卻是個明智的抉擇。從本文相關的討論，可以發現，元賢對於鼓山所做的關鍵決策，不僅方向正確而且都具有相當的前瞻性，他是個眼光獨具、極富經營遠見的事業體領導者。

另外值得一提的是，元賢將世法與佛法視爲一體的思考。他認爲法運的衰頹來自於世運的坎坷，世運的坎坷源世風的濁惡，因此他積極於人心的改變、風俗的易善，希望藉此改變世風、扭轉世運，在世運隆盛之際，法運自然也就興盛了──這是元賢的思考。在禪宗史上，如此積極於與社會接軌、用力於社會福利工作的禪者實是少見。元賢對於佛法入世所做的努力，應該給予高度的肯定。雖然元賢積極入世，但他自覺的追隨雲棲袾宏的腳步，以低調沈穩的態度應世；這種隱而不隱的弘法哲學，在明末混亂的時代裡，爲僧眾建立了良好的典範。

關於元賢思想的研究，前人多將重點放在他的儒釋會通上。然而元賢畢竟是個禪師，禪應該才是他思想的核心；也唯有在核心思想確立後，才可能較清楚而完整的呈現元賢思想的面貌。但是關於元賢禪學思想的研究卻是付之闕如。元賢禪法的被忽視，或許是因爲他的禪見散見於各處，較難一窺全貌之故。然而元賢的禪法，不僅體系完整，而且有著一定的堅持，相當富有特色。

在心性上，元賢重視心的虛空靈寂，強調心之知爲空寂之知。因此元賢的禪只能從心的冥契與逆覺體證上說，他不認爲文字可以契於般若，反對各種形式化、義理化的禪；主智不是他禪的進路，將禪視爲文字遊戲，更是他所痛斥的。對於禪，元賢要求的是切實的參究、徹底的證悟；即便是對禪學宗旨的探究，也特別強調是徹見本心本性之後的事。元賢禪法對於心冥契真

理的主動性與能動性，給予完全的肯定；他不隨著時代風潮而走，堅決反對
文字禪，強調禪的親證性與超越性，嚴格把持南禪不立文字的立場。元賢眞
參實修的強調、素樸簡約的禪風，無疑爲明末紛亂的禪界，注入了一股清流。
本文認爲元賢的禪見，並不是如學者所言，一句「老一套」〔註1〕就可帶過的，
他的禪法不僅回應著時代，並且在一定程度回歸了慧能禪的基本精神。

　　除了禪法理念，元賢亦有相關禪學見解的提出。他對於「重離六爻」的
解析，向來爲學界所重。但是除了對〈寶鏡三昧〉的注解外，元賢關於禪學
的討論，還包括了〈參同契〉、五位思想、臨濟三玄等問題，同時對龍潭歸屬、
覺範定位等論題也有所關注。從本文相關的研究中，可以得知，禪的不可分
割性與實證性是元賢禪學思想的核心，不管是對〈參同契〉、〈寶鏡三昧〉、五
位、三玄，他都是以這個角度作思考；而這樣的理解，正是他自身禪觀的展
現，進一步說，禪學其實是元賢禪悟經驗的註腳。元賢雖無意於歷史考辨的
工作，但是由於當時的濟洞之爭，以及叢林對於覺範崇拜的過熱，因此有龍
潭歸屬、覺範定位等問題的討論。〈龍潭考〉中透過歷史文獻的分析，以證明
天皇道悟與龍潭崇信的嗣法關係，具有還原歷史的考證意義。至於對覺範，
元賢採取了與時人截然不同的反對態度；如此的見解，可視爲他對自身直觀
禪法的堅持，以及他對僧伽素樸形象的要求。元賢對於覺範的看法，是值得
重視的，因爲他表達出當時叢林對於相關問題思考的另一個面向。

　　元賢雖然是個禪師，但是並不排斥其他教法，特別是對於戒律與淨土的
提倡。有關明末戒律的復興，近來學界有不少的研究。雖然元賢有戒律的專
門著作，鼓山自清初後也一直是東南傳戒的重地，但元賢的律學仍未見有專
門的研究。關於元賢的戒律思想，以心爲體、攝戒歸禪，可以說是他律學的
基本性格。但是並不能因此單純視元賢的戒律爲南禪無相戒的傳統回歸。因
爲他在以心起、以心終的戒律行踐過程中，加入了外在的有相戒作爲銜接，
以確切落實戒律的實踐。對於戒文律儀，不論是衲僧個人的言行舉止或是僧
眾團體的儀式禮節，都有著細碎繁瑣的的規定；不僅發揮了聲聞戒律對僧伽
個人的影響，也強化了小乘律法對僧團的規範功能。元賢的戒律行踐，是一
個由切實發心起，接受有相戒文的約束，走向無相禪戒的過程。重視大乘菩
薩戒的同時，也提倡小乘聲聞戒，是元賢戒律思想的一大特色。此外，他亦
重戒律與世法的溝通。元賢以自性佛性的徹見以及經懺法事的參與，作爲孝

〔註1〕郭朋，《中國佛教史》下冊，頁340。

道實踐的兩個進路。他將悟與孝接軌，以開悟爲大孝，這樣的立論是佛史上少見的，雖不免斧鑿痕跡，但卻也使得佛教的戒律，既具世俗倫理的意義，又保有宗教的超越性。元賢戒律思想實具有相當的現世性與圓融性。

身爲正統宗門禪師，元賢對於淨土的態度顯得較開放而客觀。他不僅不排斥淨土，還試圖從理論上去論證禪淨之間的無等差，甚至在一定程度上提倡念佛。關於淨土念佛的行踐，元賢還提出有一套具體的行踐方法，他在信、行、願中，將施、戒、修三福業納入，使淨土行成爲一整體的宗教生命實踐。儘管如此，元賢淨土的他方色彩，卻是相當淡薄的。雖然他也要念佛行者信淨土實有、彌陀可仰，但實際上只不過是引人入門的方便而已。他要學人深信淨土，透過願生的願力以堅固道心，再以此堅固的道心轉換成對自己畢竟成佛的信心，進而達到禪宗自力解脫的目標。元賢從淨土出發，很巧妙地又將淨土引回禪門。因此關於元賢淨土思想的理解，本文並不認爲他和四大師一樣，是禪淨雙修的推動者。他只不過是把念佛的方法用於禪者的需要、應機的方便而已，他甚至都不認爲禪淨可以兼修。對於元賢而言，佛法四萬八千法門，唯有參禪才是最有效的方法。

元賢的接納經教、著書立說，在明末正統宗門中是相當特殊的，有學者因此認爲他是個禪教兼重的禪僧，甚至以此爲是禪學沒落的指標，〔註2〕然而這恐非事實。因爲從對元賢的經注研究中，可以發現，他不僅承繼了禪宗自由解經的傳統，而且注經的用意並不在於經典教義的闡發，而是自身禪觀的發揮，或者作爲應化教學的方便。元賢並不認爲經教可以促成開悟的結果，經教之於元賢，只不過是是見性之後，禪悟體驗的註腳罷了。元賢的禪教合一，是以我爲主體，是就「我即是六經」的立場而說的。

無論元賢涉及了多少教內教外的思想，對於「禪」元賢始終有著徹底的堅持。元賢雖然講戒倡淨，但是強調持戒必須由有相戒至無相戒、念佛必須由稱

〔註2〕例如洪修平言：「他（元賢）在《繼燈錄》中，還批評了那種以文字爲糟粕的觀點……表明了宋代以來『不立文字』的禪學日益走上文字道路的進一步發展。」又：「在諸宗融合、宗教歸淨的佛教發展大趨勢中，禪師的歸心淨土也是禪學沒落的重要指標。明代以後的禪淨合一顯然進一步使禪歸向了淨土而喪失了本身的特色。」（《中國禪學思想史》，頁325、329）；郭朋也曾說：「元賢一人，竟有幾部注經，表示元賢非常注重經教，乃是一個禪教兼重的禪僧。」（《中國佛教史》（臺北：文津出版社，1993年7月，頁315）；又：「（元賢）特別談到，雖然禪宗也不能不藉助語言文字以『載道』。由『不立文字』，到『文以載道』，它標志者禪宗的演變。」（《中國佛教史》下冊，頁325）。

名念佛至參究念佛；否則都是有漏因，永遠也無法成就無漏果。就連諸善的奉行也一樣，唯有從有相到不住相，才能成就聖功德。在元賢的思想中，所有戒行、教相、甚至一切的行爲，都必須深化到禪悟的階段，否則都只是不出生死流轉的業因而已。從持戒到無戒、從念佛至成佛、從住相到無相，只有見性一途。而見性只有一個方法、唯一的一個方法，就是禪法的參究。對於禪師而言，唯有禪才是究竟，持戒與念佛，終究不過是參禪的前行方便而已。

　　雖然元賢治經說教，但他徹始徹終都堅信，只有參究能夠造成開悟的事實。在積極回應宗教世俗化的同時，做爲禪宗正脈的禪師，元賢並沒有失去自己的基本立場，對於直契頓悟的禪法，始終有著堅定的信心。因此，單從禪師說經言教，即認爲是禪教合一的提倡者；光從禪師肯定文字，就以爲是文字禪的趨近；進而評判爲禪獨立精神的失卻、禪學宗旨的泯沒。這樣的觀點，是本研究所較無法認同的。

　　由於元賢以儒入釋的背景，以及有《寱言》與《續寱言》二書的專論，因此他的三教思想向來爲學界所注意。但是或許是因元賢在《寱言》中，自陳其著書的目的乃是在「會通儒釋」，因此學者多以爲他的思想具有濃厚的融合色彩、是三教合一的提倡者。〔註3〕然而從前文的相關討論，即可以得知，元賢對於儒道二家的義理，無論是心性論、本體論、工夫論、解脫論等各個層面，都提出了相當程度的批評，並於此嚴辨儒與釋、佛與道之間的不同。他對於儒釋之辨、佛道之別的關注，實大於對會通的所做努力。因爲在他看來，不論是儒學的論理或老莊的思想，都有太多的不足與缺陷。因此他並不贊同儒釋道的混融說，而是採取三教嚴分的態度，並以此突顯佛學理論的優越性與完整性。元賢在批評儒道缺失的同時，更以佛教義理改造儒道思想，並進一步範圍二家於佛教的體系中。他的會通，實是就著佛教立場而說，不僅立場堅決、態度亦強勢。就元賢而言，會通是救儒道而非救禪，〔註4〕唯有透過佛理的引入，會通才有機會成爲可能，儒道的論理也才有希望臻於圓滿。這樣的會通，或許難

〔註3〕楊惠南，〈禪淨雙修的類型及其理論基礎〉，頁119；洪修平，〈中國禪學思想史〉，頁325；陳支平，《福建宗教史》，頁241；李遠杰，《近現代以佛涉儒研究》，頁56等。

〔註4〕陳支平認爲：「這正是他一生不懈努力、融合儒釋的寫照。元賢的會通儒釋，雖然立足點在救禪。但是佛教在封建社會大都被視爲『教化』的輔助，這使佛教多少沾染了入世的色調。」（《福建宗教史》，頁241）對於這樣的結論，實有待商榷。

以得到儒道二學的認同，但是他對自家學說的信心、續佛慧命的熱忱，是絕對值得肯定的；而其對會通所做的努力，亦自有思想史上的價值。

元賢的整個生命都與時代有著密切的呼應，他在堅持禪法純正性的同時，以應化利世的慈悲情懷，成就廣納多元的思想、發為救世工作的熱情。在明末佛教的復興風潮中，身為宗門禪師的元賢並沒有缺席。元賢之於明末佛教，不論地位與貢獻，都是無庸置疑的。

第二節　元賢研究之於明末佛教與現代佛教

對於元賢的研究，其價值應當不僅只於禪師個人生平與思想的釐清，對於明末佛教研究有何意義？對於現代佛教又有何啟示？這是本文接下來所要討論的重點。

關於明末佛教風氣的惡質，不論是當時人或後代學者，多將茅頭指向於叢林的無修無證與狂妄自大。然而透過研究可以發現，對於這樣的亂象，禪林宗門並非無知無覺，只是一味的隨波逐流。至少曹洞慧經一系下的禪師，無不強調真實參究、切實證悟的重要；在明末主體意識高張的時代氛圍中，嚴格的檢束自律，自覺的低調行事；特別是鼓山元賢一支。元賢沈穩內斂、敦厚持重的處事風格，也被鼓山後繼為霖道霈、唯靜道安所承繼，形成宗風的一大特色。這個特質是較少被明末佛教研究者所論及的，是明末佛教另一個面向的呈現。因此，籠統的概括明末禪風為衰頹、宗門是墮落，並無法真實呈現出明末佛教的多樣性面貌。

此外，從當時世俗對佛教僧眾的批判，以至僧伽本身的反省中，也可以察知，中國社會對於僧尼性格，普遍有著樸素自律、內斂溫厚的期待。禪衲當然要有絕對的自信，否則如何成佛作祖？也要有積極入世的熱忱，否則如何普濟眾生？但是過份彰顯的人格特質與過激的行事風格，終究與僧伽化外之民的清高形象不符。雖然宗教事業必定要成就，但過份的攀緣與強求，難免遭惹非議；特別是與政治關係的過渡密切，不僅不符合社會大眾的觀點，宗教超越的情懷也難以展現。關於元賢生平的研究，對於後代衲僧的應世，應該多少有所啟迪。

雖然元賢對於鼓山的經營，沒有留下太多的管理細則與實際運作情況的資料，無法作嚴格的現代管理學研究，但是從中也給後人諸多的啟示。首先是僧

團的管理，對於僧眾嚴格的戒律要求與高度的道德期許是必要的，不僅是爲了僧團形象的建立，更是爲寺院穩固的發展與佛法慧命的延續。僧團勢力的龐大，對於佛教事業的推動，當然有一定的正面力量，但是如果不審來機、不顧其他因素，一味的以擴充爲目的，勢必導致僧團結構的嚴重缺陷，將大不利於教團的長期發展。明末世人對於僧尼的輕賤與鄙視，即是最好的例證。

　　至於僧團的教育，更是絕對的必要。雖說出家是以解脫度眾爲終極目標，佛學與世學知識的豐富，和開悟證道沒有直接的關係。但是多元廣博的教育，畢竟有助於禪衲個人心靈的啓發與僧團整體素質的提升，特別是佛學的教育。僧團當然不是以培養佛學研究人才爲第一目標，但佛法的聽聞與熏習，無疑對於個人佛道的成就有一定的幫助；況且豐富的佛學素養、廣博的學問根基，對於應世化眾將會有更多的方便。明末諸大師在具有深厚儒學背景的同時，亦不乏深刻的禪悟體驗，又具有設機應化的能力，就是最好的例證。叢林以佛學爲主、世學爲輔，多元而廣博的教育，是絕對必須的。

　　再者是關於寺院的經營。雖說佛陀時期，托缽是僧團唯一的經濟來源，但是在中國，托缽等於行乞的觀念，終是難以轉變，僧眾要靠托缽爲生，畢竟有一定程度的困難。鼓山雖意圖恢復托缽制度，但似乎也沒有很明顯的成效。勸募向來是寺院經濟主要來源之一，然而勸募的穩定性不足，因此不宜過渡依賴。同時，勸募也應是廣泛募集而非重點集資。雖然廣募的不確定性高，但卻可以保持寺院發展的獨立性，避免單一化主對寺務強勢干預的可能。至於寺院採取多元化的經營模式，應該是個正確的方向，因爲如此的經營策略，可以避免其中一個經濟來源發生困難時，對於寺院所造成的衝擊。寺院財源的開拓固然重要，但是佛教不是以聚財爲目的，因此對於經營事業項的選擇，不僅要符合佛法的根本精神，損傷物命、風水卜卦之類不宜，也要盡量避免與民爭利。這是元賢視爲根本戒律，再再提醒僧眾，也是他自己所徹底奉行的。這樣的經營原則，應該也適用於現代宗教團體。

　　托缽乞食不適於中國，募化又被說是坐食，農禪型態也不適合當時社會——不僅耒耜之利微薄，不足以應付所需；在土地資源有限的情況下，寺院農地的大量擁有，也難免遭人覬覦——這是鼓山發展的歷史教訓。禪衲從事誦經禮懺，又有淪爲應付僧之譏。佛教僧眾動輒得咎，將何以爲繼？因此寺院只要在不違背佛法的根本精神下，多方的經營事業體，世俗實不應有太多的責難，否則寺院實在難以維繫。特別是經懺佛事的部分。其實寺院在確立本身宗教性格

的同時，呼應民眾的宗教需求也是必須的。對於廣大的信眾而言，在面對死亡的不安與恐懼時，「經懺佛事」無疑是佛教可以給予的最直接安慰。抽離掉了經懺的部分，佛教的社會功能將大大的降低。經懺本身具有安慰生者與超渡亡者的功用，有其絕對的價值與意義。經懺的從事，並不就代表著僧行的墮落，重點在參與者與執行者的心態。明末袾宏、智旭的廣修懺法，元賢的制訂疏文，都不影響他們一代高僧的地位。因此，筆者以為學界對於寺院衲僧的從事經佛事懺，實不應一律視為宗教的沈淪，給予過份的苛責。

此外，寺院除了維持正常的運作外，社會福利工作的參與也是必須的。宗教的意義在拯救人類的苦難，終極意義的苦難解脫，自是在神聖性的彼岸，或許是開悟的境界、或許是彌陀的淨土，亦或者是聖靈的世界。但是宗教的關懷不能只落於彼岸，應該更積極融入於現世、落實於此岸。因此，宗教不應有政治、黨派色彩，更應該跨越國籍界線，發揮無緣大慈、同體大悲的救世精神，主動參與各種社會福利工作。同樣的，信眾對於宗教團體對於「異己」〔註5〕的關懷，也應該要有寬廣的包融胸襟。社會福利工作的定義可以很廣泛，包括人心的教化、急難的救助、社會公益的參與等等。元賢身為禪師，積極於社會風氣的改善、率先從事大規模的社會救濟，即是最好的示範。當然不同的時代，對於社會福利有不同的需求，執行範圍與方法也不盡不同。但是，宗教救贖精神的必要展現，卻是一致的。

明末佛教思想的發展，世俗化是一個不可忽略的傾向，但同時又有著神聖性重新確認的問題。面對這樣的時代課題，正統宗門要如何回應？若論勢力，明末禪宗當屬臨濟最盛，特別是密雲一系。密雲圓悟堅持臨濟宗風，不理會外界的評論，把機鋒棒喝、呵祖罵佛推向極至。漢月法藏反對棒喝狂禪，於是對「乾屎橛」、「庭前柏樹子」等話頭禪機作義解，試圖透過禪旨的揭露，使學人有所依歸，以矯正當時禪風的疏狂。密雲圓悟的堅持，不免囿於宗門施設，過於保守，缺乏與現實結合的靈動性；〔註6〕漢月法藏對話頭作正面的解釋，雖然是一種創新，但也義理化了不可說的禪。〔註7〕圓悟或許堅持了宗

〔註5〕 例如不同國籍、不同政治立場、不同的宗教、種族等等。

〔註6〕 陳永革在《晚明佛學的復興與困境》中曾言：「表現為如密雲圓悟等臨濟禪僧固守傳統的保守傾向，對禪學宗旨的理解侷限於宗派法係的門庭施設，既缺乏著眼於現實時節因緣的靈活性，更沒有對傳統禪學思想加以發揚光大的創造性。」（頁18）

〔註7〕 洪修平即認為：「對話頭、禪機的作正面的解釋說明，禪的義理化既表明了法

風，但不免忽略了宗教世俗化的需求；法藏或許回應了時代的問題，但又不免失卻禪宗的根本立場。這或許也是學者不斷指摘明末禪門宗旨日益泯沒的原因吧。如何在確保宗教神聖性的同時，又呼應社會世俗化的需求？從本文對於元賢的研究中，可能可以找到相關的解答。元賢在貫徹實踐禪的不可說的同時，廣納各種教法，將之視爲前行與方便，或許爲禪的發展指出了一個方向──既有神聖性的堅持又有世俗化的回應。

一般佛教史或禪宗史，對於禪僧的接納經教、著書立說，多給予負面的評價，認爲這是禪的精神的失落。〔註8〕「諸宗融合」確實是明末佛教一大特色，但是並非是毫無揀擇的大混融。更何況「融合」的思想內涵，是多元而活潑的。不同的思想理路，造就不同的義理結構，也成就不同的解脫進路，諸宗融合其實不一定就是宗教獨立性格的喪失。禪法必定要有方便施設與演化，否則禪史也將不成禪史了。〔註9〕如果一味將明末禪學與唐五代相比較，而直斥爲禪學的墮落，不僅無法彰顯禪師個人的思想特質，同時也否定了宗教與時並進的積極意義。

再者，是關於三教會通的問題。在儒家本位的中國，只要佛教僧伽倡言三教會通，似乎就代表著佛教對儒家的主動依附、佛門自家宗旨的遺落。然而這樣的理解，並不適用於明末的佛教界。因爲明末佛徒的三教會通，是以完全的自信，範圍儒道二家於佛教之下。誠如學者所言：「如果沒有對佛教思想本身的深切把握和熟透研究，如果沒有對自身義理上、方法學上的成熟和自信，展開如此廣泛的思考是不可能想像的事情。在這個意義下說，晚明佛教叢林的成熟和自信遠甚於以往時代，表明佛教思考的進一步深入和拓展。因此，晚明佛教叢林並沒有全然基於折衷儒佛心性之學的思想立場，以展開

藏的創新，也反映了禪的發展進入了末路。」《中國禪學思想史》，頁319。）

〔註8〕 例如郭朋曾說：「隨著晚唐以後中國封建社會的盛而衰，佛教也逐漸走向下坡……佛教遵循著上述軌道（指諸宗融合與三教同源）演變的結果，則是佛教思想的日益不純和雜染。」（《中國佛教思想史》下，頁464）洪修平亦表示：「在禪儒一致、三教合一的思想文化發展的趨勢中，禪學完全喪失的他的獨立性而走向了沒落。……特別是由於宋明理學定於一尊，禪學更加主動地依附於理學，並在融合儒佛的過程中把自己融化到儒學中去。」（《中國禪學思想史》，頁330。）

〔註9〕 參見釋印順，《中國禪宗史》，〈序〉：「禪史應包含兩大部分：禪者的事跡與傳承，禪法的方便施化與演變。……禪法的方便施設與演變，這應是禪史的重要部分。」（頁4～6）。

儒佛之辨，相反倒是深入其中並出乎其上。所謂出乎其上，非爲別的，正是晚明佛教能夠堅持自身宗教性的生死關切，而對儒佛心性之學進行深刻的義理析辨，試圖以佛教即現實而求生死解脫的立場，超越宋儒基於性善論的人文理想、道德理想。」〔註10〕明末教界的三教會通，不但不是主動迎合儒道，反而是積極消融二家；不僅不是禪佛主旨的喪失，反倒是佛學意識的高張。不管這個結論，儒道二家是否接受，明末佛教僧眾護法的悲心與對會通所做的努力，都是值得高度肯定的。

　　本文的結論是，明末佛教衲僧對於教內外融合會通的思索，並不是宗教的墮落，而是佛學的積極發展；高僧大德的入世應化，不是世俗習氣的沾染，而是佛教悲心的展現。就此意義下而言，明末佛教確實爲佛教復興期；而在復興的風潮中，正統宗門的禪師並沒有缺席——永覺元賢即是最佳的代表人物。

　　目前學界對於明末佛教給予最多關注的是明末四大師。從元賢的研究中可以得知，元賢與時代有著密切的互動，他對宗教事業所付出的努力——不論教內復興工作的投入，或教外社會問題的關懷，都不亞於明末四大師。在學術思想上，元賢亦有多層面的關注，他對於南宗禪的堅持、禪教位置的安立，以至於會通問題的處理，亦與四大師有著不同的思考，自有特色、獨樹一格，表現出明末佛教思想的另一個面向。元賢研究之於明末佛教，應具有積極的價值與意義。

〔註10〕陳永革，《晚明佛學的復興與困境》，頁 281～282。

附錄一　永覺元賢禪師法像

※翻印自《嘉興楞嚴寺方冊藏經》（臺北：國家圖書館善本書微卷版），《鼓山永覺和
　尚廣錄》卷首。

附錄二　眞寂廣印〈永覺贊〉

贊　　　　　　真寂廣印

吞却死羯頭嚙盡生人膃脮跟不踏

艸鼻孔自遼天着毛忩麗而魔乃喪

氣眼光遠爍而佛祖難窺機迅直如

雷車轟舌韡毎同泉涌秖有藏身一

著無人識果毎傳得壽碕昌宗

※翻印自《嘉興楞嚴寺方冊藏經》（臺北：國家圖書館善本書微卷版），《鼓山永覺和尚廣錄》卷首。

附錄三　永覺元賢禪師年表

中國紀年	西曆	年歲	生　平　事　蹟	教　史　紀　要	歷　史　紀　要
萬曆 6 年	1578	1	七月十九日生，建州建陽人。父蔡雲金，母張氏范式。初名懋德，字闇修。宋蔡先生十四世孫。喜周程張朱之學。		
萬曆 7 年	1579	2		見如元謐生。紫柏眞可等人發願刻方冊藏。	
萬曆 8 年	1580	3			
萬曆 9 年	1581	4		笑嚴德寶示寂。	推行一條鞭法。
萬曆 10 年	1582	5			張居正歿。王妃生皇長子常洛。
萬曆 11 年	1583	6			追奪張居正官階。
萬曆 12 年	1584	7		遍融眞圓示寂。	
萬曆 13 年	1585	8		幻休常潤示寂。	
萬曆 14 年	1586	9			鄭妃生皇子常洵。（立儲紛爭從此展開）九月，神宗因病免朝，自此便常不朝。
萬曆 15 年	1587	10			

萬曆16年	1588	11		蘊空常忠示寂。	
萬曆17年	1589	12		《方冊藏》開雕。	努爾哈赤統一女眞各部。
萬曆18年	1590	13			
萬曆19年	1591	14			
萬曆20年	1592	15		費隱通容生。覺浪道盛生。	神宗此年起不再早朝。寧夏叛亂。日本侵略朝鮮，明政府派兵援助。
萬曆21年	1593	16		憨山德清被誣遭譴。山翁道忞生。	
萬曆22年	1594	17		慈舟方念示寂。	
萬曆23年	1595	18		瞿汝稷編《指月錄》。	
萬曆24年	1596	19			礦稅開徵。
萬曆25年	1597	20		破山海明生。	
萬曆26年	1598	21		潭吉弘忍生。三一教主林兆恩卒。	《憂危竑議》出。
萬曆27年	1599	22		蕅益智旭生。	播州叛亂。臨清民變。
萬曆28年	1600	23		紫柏眞可因礦稅之事入京。	
萬曆29年	1601	24			立皇長子常洛爲太子，常洵等皇子爲王。根據統計，全國在職官員與缺官各佔一半。武昌、蘇州各地民變。努爾哈赤建立滿州八旗。

萬曆30年	1602	25	讀書山寺，聞誦〈法華偈〉而有所省發。 趙豫齋受《楞嚴》、《法華》、《圓覺》三經。	李贄卒。	
萬曆31年	1603	26	慧經和尚開法董巖，前往拜謁。 慧經囑參乾屎橛話頭，但無所得。 聽南泉斬貓話有省。 作偈謁慧經，得慧經頌有所省。	紫柏眞可因妖書事件入獄。 紫柏眞可示寂。	《續憂危竑議》出，妖書事件爆發。
萬曆32年	1604	27		箬菴通問生。	
萬曆33年	1605	28		藏文大藏經丹珠爾複刻。	
萬曆34年	1606	29			
萬曆35年	1607	30		圓澄作慨古錄。	
萬曆36年	1608	31			
萬曆37年	1609	32			
萬曆38年	1610	33			
萬曆39年	1611	34			東林黨爭起。
萬曆40年	1612	35			
萬曆41年	1613	36			
萬曆42年	1614	37		幻有正傳示寂。 玉林通琇生。	
萬曆43年	1615	38		雲棲袾宏示寂。 爲霖道霈生。	
萬曆44年	1616	39			努爾哈赤建立後金。
萬曆45年	1617	40	父親、嫡母歿。 往壽昌寺禮無明慧經，剃度出家。 受慧經起悟。 九月，向慧經請行實，得手述六百許語。	如惺作明高僧傳》。	

萬曆46年	1618	41	正月，師慧經示寂，作〈行業〉、〈鶴林〉二記。 隨無異元來至江西博山。 生母病篤歸省。 母卒歸博山，圓菩薩戒。	無明慧經示寂。	
萬曆47年	1619	42			楊鎬討努爾哈赤，大敗。
萬曆48年	1620	43			神宗病逝，常洛即位。 神宗遺詔停罷礦稅。 紅丸案發，光宗示寂。
天啟1年	1621	44			荷蘭人佔領臺灣。
天啟2年	1622	45	歸閩，住沙縣雙髻峰。		
天啟3年	1623	46	歸建陽葬親。 舟過劍津，聽僧唱經大悟。	憨山德清示寂。	
天啟4年	1624	47	掛錫甌寧金仙庵，閱藏三年。 作《楞嚴略疏》。	密雲圓悟付法漢月法藏。	
天啟5年	1625	48		漢月法藏著《五宗原》。	
天啟6年	1626	49		湛然圓澄示寂。	袁崇煥大敗金軍。 努爾哈赤示寂，皇太極繼位。
天啟7年	1627	50	遷建安荷山。		
崇禎1年	1628	51	至楞嚴寺請方冊藏。 過錢遇大水，舟楫險沒。 會元來於建州。 作《建州弘釋錄》。 作《瘧言》。		陝西飢荒，民變四起。
崇禎2年	1629	52	《建州弘釋錄》成，元來作〈序〉。		
崇禎3年	1630	53	作〈建州弘釋錄序〉	無異元來示寂。 晦臺元鏡示寂。	袁崇煥被誣殺。

崇禎4年	1631	54	往建陽。 刻《建州弘釋錄》。 修蔡氏諸儒遺書。		
崇禎5年	1632	55	謁聞谷廣印於寶善庵，一 見投合。 與廣印談《金剛經》要義。 作〈諸祖道影贊〉，廣印讚 譽有加。 從廣印受大戒。 《瘞言》完成，並自〈序〉。		
崇禎6年	1633	56	春，遊學於劍州。 再謁廣印於寶善。		
崇禎7年	1634	57	廣印力勉出世。 受廣印推薦，主鼓山寺。 初住鼓山，拒絕開堂說 法，僅以戒示人。 建天王殿及鐘鼓二樓。		
崇禎8年	1635	58	夏，歸壽昌掃慧經塔。 經建州，宿淨慈庵，作《淨 慈要語》。 開法於紫雲寺。 冬，入泉州開元寺，始開 堂結制。	天隱圓修示寂。 漢月法藏示寂。	
崇禎9年	1636	59	信眾為之建開元殿。 為信眾請，作《楞嚴略 疏》。 秋，歸鼓山，建藏經堂。	聞谷廣印示寂。	後金改國號清。
崇禎10年	1637	60	廣印和尚訃文至，躬弔眞 寂。 刻廣印《遺語》。 作〈眞寂聞谷大師塔銘〉、 〈祭眞寂聞谷大師〉文。 受廣印遺命，住眞寂禪 院。 《楞嚴略疏》完成。	雪關道誾示寂。	
崇禎11年	1638	61	《楞嚴略疏》付梓。 受信眾之請，復作〈諸祖 道影傳〉。	密雲圓悟作《闢 妄救略說》。 潭吉弘忍示寂。 幻輪作《釋氏稽 古略續集》。	

崇禎 12 年	1639	62			
崇禎 13 年	1640	63	作〈禪餘內外集序〉。 建翠雲庵於餘杭西畲。		
崇禎 14 年	1641	64	遷婺州普明寺。 秋,歸閩,居劍州寶善寺。 移舍利至建州。 .作《四分戒本約義》	瑞白明雪示寂。	
崇禎 15 年	1642	65	.赴泉州開元寺結制。 修《泉州開元寺志》。 冬,歸閩,重住鼓山。 次第翻修殿宇山門及諸堂寮。 作佛心才、寒岩升二師塔。 作塔藏博山元來和尚衣缽,並作〈塔銘〉。 編《無異大師語錄集要》。	力根發願完成方冊藏。 《續燈存稿》出。 密雲圓悟示寂。 繼起弘儲重刻《闢妄救略說》。	
崇禎 16 年	1643	66	作〈慧經和上行業記〉。 至建州。 於寶善建舍利塔。 受請祈雨,天降甘霖。 冬,歸鼓山。 《禪餘內外集》付梓。		
崇禎 17 年	1644	67	上書崇禎皇帝。 信眾興建壽塔。 作《洞上古轍》	首次天童塔爭。	清兵入關。 思宗煤山自縊。
順治 2 年	1645	68	作《金剛略疏》。 修《鼓山志》。 作〈佛祖三經指南序〉。		清兵攻陷揚州,史可法殉國。 清兵陷南京,擒弘光帝。 南明立魯王、唐王。
順治 3 年	1646	69	至建州淨慈庵為國祝釐。 至寶善說戒。 於寶善見舍利神蹟。 秋,作《四分戒本約義》,冬末成稿。		南明立桂王。

順治 4 年	1647	70	歸鼓山。 作《洞上古轍》。 作《續寱言》。 賊寇掠鼓山，以籃輿抬師，至半山眾忽顛仆，遂送師還山。	雪嶠圓信示寂。 破山海明表忠於明室。	五月芝城大水，半月始退。七月海兵至福州。
順治 5 年	1648	71	開始編《繼燈錄》。	覺浪道盛入獄。 石雨明方示寂。	
順治 6 年	1649	72	作《補燈錄》，以補《五燈會元》之闕。	見如元謐示寂。	
順治 7 年	1650	73	濟洞之爭起，三宜明盂至書，師笑而不答。 收無主遺骸千餘具。 興復靈光寺。		
順治 8 年	1651	74	《繼燈錄》完稿。 壽塔竣工。 大病。	象崖性珽示寂。	
順治 9 年	1652	75	夏，刻《鼓山晚錄》。 《續寱言》出。 《繼燈錄》出。 奉舍利入塔。 秋，造報親塔。 修山堂、檜堂二禪師塔。 遣徒取《金陵大藏經》。 作〈壽塔銘〉自述生平。	林野通奇示寂。	
順治 10 年	1653	76		《五燈嚴統》出。	
順治 11 年	1654	77	作《心經指掌》。 《鼓山志》完成。 收遺骸二千八百餘具。	隱元隆琦東渡日本。 遠門淨柱示寂。	
順治 12 年	1655	78	設粥賑濟，五十日。 收二千餘人屍，具棺葬之。	箬菴通問示寂 蕅益智旭示寂。	興化、福清、常樂兵變。
順治 13 年	1656	79	作《靈光北禪事蹟合刻》。	反清詩僧讀徹示寂。	

順治14年	1657	80	上元日，舉衣拂付爲霖道霈。 七月十九日，囑道霈開法。 九月示疾，不食二十餘日，起居如常。 作〈偈〉總結自己生平。 道霈索「末後句」。 十月七日子時入滅。 三日後入龕，面目如生。 《最後語》付梓。	憨樸性聰應召入京。	
順治15年	1658		正月二十一日，奉全身於鼓山壽塔。 《靈光北禪事蹟合刻》付梓。	嵩乳道密示寂。	
順治16年	1659		嗣法爲霖道霈編《永覺元賢禪師廣錄》。	覺浪道盛示寂。 玉林通琇應召入京。 木陳道忞應召入京。 二次天童塔諍。	桂王走緬甸，南明亡。

※主要參考資料：《永覺元賢禪師廣錄》、《明史》、陳垣〈清初僧諍記〉、釋聖嚴《明末佛教研究》。

附錄四　明末主要禪僧世系表

一、曹洞宗

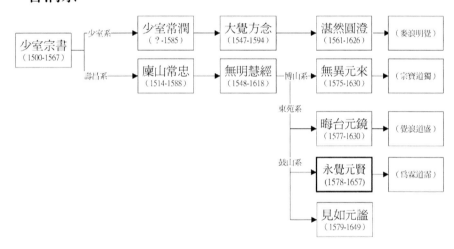

二、臨濟宗

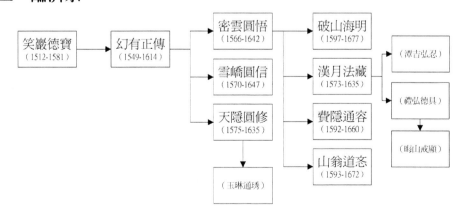

三、嗣法未詳尊宿

遍融真圓 （1506-1584）	憨山德清 （1546-1623）
雲棲袾宏 （1535-1615）	聞谷廣印 （1566-1636）
紫柏真可 （1543-1603）	

※主要參考資料：陳垣〈清初僧諍記〉、長谷部幽蹊《明清佛教史研究序說》、釋聖嚴《明末佛教研究》、何雲等《禪宗宗派源流》。

主要參考書目

編排說明：

1. 參考書目以論文中曾徵引論及者為主。

2. 先列「元賢著作」，再列「藏經書目」、「古籍書目」，後續「近人著作」
   與「日文著作」。

3. 引用經藏版本為：

   《大正藏》：1983 年修訂版，臺北：新文豐出版公司。

   《嘉興藏》：1988 年臺一版，臺北：新文豐出版公司。

   《卍續藏》：1977 年，臺北：新文豐出版公司。

   《大正藏補編》：1984～1986 年，臺北：華宇出版社。

   《佛教大藏經》：1978 年，臺北：佛教書局。

   《中華大藏經》：1982～1983 年，臺北：修訂中華大藏經會。

4. 《近世漢籍叢刊・思想四編》版本為：1984 年，日本京都：中文出版社。

   《中國佛寺史志彙刊》第二輯版本為：1994 年，臺北：丹青圖書出
   版公司。

   《中國佛寺志叢刊》版本為：1996 年，揚州：江蘇廣陵古籍刻印社。

5. 元賢著作依照性質排列，以語錄文集、經典註疏、教學著作、合集、燈
   錄、寺志為序。

6. 經藏書目先依編纂朝代排序、再依經藏收入目次排列。

7. 古籍書目依照編纂者年代排序。

8. 近人著作與日文著作部分，先照作者筆畫排列，再依著作年代作排序。
   並列專書、論文、期刊等所有資料，同一作者之同年之各筆資料，依序

在出版年後以 a，b，c 等表示。

9. 電子資料庫依照資料庫名稱編排。

一、元賢著作

1. 《禪餘內集》，《近世漢籍叢刊·思想四編》8 冊。

2. 《禪餘外集》，《近世漢籍叢刊·思想四編》8 冊。

3. 《鼓山晚錄》，《近世漢籍叢刊·思想四編》9 冊。

4. 《最後語》，《近世漢籍叢刊·思想四編》9 冊。

5. 《楞嚴經略疏》，《卍續藏》23 冊。

6. 《金剛經略解》，《卍續藏》39 冊。

7. 《般若心經指掌》，《卍續藏》42 冊。

8. 《四分戒本約義》，《卍續藏》63 冊。

9. 《律學發軔》，《卍續藏》106 冊。

10. 《淨慈要語》，《卍續藏》108 冊。

11. 《禪林疏語考證》，《卍續藏》112 冊。

12. 《永覺元賢禪師廣錄》，《卍續藏》125 冊。

13. 《建州弘釋錄》，《卍續藏》147 冊。

14. 《繼燈錄》，《卍續藏》147 冊。

15. 《泉州開元寺志》，《中國佛寺史志彙刊》第二輯第 8 冊。

16. 《靈光北禪事蹟合刻》，《中國佛寺志叢刊》106 冊。

17. 《鼓山志》，《四庫全書存目叢書·史部·地理類》235 冊。

二、經藏書目

1. 刁生虎，〈生的執著與死的解脫——莊子的生死哲學〉，《開封教育學院學報》，1 期，2001 年，頁 20～23。

2. 于化民，《明中晚期理學的對峙與合流》，臺北：文津出版社，1993 年。

3. 于君方，〈戒殺與放生——中國佛教對於生態問題的貢獻〉，《從傳統到現在——佛教論理與現代社會》（傅偉勳主編），臺北：東大圖書股份有限公司，2000 年，頁 137～144。

4. 于洪燕，〈客觀必然與精神自由的對立統一——莊子生死觀內在矛盾初探〉，《樂山師範學院學報》，1 期，2005 年，頁 99～101。

5. 中村元等，《中國佛教發展史》，臺北：天華出版社，1984 年。

6. 巴壺天，〈禪宗的思想〉，《現代佛教學術叢刊》（張曼濤主編）8 冊，臺

北：大乘文化出版社，1976 年，頁 137～148。

7. 巴壺天，〈禪宗公案之透視〉，《現代佛教學術叢刊》（張曼濤主編）52 冊，臺北：大乘文化出版社社，1978 年，頁 53～60。

8. 巴壺天，《藝海微瀾》，臺北：廣文書局有限公司，1987 年。

9. 巴壺天，《禪骨詩心集》，臺北：東大圖書股份有限公司，2004 年。

10. 心源，〈中國佛學的特質在禪〉，《現代佛教學術叢刊》（張曼濤主編）8 冊，臺北：大乘文化出版社，1976 年，頁 95～112。

11. 方立天，《中國佛教與傳統文化》，臺北：桂冠圖書股份有限公司，1990 年。

12. 方立天，〈禪宗與念佛〉，《19991 年兩岸禪學研討會論文集》，臺中：慈光禪學研究所，1991 年，頁 85～72。

13. 方立天，〈中國佛教「心性論」研探二篇〉，《圓光佛學學報》，1 期，1993 年，頁 181～200。

14. 方立天，〈人生理想境界的追求——中國佛教淨土思潮的變遷與歸趣〉，《人間淨土與現代社會——第三屆中華國際佛學會議論文集》，臺北：法鼓文化事業股份有限公司，1998 年，頁 287～304。

15. 方立天，《中國佛教哲學要義》（上）（下），北京：中國人民大學出版社，2002 年。

16. 方東美，《原始儒家道家哲學》，臺北：黎明文化事業股份有限公司，1983 年。

17. 毛文芳，〈晚明「狂禪」探論〉，《漢學研究》，19 卷 2 期，2001 年，頁 171～200。

18. 毛忠賢，〈試析石頭之參同契及其”泯絕無寄”禪〉，《江西社會科學》，3 期，2003 年，頁 21～28。

19. 水月齋主人，《禪宗師承記》，臺北：圓明出版社，2000 年。

20. 王日根，〈論明清時期的商業發展與文化發展〉，《廈門大學學報》（哲社版），1 期，1993 年，頁 86～92。

21. 王月清，〈禪宗戒律思想初探——以「無相戒法」和《百丈清規爲中心》〉，《佛學研究中心學報》，4 期，1999 年，頁 131～146。

22. 王月清王月清，《中國佛教論理研究》，南京：南京大學出版社，2002 年。

23. 王世安，〈祩宏和晚明居士佛教〉（譯作，克里斯廷原著），《世界宗教研究》，3 期，1992 年，頁 24～43。

24. 王仲堯，《易學與佛教》，北京：中國書店，2001 年。

25. 王仲堯，〈宗密之援易說佛及其易學圓相圖式述考〉，《中華佛學學報》，16 期，2003 年，頁 263～287。

26. 王志楣,〈試論中國文化對佛教孝道觀的融攝——對古正美〈大乘佛教孝觀的發展背景〉一文的商榷〉,《中華學苑》,46 期,1994 年,頁 151～165。

27. 王邦雄,《中國哲學論集》,臺北:臺灣學生書局,2004 年。

28. 王玲莉等,〈莊子生死哲學的本體關切〉,《商丘師範學院學報》,4 期,2005 年,頁 113～114。

29. 王家範,〈晚明江南士大夫的歷史命運〉,《史林》,2 期,1987 年,頁 29～38。

30. 王基西,〈理學家小傳（二十一）——西山先生蔡元定〉,《中國語文》,90 卷 6 期,2002 年,頁 20～28。

31. 王開府,〈太極圖與圖說考辨〉,《教學與研究》,1 期,1979 年,頁 49～74。

32. 王開府,〈老子道體論初探〉,《國文學報》,8 期,1979 年,頁 1～16。

33. 王開府,《儒家倫理學析論》,臺北:臺灣學生書局,1986 年。

34. 王開府,〈宋明儒學的基本關懷及其再開展〉,《國文學報》,17 期,1988 年,頁 143～151。

35. 王開府,〈良知、見聞與善的直覺〉,《陽明學學術討論會論文集》,臺北;國立臺灣師範大學人文教育研究中心,1988 年,頁 69～83。

36. 王開府,〈張橫渠的天道思想〉,《國文學報》,1991 年,20 期,頁 37～52。

37. 王開府,《四書的智慧》,臺北:萬卷樓圖書股份有限公司,1995 年。

38. 王開府,〈憨山德清儒佛會通思想述評——兼論其對「大學」「中庸」之詮釋〉,《國文學報》,28 期,1999 年,頁 73～99+101。

39. 王開府,〈張橫渠氣論之詮釋——爭議與解決〉,《中國哲學論集》（日本九州大學中國哲學研究會印行）26 號,頁 20～41。2000 年,網路版:http://web.cc.ntnu.edu.tw/~t21015/Chang-HC(9409).doc

40. 王開府,〈佛教「會通」「和會」釋義〉,《慶祝莆田黃錦鋐教授八秩嵩壽論文集》,臺北:文史哲出版社,2001 年,頁 133～148。

41. 王開府,〈宗密〈原人論〉三教會通平議〉,《佛學研究中心學報》,7 期,2002 年,頁 147～183。

42. 王開府,〈儒家與宗教交談〉,《孔孟月報》,42 卷 6 期,2004 年,頁 1～8。

43. 王榮國,《福建佛教史》,廈門:廈門大學出版社,1997 年。

44. 王堃,〈淨土宗八祖蓮池大師及其思想特色〉,《法音》,5 期,2004 年,頁 11～17。

45. 王鳳珠，《永明禪師禪淨融合思想研究》，2003 年，臺北：臺灣師範大學國文研究所博士論文。

46. 冉雲華，《宗密》，臺北：東大圖書股份有限公司，1988 年。

47. 冉雲華，〈中國佛教對孝道的容受及後果〉，《從傳統到現在 —— 佛教論理與現代社會》（傅偉勳主編），2000 年，臺北：東大圖書股份有限公司，頁 107～120。

48. 古正美，〈大乘佛教孝觀的發展背景〉，《從傳統到現在 —— 佛教論理與現代社會》（傅偉勳主編），臺北：東大圖書股份有限公司，2000 年，頁 61～106。

49. 古清美，〈蕺山學的儒釋之辨〉，《佛學研究中心學報》，2 期，1997 年，頁 179～209。

50. 白聖，〈中國的禪宗〉，《現代佛教學術叢刊》（張曼濤主編）8 冊，臺北：大乘文化出版社社，1976 年，頁 125～136。

51. 任繼愈，〈唐宋以後的三教合一思想潮〉，《漢唐佛教思想論集》，北京：人民出版社，1994 年，頁 288～298。

52. 如實，〈王陽明與明代佛教〉，《中國近世佛教史研究》（牧田諦亮等著），臺北：華宇出版社，1985 年，頁 375～413。

53. 朱謙之，《老子校釋》，臺北：華正書局，1986 年。

54. 朱謙之，《中國禪學思想史》（譯作，忽滑谷快天原著），2002 年，上海：上海古籍出版社。

55. 朱鴻，〈明太祖與僧道 —— 兼論太祖的宗教政策〉，《歷史學報》（臺灣師範大學），18 期，1990 年，頁 63～75。

56. 朱耀偉，《中國作家與宗教》，香港：中華書局，2001 年。

57. 江國柱等，《中國人性論史》，鄭州：河南人民出版社，1997 年。

58. 江燦騰，〈晚明憨山德清中興曹溪祖庭及其中邊問題〉，《中國歷史學會史學集刊》，18 期，1986 年，頁 225～253。

59. 江燦騰，〈李卓吾的生平與佛教思想〉，《中華佛學學報》，2 期，1988 年，頁 267～323。

60. 江燦騰，《人間淨土的追尋 —— 中國近世佛教思想研究》，1989 年，臺北：稻香出版社。

61. 江燦騰，《晚明佛教叢林改革與佛學諍辯之研究 —— 以憨山德清的改革生涯為中心》，1990 年，臺北：新文豐出版公司。

62. 江燦騰，〈晚明佛教叢林衰微原因析論〉，《諦觀》，38 期，1992 年，頁 130～217。

63. 江燦騰，《明清明國佛教思想史》，北京：中國社會科學出版社，1996 年。

64. 牟宗三，〈如來禪與祖師禪〉，《現代佛教學術叢刊》（張曼濤主編）52 冊，臺北：大乘文化出版社社，1978 年，頁 77～120。

65. 牟宗三，《從陸象山到劉蕺山》，臺北：臺灣學生書局，1984 年。

66. 牟宗三，《道德的理想主義》，臺北：臺灣學生書局，1985 年。

67. 牟宗三，《圓善論》，臺北：臺灣學生書局，1985 年。

68. 牟宗三，《中國哲學十九講》，臺北：臺灣學生書局，1993 年。

69. 牟宗三，《中國哲學的特質》，臺北：臺灣學生書局，1994 年。

70. 牟宗三，《才性與玄理》，臺北：臺灣學生書局，1997 年。

71. 牟宗三，《心體與性體》一、二、三冊，臺北：正中書局，1999 年。

72. 佛日，〈禪淨雙修論〉，《內明》，306 期，1998 年，頁 3～13。

73. 何孝榮，《明代南京寺院研究》，北京：中國社會科學出版社，2000 年。

74. 何其敏，《中國明代宗教史》，北京：人民出版社。1994 年。

75. 何冠彪，《明末清初學術思想研究》，臺北：臺灣學生書局，1991 年。

76. 何雲等，《禪宗宗派源流》，北京：中國社會科學出版社，1998 年。

77. 吳光等，《王陽明與明末儒學》（譯作，岡田武彥原著），上海：上海古籍出版社，2000 年。

78. 吳因明，〈晚明江南佛學風氣與文人畫〉，《現代佛教學術叢刊》（張曼濤主編）15 冊，臺北：大乘文化出版社，1977 年，頁 64～65。

79. 吳汝鈞，《中國禪思想史》（譯作，柳田聖山原著），臺北：臺灣商務印書館，1992 年。

80. 吳汝鈞，〈中觀思想之要義〉，《中國文化月刊》，165 期，1992 年，頁 27～45。

81. 吳汝鈞，《遊戲三昧》，臺北：臺灣學生書局，1993 年。

82. 吳汝鈞，《中國佛學的現代詮釋》，臺北：文津出版社，1995 年。

83. 吳汝鈞，《金剛經哲學的通俗詮釋》，臺北：臺灣商務印書館，1996 年。

84. 吳良俅，〈試論希遷大師《參同契》的融合色彩及其對後世佛學發展的啟迪〉，《內明》，280 期，1996 年，頁 25～32。

85. 吳言生，《禪宗詩歌境界》，北京：中華書局，2001 年。

86. 吳怡，《中庸誠的哲學》，臺北：東大圖書股份有限公司，1976 年。

87. 吳怡，《逍遙的莊子》，臺北：東大圖書股份有限公司，1991 年。

88. 吳怡，《禪與老莊》，臺北：三民書局股份有限公司，1999 年。

89. 吳康，《哲學大綱》（上）（下），臺北：臺灣商務印書館，1992 年。

90. 吳麗虹，《惠洪覺範禪學研究》，臺北：臺灣師範大學國文研究所碩士論文，1998 年。

91. 呂有祥，〈永明延壽的念佛禪〉，《19991 年兩岸禪學研討會論文集》，臺中：慈光禪學研究所，1991 年，頁 151～158。

92. 呂思勉，《理學綱要》，北京：東方出版社，1996 年。

93. 呂澂，《中國佛教源流略講》，臺北：里仁書局，1985 年。

94. 呂澂，《呂澂佛學論著選集》，濟南：齊魯書社，1991 年。

95. 宋會群，〈從寶鏡三昧歌看南禪宗的歷史地位〉，《韶關學院學報（社會科學版）》，4 期，2005 年，頁 6～9。

96. 岑學呂，《虛雲老和尚年譜·法彙增定本》（編），臺北：大乘精舍，1982 年。

97. 李世傑，〈禪的世界觀〉，《現代佛教學術叢刊》（張曼濤主編）8 冊，臺北：大乘文化出版社社，1976 年，頁 149～156。

98. 李世傑，〈戒律的思想〉，《現代佛教學叢刊》（張曼濤主編）89 冊，臺北：大乘文化出版社社，1978 年，頁 51～58。

99. 李石岑，《人生哲學》，臺北：地平線出版社，1972 年。

100. 李石岑，《中國哲學史話》，臺北：久久出版社，1982 年。

101. 李光福，〈明清之際世俗功利價值觀的盛行及其意義〉，《山西大學師範學院學報》，1 期，2001 年，頁 11～20。

102. 李利安，〈明末清初禪宗的基本走向〉，《宗教哲學》，4 卷 2 期，1998 年，頁 155～164。

103. 李宗桂，〈明清之際的文化批判思潮〉，《內蒙古社會科學：文史哲版》，1 期，1992 年，頁 65～70。

104. 李宗桂等，《慧能與中國文化》，貴陽：貴州人民出版社，2001 年。

105. 李威熊，〈明代經學發展的主流與旁支〉，《明代經學國際研討會論文集》（林慶彰、蔣秋華主編），臺北：中央研究院中國文哲研究所籌備處，1996 年，頁 77～92。

106. 李國祥，《明實錄類纂》，武漢：武漢出版社，1995 年。

107. 李惠英，《中國華嚴思想史》（譯作，木村清孝原著），臺北：東大圖書股份有限公司，1996 年。

108. 李遠杰，《近現代以佛攝儒研究》，成都：巴蜀書社，2002 年。

109. 李澤厚，《中國古代思想史論》，臺北：三民書局，1996 年。

110. 杜松柏，〈禪宗的體用研究〉，《中華佛學學報》，1 期，1987 年，頁 229～243。

111. 杜保瑞，〈永覺元賢禪師援禪闢儒道之基本哲學問題探究〉，《兩岸當代禪學論文集》下冊（鄭志明主編），嘉義：南華大學宗教文化研究中心，2000 年，頁 421～474。

112. 杜保瑞，〈蕅益智旭溝通儒佛的方法論探究〉，《哲學與文化》，30 卷 6 期，2003 年，頁 79～96。

113. 杜繼文等，《中國禪宗通史》，南京：江蘇古籍出版社，1993 年。

114. 劭金凱等，〈略論晚明社會風尚的變遷〉，《鹽城師苑學報》（人文社會科學版），2 期，2001 年，頁 58～62。

115. 周山，〈逍遙‧齊物‧和諧——《莊子》三題新解〉，《學術月刊》，6 期，2005 年，頁 82～90。

116. 周裕鍇，《文字禪與宋代詩學》，北京：高等教育出版社，1998 年。

117. 周裕鍇，《禪宗語言》，杭州：浙江人民出版社，1999 年。

118. 周賢博，《近世中國佛教的曙光——雲棲袾宏之研究》（譯作，荒木見悟原著），臺北：慧明文化事業有限公司，2001 年。

119. 宗律，〈律宗思想論集〉，《現代佛教學叢刊》（張曼濤主編）89 冊，臺北：大乘文化出版社社，1978 年，頁 183～201。

120. 易行廣，《曹溪禪人物志》，廣州：廣東人民出版社，1994 年。

121. 東初，〈中國禪宗歷史之演變〉，《現代佛教學術叢刊》（張曼濤主編）52 冊，臺北：大乘文化出版社社，1978 年，頁 278～239。

122. 林子青，〈元賢禪師的「鼓山禪」及其生平〉，《現代佛教學術叢刊》（張曼濤主編）15 冊，臺北：大乘文化出版社社，1977 年，頁 79～87。

123. 林本炫，《當代臺灣民眾宗教信仰變遷的分析》，臺北：國立臺灣大學社會學研究所博士論文，1997 年。

124. 林伯謙，〈論古代寺院的牙刷——楊枝〉，《東吳中文學報》，1 期，1995 年，頁 79～101。

125. 林伯謙，〈惠洪非「浪子和尚」辨〉，《東吳中文學報》，6 期，2000 年，頁 19～71。

126. 林伯謙，〈惠洪《智證傳》研究〉，《東吳中文學報》，7 期，2002 年，頁 83～124。

127. 林金樹，《中國經濟史》，北京：人民出版社，1994 年。

128. 林國平等，《福建民間信仰》，福州：福建人民出版社，2001 年。

129. 林惠勝，《王陽明與禪佛教之關係研究》，臺北：臺灣師範大學國文研究所博士論文，1996 年。

130. 林義正，〈周易重離卦與曹洞禪〉，《中國佛教》，25 卷 9 期，1981 年，頁 26～32。

131. 林義正，〈石頭希遷的禪思想及其教育方法〉，《佛教的思想與文化——印順導師八秩晉六壽慶論文集》（釋聖嚴編），臺北：法光出版社，1991 年，頁 69～88。

132. 林義正，〈儒理與禪法的合流——以大慧宗杲思想爲中心的考察〉，《佛學研究中心學報》，4 期，1999 年，頁 147～168。

133. 林義正，〈儒佛會通方法研議〉，《佛學研究中心學報》，7 期，2002 年，頁 185～211。

134. 林璀瑤，〈奸、邪、淫、盜：從明代公案小說看僧侶的形象〉，《歷史教育》，9 卷 10 期，2003 年，頁 143～167。

135. 林麗月，〈晚明「崇奢」思想隅論〉，《師大歷史學報》，19 期，1991 年，頁 215～234。

136. 林繼平，〈從陽明憨山之釋大學看儒佛疆界〉，《現代佛教學叢刊》（張曼濤主編）90 冊，臺北：大乘文化出版社社，1978 年，頁 239～260。

137. 竺摩，〈泛論般若〉，《現代佛教學術叢刊》（張曼濤主編）45 冊，臺北：大乘文化出版社社，1977 年，頁 11～22。

138. 芝峰，《禪學講話》（譯作，種讓山原著），臺北：東大圖書股份有限公司，1991 年。

139. 邱高興，《一枝獨秀：清代禪宗隆興》，瀋陽：遼寧人民出版社，1997 年。

140. 邱澎生，〈明代蘇州營利出版事業及其社會效應〉，《九州學刊》，7 卷 3 期，1992 年，頁 139～159。

141. 南炳文，〈明代寺觀經濟初探〉，《明史研究論叢第 4 輯》（中國社會科學院歷史研究所明史研究室編），南京：江蘇人民出版社，1991 年，頁 331～347。

142. 南懷瑾，〈禪宗叢林制度與中國社會〉，《現代佛教學叢刊》（張曼濤主編）90 冊，臺北：大乘文化出版社社，1978 年，頁 317～374。

143. 南懷瑾，《禪海蠡測》，臺北：老古出版社，2005 年。

144. 昱均，《何謂禪》（譯作，鎌田茂雄原著），臺北：東大圖書股份有限公司，2003 年，。

145. 洪修平，《中國禪學思想史》，臺北：文津出版社，1994 年。

146. 洪修平，《中國佛教文化歷程》，南昌：江西教育出版社，1995 年。

147. 洪修平，〈論惠能大師革新佛教的意義極其對佛教中國化的推進〉，《普門學報》，1 期，2001 年，頁 120～146。

148. 洪修平，〈儒佛道三教關係與中國佛教的發展〉，《宗教大同》，2 期，2003 年，頁 29～53。

149. 范佳玲，《紫柏眞可生平及其思想研究》，臺北：法鼓文化事業股份有限公司，2001 年。

150. 范佳玲，〈論明末臨濟宗對神聖性的堅持與發展的困境——以密漢之諍爲核心〉，《2002 年佛學論文獎學金得獎論文集》，臺中：正覺堂，2002

年，頁 33～65。

151. 唐君毅，《哲學概論》，臺北：臺灣學生書局。1975 年。

152. 唐君毅，《中國哲學原論·原道篇》，臺北：臺灣學生書局，1986 年。

153. 唐君毅，《中國文化之價值精神》，臺北：正中書局，1994 年。

154. 唐坤，〈略論莊子超越生死的曠達境界〉，《江漢論壇》，12 期，2004 年，頁 50～52。

155. 夏金華，〈試論佛教曹洞宗對《易》的利用〉，《周易研究》，1 期，1994 年，頁 17～32+51。

156. 夏清瑕，〈心學的展開與晚明佛教的復興〉，《宗教學研究》，1 期，2001 年，頁 45～51。

157. 夏清瑕，〈晚明佛教復興的特點及傾向〉，《五台山研究》，1 期，2002 年，頁 12～16。

158. 夏清瑕，〈憨山德清的三教一源論〉，《佛學研究》，29 期，2002 年，頁 183～190。

159. 孫中曾，〈明末禪宗在浙東興盛之緣由探討〉，《國際佛學研究》，2 期，1992 年，頁 141～176。

160. 徐一智，《明末江浙地區佛教寺院經濟之研究——以雲棲祩宏、湛然圓澄、密雲圓悟為中心》，中壢：中央大學歷史研究所碩士論文，2001 年。

161. 徐文明，〈禪宗戒律革命在人間佛教中的意義〉，《普門學報》，1 期，2001 年，頁 1～12。

162. 徐文武，〈論莊子齊物論思想的系統性〉，《學習與探索》，4 期，2005 年，頁 139～142。

163. 徐泓，〈明代社會風氣的轉變〉，《第二屆國際漢學會議論文集明清近代史組》，臺北：中央研究院，1989 年，頁 137～159。

164. 徐復觀，《中國人性論史》，1969 年，臺北：臺灣商務印書館。

165. 徐進夫，《禪的公案探究》（譯作，杜默靈等原著），臺南：德華出版社，1976 年。

166. 徐進夫，《開悟第一》（譯作，鈴木大拙原著），臺北：志文出版社，1988 年。

167. 徐進夫，《歷史發展》（譯作，鈴木大拙原著），臺北：志文出版社，1992 年。

168. 徐嘉，〈佛道戒律及其倫理意義〉，《南京林業大學學報（人文社會科學版）》，1 期，2002 年，頁 20～24。

169. 徐蓀銘，〈從達摩禪與般舟三昧之融通論禪淨統一的必然性〉，《慈光禪學學報》，2 期，2001 年，頁 115～127。

170. 秦家懿，《王陽明》，臺北：東大圖書股份有限公司，1987 年。

171. 翁紹軍，〈明代心學思潮由盛而衰的歷史境遇〉，《中國學術思潮興衰論》（尹繼佐、周山主編），上海：上海社會科學出版社，2001 年，頁 428～446。

172. 能靖，〈唐代以後禪宗的演進趨勢〉，《獅子吼》，28 卷 9 期，1989 年，頁 10～14。

173. 袁保新，《孟子三辨之學的歷史省察與現代詮釋》，臺北：文津出版社，1992 年。

174. 袁保新，《老子哲學之詮釋與重建》，臺北：文津出版社，1997 年。

175. 高正哲，〈明代楞嚴經的流行〉（上）（整理，荒木見悟講），《人生雜誌》，123 期，1993 年，頁 32～37。

176. 高正哲，〈明代楞嚴經的流行〉（中）（整理，荒木見悟講），《人生雜誌》，124 期，1993 年，頁 36～42。

177. 高正哲，〈明代楞嚴經的流行〉（下）（整理，荒木見悟講），《人生雜誌》，125 期，1994 年，頁 31～38。

178. 高柏園，《中庸形上思想》，臺北：東大圖書股份有限公司，1991 年。

179. 高柏園，《莊子內七篇思想研究》，臺北：文津出版社，2000 年。

180. 高柏園，《禪學與中國佛學》，臺北：里仁書局，2001 年。

181. 商傳，〈晚明社會轉型的畸形因子〉，《歷史月刊》，94 期，1995 年，頁 89～96。

182. 開濟，《華嚴禪——大慧宗杲的思想特色》，臺北：文津出版社有限公司，1996 年。

183. 婁良樂，〈儒家的中庸和佛家的中道〉，《現代佛教學叢刊》（張曼濤主編）90 冊，臺北：大乘文化出版社社，1978 年，頁 147～158。

184. 張立文，《氣》，北京：中國人民大學出版社，1990 年。

185. 張秀民，《中國印刷史》，上海：人民出版社，1989 年。

186. 曹仕邦，〈從歷史與文化背景看佛教戒律在華消沈的原因〉，《中華佛學學報》，7 期，1993 年，頁 55～70。

187. 梁永安，《牛的印跡》（譯作，釋聖嚴、丹·史蒂文生原著），臺北：商周出版社，2002 年。

188. 莊崑木，〈為霖道霈的生平與著作〉，《正觀雜誌》，22 期，2002 年，頁 132～136。

189. 連清吉，〈陽明的心學特質〉（譯作，荒木見悟原著），《中國文哲研究通訊》，2 卷 4 期，1992 年，頁 1～8。

190. 連清吉，〈宋明思想史概觀〉（譯作，荒木見悟原著），《國文天地》，89

期，1992 年，頁 15～17。

191. 連瑞枝，《錢謙益與明末清初的佛教》，新竹：清華大學歷史研究所碩士論文，1993 年。

192. 連瑞枝，〈錢謙益的佛教生涯與理念〉，《中華佛學學報》，8 期，1994 年，頁 315～371。

193. 連瑞枝，〈漢月法藏與明末三峰宗派的建立〉，《中華佛學學報》，9 期，1996 年，頁 167～208。

194. 郭向東，〈論莊子齊物觀的本質〉，《西北師大學報（社會科學版）》，3 期，2004 年，頁 49～53。

195. 郭朋，《明代佛教》，福州：福建人民出版社，1982 年。

196. 郭朋，《中國佛教史》，臺北：文津出版社，1993 年。

197. 郭朋，《壇經校釋》，臺北：文津出版社，1995 年。

198. 郭朋，《中國佛教思想史》，福州：福建人民出版社，1995 年。

199. 郭慶藩，《莊子集解》，臺北：華正書局，1992 年。

200. 張伯偉，《禪與詩學》，杭州：浙江人民出版社，1982 年。

201. 陳力，《中國圖書史》，臺北：文津出版社，1996 年。

202. 陳士強，《佛典精解》，上海：上海古籍出版社，1992 年。

203. 陳大齊，《孟子的名理思想及其辯說實況》，臺北：臺灣商務印書館，1983 年。

204. 陳大潮，《中國道教簡史》，北京：宗教文化出版社，2001 年。

205. 陳支平，《福建宗教史》，福州：福建教育出版社，1996 年。

206. 陳士強，《佛典精解》，上海：古籍出版社，1992 年。

207. 陳永革，〈圓融與還原：晚明佛教復興的思想主體及其特質〉，《正觀雜誌》，11 期，1999 年，頁 71～113。

208. 陳永革，《晚明佛學的復興與困境》，高雄：佛光山文教基金會出版，2001 年。

209. 陳永革，〈心學流變與晚明佛教復興的經世取向〉，《普門學報》，9 期，2002 年，頁 53～85。

210. 陳永革，〈論晚明居士佛學的思想特質及其效應——兼論晚明狂禪效應〉，《世界宗教研究》，2 期，2004 年，頁 41～52。

211. 陳永革，〈明清之際三教交涉及其思想效應：以江南爲中心〉，《福建論壇》（人文社會科學版），6 期，2005 年，頁 54～57。

212. 陳玉女，〈明萬曆時期慈聖皇太后的崇佛〉，《國立成功大學歷史學報》，23 期，頁 195～245。1997 年。

213. 陳玉女,〈明華嚴宗派遍融和尚入獄考 —— 兼述隆、萬年間佛教與京師權貴的往來〉,《國立成功大學歷史學報》,24 期,1998 年,頁 215～258。

214. 陳玉女,〈明代瑜伽教僧的專職化及其經懺活動〉,《新世紀宗教研究》,3 卷 1 期,2004 年,頁 39～87。

215. 陳來,《朱熹哲學研究》,臺北:文津出版社,1990 年。

216. 陳來,《宋明理學》,瀋陽:遼寧教育出版社,1991 年。

217. 陳來,《有無之境 —— 王陽明的哲學精神,高雄:佛光文化事業股份有限公司,2000 年。

218. 陳松柏,《憨山禪學之研究 —— 以自性爲中心》,臺中:東海大學哲學研究所博士論文,1996 年。

219. 陳金鳳,《明末清初律宗千華派之興起 —— 兼論當時諸師之律學思想》,新竹:玄奘人文社會學院宗教學研究所碩士論文,2001 年。

220. 陳垣,《中國佛教史籍概論》,北京:北京科學出版社,1955 年。

221. 陳垣,〈清初僧諍記〉,《現代佛教學術叢刊》(張曼濤主編)15 冊,臺北:大乘文化出版社社,1977 年,頁 193～273。

222. 陳垣,《釋氏疑年錄》,臺北:天華出版社,1983 年。

223. 陳垣,《明季滇黔佛教考》,臺北:彙文堂出版社,1987 年。

224. 陳清香,〈大溪齋明寺的傳承宗風〉,《中華佛學學報》,13 期,2000 年,頁 307～322。

225. 陳揚炯,《中國淨土宗通史》,南京:江蘇古籍出版社,2000 年。

226. 陳運星,《儒道佛三教調合論之研究 —— 以憨山德清的會通思想爲例 ——》,中壢:中央大學哲學研究所碩士論文,1990 年。

227. 陳鼓應,《老莊新論》,臺北:五南圖書出版公司,1993 年。

228. 陳鼓應,《莊子哲學》,臺北:臺灣商務印書館,1993 年。

229. 陳鼓應,〈論道與物關係問題:中國哲學史上的一條主線〉,《臺大文史哲學報》,62 期,2005 年,頁 89～117。

230. 陳榮波,《曹洞宗的五位宗旨研究》,臺北:臺灣大學哲學研究所碩士論文,1973 年。

231. 陳榮波,〈易經離卦與曹洞禪〉,《華岡佛學學報》,4 期,1980 年,頁 224～244。

232. 陳榮富,〈蓮池株宏大師的淨土思想〉,《南昌大學學報》(人社版),34 卷 1 期,2003 年,頁 10～17+76。

233. 陳榮捷,《朱子門人》,臺北:臺灣學生書局,1982 年。

234. 陳榮捷,《王陽明與禪》,臺北:臺灣學生書局,1984 年。

235. 陳榮捷,《朱子新探索》,臺北:臺灣學生書局,1988 年。

236. 陳榮捷，《王陽明傳習錄詳註集評》，臺北：臺灣學生書局，1992 年。

237. 陳福濱，《晚明理學思想通論》，臺北：環球書局，1983 年。

238. 陳燕珠，《金剛經要義》，臺北：覺苑出版社，1999 年。

239. 陳錫璋，《福州鼓山湧泉寺歷代住持禪師傳略》，臺南：智者出版社，1996 年。

240. 陳錫璋，《鼓山湧泉寺掌故叢譚》，臺南：智者出版社，1997 年。

241. 陳寶良，〈明代儒佛道的合流及其世俗化〉，《浙江學刊》，2 期，2002 年，頁 153～159。

242. 陶迺韓，〈大乘菩薩道精神在明末清初的落實與發展——以天然一系在嶺南（廣東）的發展爲例〉，《中華佛學研究》，5 期，2001 年，頁 377～410。

243. 麻天祥，《中國禪學思想發展史》，長沙：湖南教育出版社，1997 年。

244. 傅偉勳，〈大乘佛教論理現代化重建課題試論〉，《從傳統到現代——佛教論理與現代社會》（傅偉勳主編），臺北：東大圖書股份有限公司，2000 年，頁 233～250。

245. 勞政武，《佛教戒律學》，北京：宗教文化出版社，2003 年。

246. 嵇文甫，《左派王學》，臺北：國文天地雜誌社，1990 年。

247. 嵇文甫，《晚明思想史論》，北京：東方出版社，1996 年。

248. 彭文林，〈張橫渠闢佛的氣化論〉，《宗教哲學》，3 卷 3 期，1997 年，頁 117～131。

249. 彭國翔，《良知學的展開——王龍溪與中晚明的陽明學》，臺北：臺灣學生書局，2003 年。

250. 曾錦坤，〈從劉蕺山的慎獨之學看明末學風的轉變——學風轉變型態之一的介紹〉，《晚明思潮與社會變動》（淡江大學中文系主編），臺北：弘化文化事業出版，1987 年，頁 141～176。

251. 無礙，〈禪公案的意義與價值〉，《現代佛教學術叢刊》（張曼濤主編）52 冊，臺北：大乘文化出版社社，1978 年，頁 61～70。

252. 無礙，〈頓悟禪的眞面目〉，《現代佛教學術叢刊》（張曼濤主編）52 冊，臺北：大乘文化出版社社，1978 年，頁 129～138。

253. 覃召文，《嶺南禪文化》，廣州：廣東人民出版社，1996 年。

254. 越傳，〈晚明狂禪思潮的三教論〉，《青島大學師範學院學報》，1 期，2005 年，頁 31～37。

255. 開濟，《華嚴禪——大慧宗杲的思想特色》，臺北：文津出版社，1996 年。

256. 黃仁宇，〈明代史和其他因素給我們新認識〉，《食貨月刊》，13 卷 9 期，1986 年，頁 253～267。

257. 黃仁宇，〈晚明一個停滯但注重內省的時代〉，《歷史月刊》，57 期，1992
年，頁 90～104。

258. 黃汝成，《日知錄集釋》，長沙：岳麓出版社，1994 年。

259. 黃秀璣，《張載》，臺北：東大圖書股份有限公司，1987 年。

260. 黃卓越，《佛教與晚明文學思潮》，北京：東方出版社，1997 年。

261. 黃啓江，〈僧史家惠洪與其「禪教合一」觀〉（上），《大陸雜誌》，88 卷 4
期，1991 年，頁 145～153。

262. 黃啓江，〈僧史家惠洪與其「禪教合一」觀〉（下），《大陸雜誌》，88 卷 5
期，1991b 年，頁 221～229。

263. 黃連忠，《禪宗公案體相用思想之研究》，臺北：臺灣學生書局，2002 年。

264. 黃華珍，《莊子——「道」的思想及其演變》（譯作，池田知久原著），
臺北：國立編譯館，2001 年。

265. 黃懺華，〈看話禪與默照禪〉，《現代佛教學術叢刊》（張曼濤主編）52 冊，
臺北：大乘文化出版社社，1978 年，頁 71～76。

266. 楊白衣，〈易經與楞嚴經〉（譯作，荒木見悟原著），《中國近世佛教研究》
（日・牧田諦亮原著、索女林譯），臺北：華宇出版社，1985 年，頁 359
～374。

267. 楊白衣，〈淨土的淵源及其演變〉，《華岡佛學學報》，8 期，1985 年，頁
77～133。

268. 楊祖漢，《中庸義理疏解》，臺北：鵝湖出版社，1997 年。

269. 楊國榮，《王學通論——從王陽明到熊十力——》，臺北：五南圖書出版
公司，1997 年。

270. 楊國榮，〈晚明心學的衍化〉，《孔孟學報》，75 期，1998 年，頁 115～134。

271. 楊惠南，《佛教思想發展論》，1993 年，臺北：東大圖書股份有限公司。

272. 楊惠南，《禪史與禪思》，臺北：東大圖書股份有限公司，1995 年。

273. 楊惠南，〈禪淨雙修的類型及其理論基礎〉，《1999 年第二屆兩岸禪學研
討會論文集》，臺中：慈光禪學研究所，1999 年，頁 83～121。

274. 楊曾文，〈唐代宗密及其禪教會通論〉，《中華佛學學報》，12 期，1999 年，
頁 219～253。

275. 楊曾文，〈汾陽善昭及其禪法〉，《中華佛學學報》，15 期，2002 年，頁
219～253。

276. 楊維中，〈由「不立文字」到文字禪——論文字禪的起因〉，《禪學研究
第三輯》，南京：江蘇古籍出版社，1998 年，頁 238～252。

277. 楊維中，〈中國佛教心性論對儒學心性論的影響〉，《孔孟月刊》，39 卷 5
期，2001 年，頁 22～32。

278. 溝口雄三,〈論明末清初時期在思想史上的歷史意義〉,《史學評論》,15 期,1986 年,頁 99～140。

279. 葦舫,〈中國戒律宏傳概要〉,《現代佛教學叢刊》(張曼濤主編) 88 冊,臺北:大乘文化出版社社,1978 年,頁 313～349。

280. 葉海煙,《莊子的生命哲學》,臺北:東大圖書股份有限公司,1990 年。

281. 葉海湮,《老莊哲學新論》,臺北:文津出版社。1999 年。

282. 董群,《禪宗論理》,杭州:浙江人民出版社,2000 年。

283. 僧修,〈般若大義〉,《現代佛教學術叢刊》(張曼濤主編) 45 冊,臺北:大乘文化出版社社,1977 年,頁 1～10。

284. 廖肇亨,《明末清初遺民逃禪之風研究》,臺北:臺灣大學中國文學研究所碩士論文,1994 年。

285. 廖肇亨,〈鄧豁渠的出現及其背景〉(譯作,荒木見悟原著),《大陸雜誌》,97 卷 4 期,1998 年,頁 15～26。

286. 廖肇亨,〈明末清初叢林論詩風尚探析〉,《中國文哲研究集刊》,20 期,2002a 年,頁 263～301。

287. 廖肇亨,〈覺浪道盛初探〉(譯作,荒木見悟原著),《中國文哲研究通訊》,9 卷 4 期,2002b 年,頁 77～94。

288. 廖肇亨,〈中國佛教基本性格的演變〉(譯作,荒木見悟原著),《古今論衡》,10 期,2003 年,頁 87～100。

289. 廖肇亨,〈惠洪覺範在明代——宋代禪學在晚明的書寫、衍異與反響〉,《中央研究院歷史語言研究所集刊》,75 卷 4 期,2004 年,頁 797～837。

290. 廖肇亨,〈大慧宗杲論禪悟〉(譯作,荒木見悟原著),《中國文哲研究通訊》,15 卷 4 期,2005 年,頁 151～176。

291. 熊十力,《讀經示要》,臺北:廣文書局有限公司,1960 年。

292. 熊琬,《宋代理學與佛學之探討》,臺北:文津出版社,1991 年。

293. 趙圍,〈說戾氣——明清之際士人對一種文話現象的反省與批判〉,《中國文化》,10 期,1994 年,頁 190～201。

294. 趙衛民,《莊子的道》,臺北:文史哲出版社,1998 年。

295. 劉光義,《禪在中國:禪的通史》,臺北:松慧出版社,2003 年。

296. 劉坤生,〈論周易的思想體系〉,《哲學與文化》,18 卷 6 期,1991 年,頁 508～519。

297. 劉紅梅,〈蓮池大師禪淨關係論〉,《安徽大學學報》(哲學社會科學版),27 卷 6 期,2003 年,頁 42～46。

298. 劉笑敢,《莊子哲學及其演變》,北京:中國社會科學出版社,1987 年。

299. 劉衛星,《中國佛教文學》(譯作,加地哲定原著),北京:今日中國出版

社，1990 年。

300. 劉曉東，〈晚明士人生計與士風〉，《東北師大學報（哲學社會科學版）》，
1 期，2001 年，頁 17～22。

301. 劉曉東，〈三教合一思潮與三一教 —— 晚明士人學術社團宗教化轉向的
社會考察〉，《東北師大學報（哲學社會科學版）》，1 期，2002 年，頁 21
～27。

302. 慧天，〈中國社會的佛教倫理型態〉，《現代佛教學叢刊》（張曼濤主編）
90 冊，臺北：大乘文化出版社社，1978 年，頁 205～224。

303. 慧風，〈從禪宗的教學方法、勞動精神中看出宗師們的風格〉，《現代佛教
學術叢刊》（張曼濤主編）8 冊，臺北：大乘文化出版社社，1976 年，頁
179～188。

304. 潘雨廷，《易與佛教、易與老莊》，瀋陽：遼寧教育出版社，1988 年。

305. 潘重規，《敦煌壇經新書》（校訂），臺北：佛陀教育基金會，1994 年。

306. 潘桂明，《中國居士佛教史》，北京：中國社會科學出版社社，2000 年。

307. 蔣怒海，，〈唐五代「禪教一致」思想的深層結構〉，《中國文化月刊》，
233 期，1999 年，頁 5～18。

308. 蔣國保，〈明末清初時代精神散論〉，《明代思想與中國文化》（宗志罡主
編），合肥：安徽人民出版社，1994 年，頁 300～317。

309. 蔣義斌，《宋代儒釋調和論及排佛論之演進》，臺北：臺灣商務印書館，
1988 年。

310. 蔣義斌，〈大慧宗杲看話禪的疑與信〉，《國際佛學研究》，創刊號，1991
年，頁 49～68。

311. 蔡仁厚，《宋明理學北宋篇 —— 心體與性體義旨述引》，臺北：臺灣學生
書局，1984a 年。

312. 蔡仁厚，《孔孟荀哲學》，臺北：臺灣學生書局，1984b 年。

313. 蔡惠明，〈明代的禪宗著述〉，《香港佛教》，293 期，1984 年，頁 13～15。

314. 談玄，〈清代佛教之概略〉，《現代佛教學術叢刊》（張曼濤主編）15 冊，
臺北：大乘文化出版社社，1977 年，頁 133～192。

315. 鄭世根，《莊子氣化論》，臺北：臺灣學生書局，1993 年。

316. 鄭克晟，〈明代的佛教與政治〉，《淡江史學》，61 期，1994 年，頁 111～
123。

317. 鄧克銘，《大慧宗杲之禪法》，臺北：東初出版社，1990 年。

318. 鄧克銘，《華嚴思想之心與法界》，臺北：文津出版社，1997 年。

319. 鄧克銘，〈禪宗公案之經典化的解釋 —— 以碧巖錄為中心 —— 〉，《佛學
研究中心學報》，8 期，2003 年，頁 133～162。

320. 鄧繼盈，〈蕅益智旭淨土思想之研究〉，《崇右學報》，4 期，1991 年，頁 260～316。

321. 蕭天石，《禪宗心法》，臺北：自由出版社，1975 年。

322. 融熙，〈禪宗的三關問題〉，《現代佛教學術叢刊》（張曼濤主編）52 冊，臺北：大乘文化出版社社，1978 年，頁 121～128。

323. 賴永海，《佛學與儒學》，臺北：揚智文化事業股份有限公司，1995 年。

324. 賴永海，《中國佛教百科全書・名山名寺卷》（主編），上海：上海古籍出版社，2000～2001 年。

325. 靜華，〈論佛教曹洞宗與參同契、易經之間的關係（二）〉，《內明》，241 期，1993a 年，頁 19～24。

326. 靜華，〈論佛教曹洞宗與參同契、易經之間的關係（三）〉，《內明》，242 期，1993b 年，頁 17～22。

327. 靜華，〈論佛教曹洞宗與參同契、易經之間的關係（四）〉，《內明》，243 期，1993c 年，頁 10～14。

328. 謝重光等，《中國僧官制度史》，西寧：青海人民出版社，1990 年。

329. 韓廷傑，《唯識學概論》，臺北：文津出版社，1993 年。

330. 韓秉芳，〈從王陽明到林兆恩——兼論心學與三一教〉，《宗教哲學》，1 卷 2 期，1995 年，頁 101～117。

331. 魏承思，《中國佛教文化論稿》，上海：新華書店，1991 年。

332. 魏道儒，〈宋代禪宗的「文字禪」〉，《世界宗教研究》，1 期，1991 年，頁 37～46。

333. 譚世寶，〈略論慧能開創的南禪宗與淨土教的興盛因果〉，《佛學研究》，31 期，2004 年，頁 134～139。

334. 譚宇權，《中庸哲學研究》，臺北：文津出版社，1995 年。

335. 關世謙，《中國佛教史》（譯作，鐮田茂雄原著），臺北：新文豐出版公司，1987 年。

336. 關世謙，《明末中國佛教之研究》（譯作，釋聖嚴原著），臺北：臺灣學生書局，1988 年。

337. 嚴耕望，〈唐人多讀書山寺〉，《大陸雜誌》，2 卷 4 期，1951 年，頁 5、11、33。

338. 嚴耕望，《嚴耕望史學論文選集》，臺北：聯經出版事業公司，1991 年。

339. 嚴耀中，〈佛教戒律與儒家禮制〉，《學術月刊》，9 期，2002 年，頁 91～95。

340. 嚴耀中，《江南佛教史》，上海：上海人民出版社，2000 年。

341. 嚴靈峰，《老莊研究》，臺北：中華書局，1966 年。

342. 釋太虛,〈曹溪禪之新擊節〉,《海潮音》(微卷版),4 卷 12 期,1923 年,頁 1～6。

343. 釋太虛,〈中國佛學特質在禪〉,《現代佛教學術叢刊》(張曼濤主編) 8 冊,臺北:大乘文化出版社社,1976 年,頁 1～94。

344. 釋印順,《印度佛教思想史》,臺北:正聞出版社,1989 年。

345. 釋印順,《般若經講記》,臺北:正聞出版社,1991 年。

346. 釋印順,《佛法是救世之光》,臺北:正聞出版社,1992a 年。

347. 釋印順,《無諍之辯》,臺北:正聞出版社,1992b 年。

348. 釋印順,《以佛法研究佛法》,臺北:正聞出版社,1992c 年。

349. 釋印順,《中國禪宗史》,臺北:正聞出版社,1994 年。

350. 釋印順,《淨土與禪》,臺北:正聞書版社,1995 年。

351. 釋見一,《漢月法藏之禪法研究》,臺北:法鼓文化事業股份有限公司,2000 年。

352. 釋見曄,〈明太祖的佛教政策及其因由之探討〉,《東方宗教研究》,新 5 期,1994a 年,頁 68～101。

353. 釋見曄,《洪武時期佛教發展之研究 —— 以政策、僧侶、寺院為中心》,嘉義:中正大學歷史研究所碩士論文,1994b 年。

354. 釋見曄,〈為權力而禱 —— 晚明中國佛教與鄉紳社會之形成〉,《新史學》,6 卷 4 期,1995 年,頁 201～207。

355. 釋見曄,〈以羅祖為例管窺其對晚明佛教之衝擊〉,《東方宗教研究》,新 7 期,1996 年,頁 116～135。

356. 釋見曄,《明末中國佛教之發展:以晚明四大師為中心》,嘉義:中正大學歷史研究所博士論文。1998 年。

357. 釋見憨等,《戒律在中國佛教的發展》(上)(下)(譯作,佐藤達玄原著),嘉義:香光書香出版社,1997 年。

358. 釋宗舜,〈略論禪宗與念佛 —— 以四祖至六祖為中心〉,《慈光禪學學報》,2 期,2001 年,頁 1+3～44。

359. 釋東初,《般若心經思想史》,臺北:天華出版社,1979 年。

360. 釋果利,〈漫談淨土與禪〉,《19991 年兩岸禪學研討會論文集》,臺中:慈光禪學研究所,1991 年,頁 409～426。

361. 釋恆清,〈禪淨融合主義的思惟方式 —— 從中國人的思惟特徵論起 ——〉,《臺大哲學論評》,14 期,1991 年,頁 229～248。

362. 釋恆清,《佛性思想》,臺北:東大圖書股份有限公司,1997 年。

363. 釋海印,《中國佛教史》(譯作,牧田諦亮原著),臺北:華宇出版社,1987 年。

364. 釋海印,《中國淨土教理史》(譯作,望月信亨原著),臺北:正聞出版社,1991 年。

365. 釋淨波,〈淨土與淨心〉,《19991 年兩岸禪學研討會論文集》,臺中:慈光禪學研究所,1991 年,頁 161～175。

366. 釋惠敏,〈戒律與禪定〉,《中華佛學學報》,7 期,1993 年,頁 31～54。

367. 釋盧雲,《增校鼓山列祖聯芳集》,福州:鼓山湧泉寺版,不著出版年月。

368. 釋聖空,《清世宗與佛教》,臺北:中華佛學研究所碩士論文,2000 年。

369. 釋聖嚴,〈蓮池大師的淨土思想〉,《現代佛教學術叢刊》(張曼濤主編) 65 冊,臺北:大乘文化出版社社,1980 年,頁 319～330。

370. 釋聖嚴,《明末佛教研究》,臺北:東初出版社,1992a 年。

371. 釋聖嚴,《禪的體驗·禪的開示》,臺北:東初出版社,1992b 年。

372. 釋聖嚴,《戒律學綱要》,臺北:東初出版社,1993a 年。

373. 釋聖嚴,《律制生活》,臺北:東初出版社,1993b 年。

374. 釋聖嚴,《學佛知津》,臺北:東初出版社,1993c 年。

375. 釋聖嚴,《禪與悟》,臺北:東初出版社,1993d 年。

376. 釋聖嚴,《禪門修證》,臺北:圓神出版社,1993e 年。

377. 釋聖嚴,《禪的世界》,臺北:東初出版社,1994 年。

378. 釋聖嚴,《中國佛教史概說》(譯作,野上俊靜等原著),臺北:臺灣商務印書館,1995 年。

379. 釋聖嚴,《心經新釋》,臺北:法鼓文化事業股份有限公司,1999a 年。

380. 釋聖嚴,《禪的體驗·禪的開示》,臺北:法鼓文化事業股份有限公司,1999b 年。

381. 釋聖嚴,〈明末中國的戒律復興〉,《從傳統到現代 —— 佛教論理與現代社會》(傅偉勳主編),臺北:東大圖書股份有限公司,2000a 年,頁 145～157。

382. 釋聖嚴,〈明末的菩薩戒〉,《從傳統到現在 —— 佛教論理與現代社會》(傅偉勳主編),臺北:東大圖書股份有限公司,2000b 年,頁 159～168。

383. 釋道安,《中國大藏經雕刻史話》,臺北:中華大典編印會,1978 年。

384. 釋演培,《金剛般若波羅密經講記》,臺北:天華出版社,1987 年。

385. 釋演培,《般若波羅多心經講記、心經十二講》,臺北:天華出版事業股份有限公司,1989 年。

386. 釋慧嚴,〈明末清初閩台佛教的互動〉,《中華佛學學報》,9 期,1996 年,頁 209～242。

387. 釋續明,〈比丘律儀與比丘尼律儀〉,《現代佛教學術叢刊》(張曼濤主編)

88 冊，臺北：大乘文化出版社社，1978 年，頁 369〜312。

388. 顧偉康，《禪宗六變》，臺北：東大圖書股份有限公司，1994 年。

389. 顧偉康，《禪淨合一流略》，臺北：東大圖書股份有限公司，1997 年。

390. 鑒安，〈禪宗的思想與風範〉，《現代佛教學術叢刊》（張曼濤主編）8 冊，臺北：大乘文化出版社社，1976 年，頁 157〜178。

391. 龔雋，《大乘起信論與佛學中國化》，臺北：文津出版社，1995 年。

392. 龔雋，〈念佛禪 —— 一種思想史的解讀〉，《普門學報》，7 期，2002 年，頁 141〜171。

393. 龔鵬程，《晚明思潮》，臺北：里仁書局，1994 年。

五、日文著作

1. 永井政之，〈破戒と超俗〉，《中國仏教と文化》，1988 年，頁 589〜610。

2. 牧田諦亮，《中國近世佛教史研究》，京都：平樂寺書店，1957 年。

3. 竺沙雅章，《中國佛教社會史研究》，京都：朋友書局，2002 年。

4. 長谷部幽蹊，《明清佛教教團史研究》，東京：同朋社，1993 年。

5. 荒木見悟，《佛教と陽明學》，東京：第三文明社，1979 年。

6. 荒木見悟，《陽明學の展開と仏教》，東京：研文出版社，1984 年。

7. 荒木見悟，《陽明學の位相》，東京：研文出版社，1992 年。

8. 荒木見悟，《中國心學の鼓動と仏教》，福岡：中國書店，1995 年。

9. 野口善敬，〈漢月法藏と士大夫たち —— 雍正帝から魔藏と呼ばれた僧侶〉，《東洋古典學研究》，1996 年，頁 26〜57。

10. 間野潛龍，《明代文化史研究》，京都：同朋社，1979 年。

11. 袴谷憲昭，〈教外別伝と禪教一致 —— 禪の融合主義批判 ——〉，《中國の仏教と文化：鎌田茂雄博士還曆紀念論集》（鎌田茂雄博士還曆紀念論集刊行會編集），東京：大藏出版社，1988 年，頁 589〜610。

12. 廖肇亨，〈明末清初の詩禪交涉研究序說〉，《中國哲學研究》，17 期，2002 年，頁 177〜320。

六、電子資料庫

1. CBETA 電子佛典資料庫，中華電子佛典協會
http://www.cbeta.org/index.htm。

2. 印順法師佛學著作集，印順文教基金會出版 —— 光碟版 Ver.2.0

3. 故宮寒泉古典文獻全文檢索資料庫，陳郁夫撰寫
http://210.69.170.100/s25/index.htm。